W9-AGT-642

COLLECTION
FOLIO/ESSAIS

Philippe Sollers

Théorie des Exceptions

Gallimard

Philippe Sollers est né à Bordeaux. Son premier roman, *Une curieuse solitude*, publié en 1958, a été salué à la fois par Mauriac et par Aragon. Il reçoit en 1961 le prix Médicis pour *Le Parc*. Il fonde la revue et la collection *Tel Quel* en 1960, aux Éditions du Seuil, puis la revue et la collection *L'Infini* en 1983, chez Denoël. Ses derniers livres : *Paradis* (1981), *Vision à New York* (1981), *Femmes* (1983), *Portrait du joueur* (1985).

« ... bondissant dans la plaine, resplendissant comme l'astre qui vient à l'arrière-saison et dont les feux éblouissants éclatent au milieu des étoiles sans nombre, au plein cœur de la nuit.

HOMÈRE, *L'Iliade*, chant XXII.

INTRODUCTION

J'ai toujours rêvé d'un espace mouvant et contradictoire où l'on verrait apparaître, de l'intérieur, au moment même où il a lieu, le geste de la création.

Là, pas de temps, j'imagine, ou alors le temps vraiment retrouvé : Montaigne est contemporain de Proust, Sade de Faulkner, Saint-Simon de Joyce, Watteau de Picasso, Webern de Bach. L'ancien et le moderne se confirment, s'éclairent, se multiplient l'un par l'autre. Homère et Freud sont simultanément nécessaires. Mais aussi la Bible et *Les Demoiselles d'Avignon.*

Ce rêve est possible. Il suffit de se situer d'un coup dans le système nerveux de la parole en acte, du trait et de la couleur, de la mélodie et du rythme. C'est chaque fois le même corps qui se révolte contre l'évacuation hypocritement silencieuse des corps. C'est l'individu extrême, l'élément indivisible, qui affirme être la seule réalité vraie, la pointe ultime du réel. Loin de justifier le flux biologique d'où il sort, il le cerne du dehors, le marque, le juge, l'anéantit, l'oublie. *Exception :* telle est la règle en art et en littérature, d'où, périodiquement, les scandales moraux, les embarras légaux, les remous sociaux. Quant à la signification du mot *théorie*, on sait qu'il s'agit aussi d'une ambassade, d'une procession, d'une fête. Un défilé, ou plutôt une danse d'exceptions ? Oui, comme une frise irréconciliable de héros à travers la durée profane.

Au début du chant XXII de *L'Iliade*, Achille, meurtrier en fureur, apparaît à l'horizon de Troie, comme un astre « au milieu des étoiles sans nombre, au plein cœur de la nuit ». Il n'est pas interdit de penser qu'il est, à cet instant précis, le messager intime de la puissante résolution verbale d'Homère. Une apparition de style est de cet ordre. Elle n'aurait pas dû exister, la Cité s'y oppose de toutes ses forces, les Dieux ont essayé de la détourner ou de l'empêcher, ils sont désormais forcés de jouer avec. Voici donc, tout à coup, inattendue, dérangeante, porteuse de libération ou de malédiction, une « comète en plus », une cause d'espoir ou de désordre, d'interrogations ou de révélations. C'est sans doute ce surgissement, dans la doublure de la condition physique, qu'écoute le personnage d'un tableau de Fragonard dont l'attitude, ici, peut servir d'emblème. La tête détournée, la plume à la main, solidement ramassé dans la notation au vol, comme inscrit définitivement au milieu du temps, il est là, il va s'animer, s'abîmer, dire ce qui vient d'excéder le cadre, ce qui était caché et qui souffle, ce qui aura lieu dans un futur re-tirant à lui le passé entier. Ce tableau s'appelle *L'Inspiration*. Il est à Paris, au Louvre.

Méditation de Lucrèce

Tout est calme ce matin dans la campagne romaine, d'un calme qui fait penser au vide au-delà duquel se trouvent les dieux. Le moment est venu pour moi d'apprécier l'ensemble de mon entreprise. J'écris ici un examen rapide, mais je brûlerai sans doute ce document. Rien ne doit rester que le poème. Il est là, sous mes yeux. J'en suis encore, après huit jours, à me répéter les dernières et les premières syllabes. Les dernières : « *Multo cum sanguine saepe rixantes potius quam corpora desererentur.* » Les premières : « *Æneadum genetrix, hominum diuomque uoluptas* »... Je pense que c'est assez clair. La volupté, la mort, l'arrivée des corps et leur fin, le plaisir qui rapproche, la peste qui désagrège, j'ai tracé le cercle, je l'ai parcouru.

Ils ne sauront rien de ma vie, j'ai pris les précautions élémentaires. Ils diront probablement que j'étais fou ; que je me suis tué. Toujours la même méthode. Quand on échappe à leur surveillance, à leur malveillance inlassable, ils recourent à la grande exclusion : un monstre, voilà ce qu'ils seront obligés de répandre sur mon compte. Ils auraient préféré le silence complet, la disparition intégrale, mais le poème est là, il circulera, ils savent déjà qu'ils ne pourront pas mettre la main sur toutes les copies, notre groupe est encore assez puissant pour les cacher et les diffuser, il faudra donc qu'ils m'inventent, qu'ils me réfutent. J'imagine ici leur travail de déformation dans les années qui viennent et au cours des âges. Que m'importe ? Désormais, je ne suis plus dans le même battement du temps.

Un écrit n'est rien s'il n'entraîne pas une adhésion raisonnable fondée sur l'enthousiasme de la vérité la plus difficile, et symétriquement la haine venant du mensonge qui convient au plus grand nombre et à ceux qui en jouent. Ce que j'ai dit, ils ne sauraient l'admettre. Ce qu'ils diront sera pourtant indéfiniment contesté par ma démonstration. J'ai toujours insisté, comme notre Maître lui-même, sur la nécessité de réserver notre doctrine aux plus nobles, aux plus éprouvés. Malheur à nous si un jour, après mille persécutions, un quelconque tribun de la plèbe se mettait à approuver nos idées, voire à s'en servir pour dominer la cité. Le risque serait grand, alors, d'une terreur exercée par le désespoir et fondée sur lui. Car de même que notre vision entraîne le maximum de liberté pour celui qui sait la pénétrer et se taire ; de même elle pourrait provoquer le pire esclavage si elle était utilisée par le pouvoir du ressentiment médiocre et pervers ou le fanatisme policier.

Ce que nous soutenons est insupportable pour la plupart. Et pourtant, il a bien fallu prendre le risque de le révéler. Mais cette révélation ne s'adresse que d'un à un, si je peux dire, elle te vise personnellement, toi, lecteur, et toi seul. Nous ne sommes pas des philosophes comme les autres, encore moins des écrivains ou des poètes dont la superficialité ajoute des ornements précieux à la philosophie. Non : notre vérité est au-delà, simultanément, de la philosophie et de la poésie. Elle est la science en train de parler mélodiquement à l'oreille humaine. Jamais la science ne pourra dire que nous avions tort, telle est ma certitude. Nous servirons peut-être provisoirement des erreurs, mais elles finiront par se dissoudre, notre doctrine n'en sera même pas affectée.

Il faut toujours en revenir aux principes : le monde n'est pas éternel, il aura une fin ; les astres ne nous sont donc en rien supérieurs, bien au contraire ; les dieux sont insensibles à la faveur comme à la colère ; la pensée doit s'étendre par-delà le vide, l'infini, les atomes et la déclinaison qui les lie. Le plus grand criminel est donc celui qui fera l'apologie de la *religio*, du *nodus*, du nœud. On le reconnaît infailliblement à ce signe. Ce qu'il veut ainsi, c'est s'engorger avec toi dans le plaisir sombre de la mort immortelle. Vampire facile à démasquer d'après nous, mais non sans faire effort sur soi-même. Car chacun d'entre nous, formé comme il l'est du même mélange passionné, adhère à cette passion. Les nœuds succéderont aux nœuds, les illusions aux illusions, les croyances aux croyances. Et pourtant, invinciblement, la claire conscience de l'inanité universelle, libre, portant ses tourbillons de corps élémentaires, reviendra, chez quelques-uns, l'emporter.

Qui sait ? Une époque viendra peut-être où, par le développement sans fin de la technique, les hommes pourront observer ces particules dont tout est tissé. Nous a-t-on assez reproché d'invoquer des fantômes ! Des inventions de notre imagination surchauffée ! Et si encore nous ne parlions que des substances des mondes ! Des soleils ou des minéraux ! Mais leur rage, c'est évident, vient surtout de notre lucidité sur l'amour. Que nous ayons nettement décrit le rôle et la pression des semences, les simulacres qui s'ensuivent, les rêves qui en découlent, les vanités comme les appétits qui se déploient et ravagent les destinées à partir de trois fois rien, voilà le scandale.

Mais encore une fois, qui sait ? Qui peut savoir si le temps ne viendra pas où l'on pourra voir clairement le mécanisme de l'engendrement ? La conjonction du mâle et de la femelle ? Le principe de la fécondation ? Allons plus loin : ne peut-on pas penser qu'il sera possible d'induire des rapprochements, des greffes ? De fabriquer la vie de toutes pièces à partir des liquides qui en portent la nécessité ? Folie ! disent-ils. Ou encore : horreur ! Comme ils sont intéressés à maintenir ce mystère où leur vanité se prend ! Comme ils aiment leurs charlatans, écrivains, prêtres, philosophes ! Nous avons ruiné, jusqu'à la racine, leur prétention délirante. Nous avons envisagé, les preuves viendront, que l'existence n'avait aucune raison fondamentale, aucune justification en soi. Nous avons détruit tous les nœuds présentés comme des liens respectables. Et en premier lieu, peut-être, l'incroyable, la pitoyable puissance du miroir sur le cerveau de notre condition passagère. Tant est grand l'orgueil et l'aveuglement terrestre !

Notre orgueil, lui, est pleinement justifié. La plus grande humilité le garantit. Je regarde mon manuscrit. La disposition des mots et des lettres est rigoureuse. Elle parle de la disposition de tout ce qui peut se voir, s'entendre, se toucher, se sentir, se parler. Une même combinatoire règle les phénomènes physiques et l'entrelacement des phrases. Bien plus : je sais que, grâce à l'infini, cette constatation a déjà eu lieu. Je me suis déjà produit, j'ai vécu, j'ai pensé cela, j'ai tracé les signes, je n'en garde aucun souvenir. La mort a introduit entre moi et moi une coupure complète. En quelle langue ai-je déjà décrit cet hymne perdu ? Je ne sais pas. En quelle langue, dans quel paysage futur, sera-t-il à nouveau écrit par moi qui n'aurai plus le moindre souvenir du moi que je suis à l'instant ? Impossible à prévoir. Utilisera-t-on seulement les mêmes caractères ? Rome sera-t-elle dans Rome ? Y aura-t-il encore quelqu'un pour connaître le secret de Vénus ?

Notre Ecole peut être dispersée, vaincue. C'est dans l'ordre. J'ai fait ce que je devais faire : rythmer ses connaissances pour qu'elles soient transmises et apprises par cœur. Le soleil se couche, maintenant. L'ombre commence à épaissir sous le grand pin parasol de la villa où je suis réfugié. Je sais qu'ils me cherchent. Je sais exactement qui, pourquoi, comment. Vieille histoire ! Ils me trouveront seul. Ils fouilleront partout sans trouver le document qu'on leur a dit de saisir à tout prix avant de m'avoir tué. Peut-être me tortureront-ils, les infâmes ? Ce n'est pas si grave, l'évanouissement nous sauve de la trop grande douleur. Je pense même pouvoir m'inciter à en finir, de l'intérieur, par une sorte d'arrêt du souffle que nous a enseignée un de nos adeptes médecin. Non, ils n'auront pas réussi à me rendre fou. Non, je ne me suiciderai pas. C'est simplement la lourde prison humaine qui se referme sur elle-même pour perpétuer son imposture. Nous ne sommes pas de ce monde. Nous l'avons dit. Nous le redirons un jour.

1983.

Montaigne, le mutant

« Quelqu'un disait à Platon : tout le monde médit de vous. – Laissez-les dire, fit-il, je vivrai de façon que je leur ferai changer de langage. »

J'ouvre la table des matières des *Essais,* je décide de la lire comme une série de haïkus, je transporte Montaigne en Chine, je le vois vivre, comme Marco Polo, dans un coin de la Cité interdite.

Je lis :

Par divers moyens on arrive à pareille fin : De la tristesse.

De l'oisiveté : Des menteurs.

De la modération : Des cannibales.

De la vanité des paroles : De la parcimonie des anciens.

Des vaines subtilités : Des senteurs.

A demain les affaires : De la conscience.

Des livres : De la cruauté.

De ménager sa volonté : Des boiteux.

De la physionomie : De l'expérience.

Voilà, le ton est donné. La machine se met à tourner comme une horloge à remonter le temps et à le dissoudre. Les opinions, les positions, les systèmes, les points de vue, les noms, les philosophies, les anecdotes, les poésies, les préjugés – tout cela va être compté et broyé dans le mouvement chiffré qui s'annonce. La matière est immense, infinie ? Je n'en ai plus peur. L'essentiel était de venir occuper cette place rayonnante et vide où le jugement se déploie. La comédie est la comédie et, désormais, tout va se jouer par rapport à elle. Le roman, la comédie : c'est contre ces deux formes que la diatribe philosophico-religieuse n'aura de cesse de s'exercer, de renouveler son ressentiment. La servitude volontaire n'est rien d'autre que cette aimantation vers un centre dont je viens de casser le pouvoir en moi et, donc, en dehors de moi. Montaigne : le premier qui signe vraiment en son nom. Et qui le sait. Et qui l'affirme. « Les auteurs se communiquent au peuple par quelque marque particulière et étrangère ; moi, le premier par mon être universel, comme Michel de Montaigne, non comme grammairien, ou poète, ou jurisconsulte. Si le monde se plaint que je parle trop de moi, je me plains de quoi il ne pense pas seulement à soi. »

Moi le premier : plus le temps passe, plus les pressions se font fortes pour m'obliger à parler d'autre chose, de la pensée qui ne pense pas à elle-même, de la prétendue réalité alors que tout est théâtre. La vie que je prends peu à peu par les mots, la mort que je vis, sont donc tellement gênantes ? « En mon pays de Gascogne, on tient pour drôlerie de me voir imprimé... » D'où suis-je ? Comment ai-je pu échapper à mon lieu ?

Les voyages de Montaigne : bien sûr. Mais on n'a peut-être pas assez remarqué la grande inscription qu'il reproduit dans son livre, celle qui le nomme citoyen romain, « l'an de fondation de Rome 2331 et de la naissance de Jésus-Christ

1581 ». Ce maire de Bordeaux, chevalier de Saint-Michel et gentilhomme ordinaire de la chambre du Roi Très Chrétien, qui « savait le Tibre avant la Seine », n'a-t-il pas, par ailleurs, la nostalgie du gouvernement anglais ? « Edouard, prince de Galles, celui qui régenta si longtemps notre Guyenne, personnage duquel les conditions et la fortune ont beaucoup de notables parties de grandeur... » Voilà : Londres, Bordeaux, Venise, Rome. Ajoutez New York, aujourd'hui, et vous avez la politique du vin fondamental, la diplomatie de l'instinct. Le côté Eyquem n'est pas là pour rien. On raconte qu'un certain Luther, en Allemagne, a introduit des perturbations. Calvin n'est pas mal non plus, dans son genre. Bientôt nous aurons Jansénius et les Messieurs si hostiles au roman, à la comédie. Ne risque-t-on pas d'y perdre son grec, son latin ? De voir brûler Lucrèce ? Sauvons-le donc, tant qu'il est encore temps. Montaigne, Shakespeare, Cervantes : la théorie de la relativité s'exprime. L'Europe est à feu et à sang : commence le temps de l'*ouvert*.

Plusieurs mondes sont possibles, à quoi bon vouloir que le nôtre n'ait qu'un seul sens ? Rome, au moins, concilie les inconciliables : « Ainsi, me suis-je, par la grâce de Dieu, conservé entier, sans agitation et trouble de conscience, aux anciennes créances de notre religion, au travers de tant de sectes et de divisions que notre siècle a produites. » Montaigne catholique ? Evidemment. Puisque l'universel est le singulier absolu. Puisque le Roman en dira toujours plus que tous les systèmes. Le moment n'est plus d'interpréter le monde, ni de le changer, mais de le réciter en lui-même, et dans son pli mental, organique. L'arrivée du corps de Montaigne sur la scène, la publication de sa forêt de réflexion en marche ou plutôt, comme il dit, de sa « fricassée », est un événement si révolutionnaire qu'il en est surpris comme seul Proust, peut-être, le sera un jour. Voici l'horizon dégagé : j'avance, la digression est infinie en acte, n'importe quel détail la comporte, c'est une sorte de Paradis, les Indes enchantées. Pour enchaîner ? C'est très simple : « mais revenons à nos bouteilles ». Ou, vraiment sans complexes : « mais suivons. »

Va-t-on pour autant penser qu'il y a, dans cette découverte des droits du sujet mutant, une sagesse à l'antique, un saut par-dessus l'humanité ? Mais non, ce serait absurde. « C'est à notre foi chrétienne, non à la vertu stoïque de prétendre à cette divine et miraculeuse métamorphose. » Montaigne a très bien vu que le retour des « sectes » n'était qu'hystérie, mégalomanie, maladie profonde de la croyance hypnotique. Autrement dit, comme il s'y étend au chapitre V du Livre III, dérivation sexuelle, erreur sur la féminité en soi. Alors, oui, vous aurez des « haines intestines, des monopoles, des conjurations ». Les femmes ? Les religions ? « Leur essence est confite en soupçon, vanité et curiosité. » Vous avez des luttes de factions ? Cherchez la femme. Montaigne et Molière ? Sans aucun doute. Mais même Racine, par exemple, avant sa malheureuse et trop grande conversion, le note infailliblement dans ses lettres dites « La Querelle des Imaginaires » : La Mère Angélique, la « Sainte Mère », tout est là. Comment ? Rien de plus ? Le bruit, la fureur, les massacres, les controverses sur l'au-delà et l'ici-bas ? « Entre nous, ce sont des choses que j'ai toujours vues de singulier accord : les opinions supercélestes et les mœurs souterraines. » Décidément, même Vienne était à Bordeaux, en ce temps-là. Eviter les divisions inutiles, c'est apprendre à diviser la pulsion de mort. « Aussi ai-je pris coutume d'avoir continuellement la mort en la bouche. » La plus grande humilité, la plus vaste extension. D'un côté, la trivialité même. De l'autre, toujours ce « moi seul ». « Entre tant de maisons armées, moi seul que je sache en France, ai fié purement au ciel la protection de la mienne. » « Je n'ai ni garde ni sentinelle que celle que les astres font pour moi. » Comment voulez-vous manipuler, enrôler, détourner, utiliser un animal de ce genre ? Lequel vous déclare froidement qu'il préférerait jouer aux dés ses affaires plutôt que de recourir à la divination, aux oracles dont Julien l'Apostat, par exemple, était tout « embabouiné » ? Un singe superstitieux : tel est l'homme. Non pas un démon déchu, comme on l'a encore dit récemment, mais un chimpanzé à vapeurs. La confidence essentielle de Montaigne, stupéfiante pour nous comme pour tous les temps ? Peut-être celle-ci, qui court en filigrane dans les *Essais*, comme une preuve d'élection gratuite : « le bon père que Dieu me donna. » Qu'est-ce qu'un père ? Une voix, bien sûr. « L'occasion, la compagnie, le branle même de ma voix, tire plus de mon esprit que je n'y trouve lorsque je le sonde à part moi. » Laissez-vous parler, sachez vous écouter, inventez votre résonance. « Zénon avait raison de dire que la voix était la fleur de la beauté. »

Tout coule, tout roule, tout est migration et commutation, mais l'expérimentateur a parié définitivement sur la parole. Il s'ensuit, pour maintenant, et pour toujours, une position sans précédent quant à la vérité : « Je me contredis, mais la vérité, je ne la contredis point. » « Qui est déloyal envers la vérité, l'est aussi envers le mensonge. » Il y aurait donc un mensonge loyal ? Et, à l'inverse, une innocence empoisonnée ? N'avez-vous jamais rencontré ce que Nietzsche appelle « le mensonge déloyal, le mensonge aux yeux bleus » ? Celui qui n'implique, en contrepartie, aucune vérité possible ? Le somnambulisme des phénomènes se poursuivant à travers les corps ? Mais oui, question magnétique. A quoi s'oppose l'amour : « l'amour est une agitation éveillée, vive et gaie ». Et le fin mot du savoir : « C'est une absolue perfection, et comme divine, de savoir jouir loyalement de son être. » Voilà. Vous me copierez cette phrase mille fois. Oui, vous, là, élève machin, au deuxième rang à droite, au lycée Montesquieu ou Montaigne. Je me rappelle que je n'en croyais pas mes yeux. Quelqu'un avait osé l'écrire. Pour les siècles des siècles. Ici même. Dans ce paysage du temps filtré. « Savoir jouir. » Je vous laisse là.

1984.

Cervantes ou la liberté redoublée

« Celui qui a montré le plus vif désir de l'avoir a été le grand empereur de la Chine, puisqu'il y aura bientôt un mois qu'il m'a envoyé, par express, une lettre en langue chinesque où il me demandait, ou, pour mieux dire, me suppliait de le lui expédier, parce qu'il voudrait fonder un collège où on lirait la langue espagnole, et avait résolu que le livre d'étude ce serait celui de l'histoire de Don Quichotte, ajoutant qu'il désirait que je fusse le recteur de ce collège. »

Dédicace de la deuxième partie de *Don Quichotte* au Comte de Lemos, Vice-Roi de Naples.

Le même jour du même mois de la même année, mais pas dans le même calendrier, près de Londres, à Madrid, le 23 avril 1616, Shakespeare et Cervantes meurent. Il est difficile de ne pas rapprocher l'épilogue solennel de *La Tempête* et celui du *Don Quichotte* terminé « le pied déjà dans l'étrier, et dans l'angoisse de la mort ». Le Prospero de Shakespeare nous quitte en refermant les portes du théâtre du monde :

> A présent, tous mes sortilèges sont détruits et je n'ai plus pour force que la mienne propre, combien faible !...

Juste avant, dans la première scène de l'acte v, il annonce sa renonciation à la magie, c'est-à-dire à la subversion des éléments et du temps :

> Mais j'abjure ici cette magie brutale ; quand j'aurai requis une musique céleste – et je le fais en cet instant même – pour agir comme je l'entends sur les sens auxquels ce charme aérien est destiné, je briserai ma baguette et, plus profond que sonde n'atteignit jamais, je noierai mon livre.

« I'll break my staff... I'll drown my book... » L'indication scénique immédiate est en effet : *Solemn music.*

Aux « charmes » shakespeariens, correspondent les « enchantements » qui parcourent tout le *Quichotte.* Mais de la poésie à la prose, du drame au roman, c'est l'occulte lui-même qui va se voir retourné, ironisé, dévalorisé. Tout le temps que Shakespeare joue ce qu'il écrit, Cervantes écrit ce qu'il joue – et ce qu'il joue n'est rien d'autre que sa division. Abandonner la division, c'est mourir, car seule la division maintient la vie dans un semblant de nécessité. La vie humaine est envoûtée ? C'est la narration, cette doublure des doublures, qui le prouve, le dévoile bien au-delà de ce qu'on pouvait en attendre. A quoi mène-t-elle, d'ailleurs ? Sur quoi débouche-t-elle ? Qu'est-ce qui suit l'extinction de l'hallucination de principe dans laquelle nous sommes tombés en naissant ? « En un lugar de la Mancha, de cuyo nombre no quiero acordarme... » est l'un des plus extraordinaires « commencements » de la littérature. En effet, ce lieu dont je ne veux pas me rappeler le nom, c'est bien celui d'une *tache* (« mancha »), de la tache aveugle de l'œil de la pensée, tare originelle qui fait que je suis tout de suite *deux*, celui qui dort et celui qui croit veiller ; celui qui raisonne en se trompant et celui qui rêve de la vérité. La littérature est ce chemin vers un réveil impossible, c'est-à-dire la mort comme réel. Voyez le mythe de Shakespeare. Etait-il celui qu'il était ? Etait-il, ou n'était-il pas ? Telle est la question. Et la légende de Don Quichotte ? C'est celle à laquelle nous sentons que son auteur a droit par ce début magistral et cette fin éternellement décevante. Si quelqu'un a réussi une dissolution, c'est bien Cervantes. Pour cela, d'ailleurs, il fallait qu'un *faux* se fût produit. Un faux Cervantes. Un faux Don Quichotte. Et, en effet, toute la conclusion de la deuxième partie du livre est littéralement obsédée par le faux publié par Avallaneda. Il faut tuer maintenant le vrai Don Quichotte pour tuer en même temps le faux, et tous les faux possibles, dans les siècles des siècles. Cervantes a mis la main sur l'esprit du faux. Ce n'est pas rien. C'est même inouï. Cela signifie qu'il a eu la claire vision de la perpétuité de son mythe et qu'il a dû mener un combat épuisant *in extremis* pour s'en assurer la paternité. Paternité « arabe », d'ailleurs, c'est le point le plus captivant de sa stratégie. On se souvient en effet que le *Quichotte* se présente comme une *traduction*. C'est en se promenant, nous dit Cervantes, dans la « juiverie de Tolède », qu'il a découvert des « papiers » couverts de « caractères arabesques ». Son double *sort* du papier, et devait fatalement en sortir puisque « je suis affectionné à lire jusqu'à des papiers déchirés qui se trouvent par les rues ». Son nom ? Cid Hamet Ben Engeli, « historien arabique ». Le More de Venise, celui de Tolède... La littérature occidentale est violemment sommée de répondre à ce qui l'assiège, du côté oriental. A l'horizon, vous entendez le bruit de la bataille de Lépante, celle où Cervantes a perdu un bras ; celle où, sur mer, Venise, l'Espagne et l'Autriche ont momentanément sauvé la Papauté contre les Turcs (Lépante ne dit pas grand-chose aux Français, n'importe, promenez-vous à Venise, la ville ne parle que de ça).

L'espagnol ressort transformé de l'arabe ; il sera étudié en chinois ; il vient d'ailleurs peut-être d'une « meilleure et plus antique » langue, l'hébreu. Comme on voit, l'ambition de Cervantes est immédiatement la plus insolente.

Je brise ma baguette, je noie mon livre, dit Shakespeare. Je suspends ma *plume* en dehors du temps et au-dessus de lui, comme une épée, dit Cervantes Ben Engeli, fils des anges.

> C'est ici, ô ma petite plume, bien ou mal taillée, que tu demeureras pendue à ce râtelier et à ce fil de cuivre. Tu y vivras de longs siècles, si de téméraires et méchants historiens ne te dépendent pas pour te profaner... Pour moi seul naquit Don Quichotte, et moi pour lui. Il sut agir, moi écrire.

Cervantes est dans le savoir de la division. D'un côté, par une œuvre de destruction, il veut en finir avec le fatras littéraire jusqu'à lui (la répétition du vivant n'est rien d'autre que la répétition de ce fatras) – mais il veut aussi composer la vraie épopée chevaleresque positive, et l'on ignore trop, jusqu'à aujourd'hui, son *Persiles y Segismunda*, contrepartie héroïque du *Quichotte*, dédié lui aussi au comte de Lemos. L'esprit du faux n'a plus qu'un recours : essayer de nous cacher Cervantes derrière son mythe, vengeance qu'un mythe aussi puissant ait pu être détruit explicitement par son auteur. L'idéalisation se défend à toutes forces. Contre quoi ? Contre une dépense purement verbale et se connaissant comme telle. Cervantes sait que l'idéalisation est increvable, c'est le sujet de son livre, mais ce sujet est bien entendu l'impossible lui-même. D'où l'inclusion de la mort dans la narration par un coup de force jamais vu, jamais égalé : « un des signes qui leur fit conjecturer qu'il s'en allait mourir fut qu'avec tant de facilité de fou il était devenu sage. » D'où aussi cette déclaration ambiguë :

> puisque jamais je n'ai désiré autre chose que de faire abhorrer aux hommes les fabuleuses et extravagantes histoires des livres de chevalerie qui, par le moyen de l'histoire de mon véritable Don Quichotte, s'en vont déjà chancelants. Et sans aucun doute ces fables tomberont et ne se relèveront jamais. Vale.

C'est bien entendu parce que les fables se relèveront toujours que le *Quichotte* est une sorte de mouvement perpétuel trouvé. Partout où il y aura des hommes en train de se raconter quelque chose, le Chevalier sera là, croira tout à la lettre et, du coup, détruira l'édifice entier de l'illusion.

Ce que Cervantes veut désamorcer, stériliser à jamais, c'est, on l'a dit, le genre pastoral et chevaleresque ayant pour origine une sorte de complexe gallaïco-portugais, c'est-à-dire *celtique*. Paganisme de toujours et pour toujours. Il s'agit, à la limite, d'une vraie guerre de religion intra-romanesque, intra-imaginaire. Qu'est-ce que la prise du mensonge ? Du déchet organisé avec de la mauvaise littérature pseudo-sublime plaquée dessus. Qu'est-ce que la vérité ? Le traitement du mensonge par lui-même, c'est-à-dire la confrontation incessante réalisée du déchet avec la mauvaise littérature, le tout produisant ce que j'appellerai un état d'*hilarité continue*, état très étrange, retenu, endiablé, circonvolutif, irrépressible, et que tout lecteur du *Quichotte*, à moins d'être aveugle et sourd, subit imparablement. De tous les livres, c'est probablement en ce sens le plus mystérieux. Avec ceux de Sade, dirai-je, dans la mesure où le projet de Sade est de faire subir au « philosophisme » le même sort que Cervantes applique aux bergeries chevaleresques. Prenez un discours philosophique quel qu'il soit, introduisez-le dans Sade, et vous avez immédiatement l'effet *Don Quichotte*. C'est-à-dire une dérision telle qu'elle ne peut que paraître infinie. Or, pour qu'une dérision puisse avoir l'air infinie, encore faut-il posséder à fond le système sublime. C'est le cas de Cervantes, bien sûr, dont l'arsenal rhétorique est un des plus éblouissants de tous les temps.

> Tâchez aussi qu'en la lecture le mélancolique soit ému à rire, *que le rieur le soit encore plus*, le simple ne s'ennuie point, l'homme d'esprit en admire l'invention, le grave ne la méprise, et aussi que le sage lui donne quelque louange. (C'est moi qui souligne.)

Les hommes sont sous enchantement. Leur bon sens même est un sort. On combat l'enchantement par une folie imperturbable, c'est-à-dire pas folle du tout. Par le forçage arabesque de la lettre. *Don Quichotte* est un livre sacré comme on n'en a jamais vu (d'où la nécessité en chemin d'en maudire les faussaires), le livre sacré de la destruction radicale du sacré par l'art rhétorique (beaucoup plus que Rabelais, par exemple). L'espagnol le plus commun devient porteur du graal des croisades ; l'équivalent du grec et du latin d'Homère et de Virgile (Ulysse et Enée comiques) ; le substitut du Coran (qu'Allah soit béni dans cette guerre sainte qui tourne sans arrêt au vaudeville) ; une nouvelle promulgation de la Loi (l'Exode satirique). C'est enfin tout simplement un Evangile, une bonne nouvelle comme tentera de l'être *L'Idiot,* celle que le monde n'a aucun sens, sinon celui de la compassion qui habite l'absolu du rire. La Triste Figure est l'aspect comique, non-dévot et littérateur de la Sainte-Face.

De plus, la bonne nouvelle, nécessairement, c'est celle qui porte sur la démonstration de la machine des fables et sur le moteur de cette machine, le désir sexuel travesti en mensonge « poétique ». Cervantes, ici, joue serré puisqu'on lui doit la révélation la plus acide, la plus juste, la plus irréductible de l'imposture féminine. L'idée de Dulcinée, fausse Mecque permanente de son chevalier, anti-Béatrice, anti-Laure, anti-Délie, anti-tout-ce-qu'on-voudra, est évidemment sa grande réussite secrète. Secrète, parce qu'elle sera éternellement recouverte par le besoin de fable, autrement dit le refoulement spontané (Picasso se souviendra de tout cela). Comment ne pas rire aux larmes à l'histoire de Maritorne dans l'obscurité ? Comment s'étonner que ces noms, Dulcinée, Maritorne, soient devenus comme les mots de passe de la liberté de penser ? On est, ou on n'est pas, dans le coup de la vision de Dulcinée, c'est-à-dire dans la mécanique du ridicule humain universel.

> Ses cheveux, qui tiraient un peu sur le crin,
> il les tint pour des tresses de très luisant or

d'Arabie, dont la splendeur rendait obscure celle du soleil lui-même ; et de son haleine, qui sans nul doute sentait la vieille salade qui a passé la nuit, il lui sembla que c'était une odeur suave et aromatique...

Mais où est la vérité ? Chez celui qui jouit du non-réel soutenu par son seul discours ; ou bien chez celui qui a tort, peut-être, de voir ce qui est, sans le rehausser d'une parole ? « Désenchanter » n'est pas revenir au constat de laideur, de médiocrité ou de bêtise universelles ; ce n'est nullement se mettre au-dessus de l'humanité et se plaindre complaisamment de ses défauts, de ses manies, de ses stéréotypes. Tout cela est inévitable, vous n'aviez qu'à ne pas naître. Non, il faut montrer la laideur et la bêtise, mais aussi qu'on peut à tout instant les dépasser, et jouir en parlant, avoir la plus grande indulgence pour le désir de merveilles. *Don Quichotte* est le contraire d'un livre gnostique. J'allais même dire qu'il n'y en a pas de plus chrétien. La foi, l'espérance, la charité... La foi est folle ? Qu'importe ! L'espérance est sans raison ? Et alors ? La charité, seule, se prouve. Elle, et l'esprit d'enfance, qui fait que notre hilarité est aussi une émotion continuelle indéfinissable – comme, par exemple à l'agonie de Don Quichotte, quand Sancho le supplie de ne pas mourir, *de rester fou,* de continuer à jouer au Chevalier, ou du moins au berger. Qu'on continue à s'amuser tout en voyant le réel ; à avoir de fausses aventures mais qui sont plus vraies que les vraies... Ne t'en va pas, Sauveur ! Il faut entendre ici le dialogue théologique de Don Quichotte et de son apôtre. Pourquoi, puisqu'il s'agit d'atteindre à la plus haute renommée possible, demande Sancho ; pourquoi ne pas être simplement des *saints* ? Ça marche très fort, ça ; et peut-être avec moins de contrariétés ?

> « La chevalerie est une religion », dit Don Quichotte, « et il y a au ciel de saints chevaliers ». « Certes », répondit Sancho, « mais j'ai ouï dire qu'il y a au ciel plus de religieux que de chevaliers errants ». « Il est vrai », dit Don Quichotte, « parce que le nombre de religieux est plus grand que celui des chevaliers ». « Nombreux sont les errants », répliqua Sancho. « Nombreux », dit Don Quichotte, « mais peu qui méritent le nom de chevaliers. »

Les hommes errent, mais pas Don Quichotte. Finalement, le seul chevalier dont nous gardions la mémoire, c'est lui (j'aimerais le rapprocher de quelqu'un dont ce fut le surnom, « Il Cavaliere », le spiraleux Bernin). En tout cas, si un livre semble parler, par avance, tout l'épisode psychanalytique, c'est bien celui-là.

Les fables sont dérisoires ? Elles sont sublimes, si on les affirme en dépit de leur dérision. Ce n'est pas de dénégation qu'il s'agit ; pas de : « je sais bien, mais quand même » ; plutôt : ne sait rien celui qui n'erre pas en s'émerveillant. En « chevalier », s'entend, c'est-à-dire en défenseur de l'impossible. Soyez des chevaliers grotesques et merveilleux – ou mourez. C'est tout.

Il faut se demander, pour finir, pourquoi ce silence sur le *Persiles*, œuvre qui confine au délire baroque du Greco (qui meurt deux ans avant Cervantes). La fable humaniste a fait de *Don Quichotte* un livre de sagesse alors qu'il est bien entendu tout autre chose et, notamment, une justification de l'excès. Cervantes monte au ciel sur un cheval de feu rythmique.

> Se contenant donc dans les étroites limites de la narration ; quoiqu'il ait assez d'habileté, de capacité et d'intelligence pour traiter de l'univers, il demande qu'on ne rabaisse pas son travail, et qu'on lui donne des louanges, non pour ce qu'il a écrit, mais pour ce qu'il a laissé d'écrire.

1982.

Éloge de la casuistique

(Gracian)

Comme Machiavel, mais d'une façon immédiatement plus métaphysique, Baltasar Gracian (1601-1658) pense que la comédie du pouvoir est une province de la rhétorique. Son Prince, c'est le *Criticon*, l'homme détrompé, la fonction critique faite homme, parce qu'elle a appris les détours de l'illusion de l'apparence universelle, le maniement d'une parole qui peut faire apparaître ce qu'elle veut quand elle veut. La théorie du verbe jésuite consiste à introduire une coupure décisive entre l'humain et le divin, entre deux verbes : l'un poussé aux limites de son mensonge, l'autre à celles de son énergie. La contre-réforme, le baroque, c'est bien cela : une offensive théologique *dans les formes*, une protestation contre ce qui proteste en voulant réduire le sens à un signe unique. Non, le bien n'est pas de ce monde, et il n'est pas de ce monde car le langage, en ce monde, est en trop, est la figure même d'un excès qui indique, comme à l'envers, le trop-plein divin qui vide et gonfle en même temps les phénomènes. L'art jésuite, si méconnu dans son ironie fondamentale et sa dérision exhibée de toute sensualité ; cet art qui, au fond, a inspiré Pascal, ressemble aux opérations tortueuses, délicates, mais sourdement centrées du jeu d'échecs. Beaucoup de circonvolutions, de volutes, pour arriver au point mat du silence efficace, de la parade mortelle. Le grand principe jésuite est de traiter le mal par le mal : la chute du verbe par un verbe en chute. Loyola : « Il faut user des moyens humains comme s'il n'y en avait pas de divins et des divins comme s'il n'y en avait pas d'humains. » Formule que Gracian commente en ces termes : « Règle de grand maître, il n'y a rien à ajouter. » On reconnaît l'évidence initiale de la loi mathématique et anti-naturelle de l'échiquier : renforcer les points forts, jamais les points faibles.

« Machiavélique », « jésuitique », ces interpellations péjoratives du sens commun sont les symptômes d'une angoisse humaine, trop humaine, devant les possibilités du langage. Il n'est pas admis que l'on soit lucide sur le pouvoir et que l'on considère la politique comme l'un des beaux-arts. Il n'est pas toléré qu'on ose révéler la toute-puissance de la ruse et de l'artifice, l'insondable enchevêtrement des discours de toute diplomatie. Il n'est pas bien vu de dire carrément que l'homme court vers la mort en agençant des phrases comme autant de masques de sa volonté de puissance. Mais Gracian va plus loin que nos moralistes qui, d'ailleurs, l'imitent. Il fascinera Schopenhauer. Il annonce la vision pan-esthétique de Nietzsche. Son analogie de l'équivoque, de l'écoute, de la double-entente ; son art d'un théâtre qui déduit toute chose de l'apparence la plus ténue, voilà un bréviaire pour psychanalyste. Bref, c'est un grand écrivain, et sa façon de jouer sur les mots, pour les ramasser ou les étendre aussi loin que le veut l'élasticité infinie de leur nature trans-humaine, se rapproche d'une théologie verbale elle aussi venue de l'éducation jésuite : celle de Joyce.

Modernité de Gracian : le mal est radical, la mort débordante, il y a urgence à parler pour vivre et survivre, et l'homme est libre, est l'arbitre de son propre sort. Gracian a écrit un traité de l'*agudeza*, mot intraduisible, c'est l'art de la pointe extrême du discours, une acuité qui se confond, par prouesse technique, avec la grâce, comme le nom même de son auteur (seule prédestination à admettre, et c'est vrai que Machiavel, à côté de lui, a l'air, comme son nom l'indique, d'un simple serrurier : *Maclé*). La grâce dans l'acuité est à la fois brièveté et prolixité. Le style sera donc soit « laconique, si semblable à la divinité, qu'à son image, même dans la ponctuation, il renferme des mystères » ; soit, au contraire, « redondant, enflé, asiatique, exagéré, dilaté ». Les jésuites sont héraclitéens et chinois. Concentration et surabondance. Seule façon de comprendre que « tous ceux qui le paraissent sont des sots, plus la moitié de ceux qui ne le paraissent pas ». L'apparence prise à la lettre refuse la prétention d'un sens caché : tout est déployé, visible ; le secret, c'est qu'il n'y a pas de secret. « Là où vous voyez qu'il y a de la substance, tout n'est que circonstance, et ce qui vous paraît le plus solide est le plus creux, et tout ce qui est creux est vide. » Et ce cri, déjà purement mystique : « oh ! que le néant est beaucoup ! ». Il ne s'agit de rien moins, en effet, que de s'élever, comme singularité absolue, au-delà même de l'infini : « que tous te connaissent, que personne ne perce tes limites car, par cette ruse, le modéré paraîtra beaucoup, le beaucoup infini, et l'infini, davantage ». L'éducation interne se fait à travers l'image que l'on apprend à donner de soi. La comédie est de plus en plus vérité, le jeu oblige à dépasser la borne que l'on tend à être. Les partisans de l'authentique sont des aphasiques du ressentiment : la positivité du langage est sans limites. Rien n'a été fait sans le verbe, le verbe peut donc nous accompagner au-delà des fins de tout ce qui a été fait et se fera jamais. « Le bon joueur ne joue jamais la pièce que l'ennemi suppose, encore moins celle qu'il désire. » Dans la vision méta-cosmique de Gracian, l'ennemi c'est le monde entier contre la singularité du sujet irreproductible. Il s'agit d'un art de la guerre, qui rappelle par bien des points l'admirable Sun Tseu : même l'ennemi est utile, car « souvent l'hostilité pousse à vaincre des montagnes dont aurait détourné l'amitié ». Gracian, ou l'enthousiasme de la contradiction, la stratégie de l'écart et des décalages. Il n'y a jamais eu de nature originelle, il n'y a pas d'autre faute, ou péché, que de ne pas s'en rendre compte *en parlant*. L'inconscient est structuré comme un langage ? Bien sûr, et c'est la raison pour laquelle il n'y a plus qu'à se débarrasser de plus en plus des embarras de la conscience croyant être le langage de toute structure. Le monde ne nous paraît infini que parce que nos mots ne roulent pas au-delà de lui. Voilà comment le néant est un bien supérieur au mal prétentieux de l'être, voilà en quoi la joie d'une éternité libérée peut se dire dès maintenant dans les fêtes de la désillusion rythmée, qu'on appellera, par facilité, la pensée.

1978.

Saint-Simon et le Savoir Absolu

Voici des nations, des provinces, des titres ; des ducs, des duchesses, des rois, des reines, des prénoms en train de faire saillie rapidement dans les noms ; voici des cardinaux, des majestés, des altesses, des négociations, des contrats, des guerres, et, traversant toute cette agitation de surface, quelque chose comme un bruit de fond mécanique : mort, reproduction, nominations, mort, et encore mort et reproduction. L'écriture de Saint-Simon veut être à la mesure de cette infamie générale. Infamie si constante, si enracinée, si naturelle ; règne si absolu de l'illusion, du mensonge et du mal, qu'on a l'impression d'assister à un emballement sans retour. Tacite, Saint-Simon, Sade : cela suffit, en somme, pour nous informer, en détail, de ce qui nous attend comme atome déjà effacé dans ce carnaval broyeur qu'on appelle la société et l'histoire. On peut ajouter Swift, Chateaubriand et Soljenitsyne, et la boucle paraît bouclée. Nous savons tout, le reste est silence.

L'échiquier n'est logique qu'en apparence. En retrait de son semblant, il est fou. Devant le jeu de cette folie, de cette tare de base, Saint-Simon rêve de jugement mais hésite de moins en moins. Nous suivons sa désillusion, quant à la légitimité de la Loi, au fait qu'elle pourrait réellement incarner ce qu'elle prétend être. « Les bâtards et bâtardes, gorgés de tout, laissèrent longtemps les princes du sang à sec. » Mais oui, c'est cela : un immense bal de vampires. Le sang circule à travers ces nœuds de chuchotements, vous savez bien que cela se passe aussi bien ici, maintenant, sous d'autres vêtements, d'autres masques. La bourse des valeurs est un réseau implacable, une nappe de dévoration où le moindre mot peut être mortel. Le monde humain relève de la police. Cette police, à son tour, est un brasier permanent de complots. L'histoire, dites-vous, l'histoire : mais il n'y a pas d'histoire, simplement l'extension d'une Paranoïa nouée par rapport à laquelle ceux qu'on appelle paranoïaques sont toujours bien en dessous de la vérité, larves passagères, abcès limités de la Grande Ombre en rut appliquée.

Il y a tant de choses à déchevêtrer, démêler, retresser, que le mieux est encore d'accumuler les subordonnées. « De là il me conta : que... que... que... qu'il... que... mais que... Je lui dis : que... que... mais que... » Saint-Simon ou le compte rageur du point-virgule. Regardez cette énorme roue en action : elle est là pour faire tourner justement les roués. Les figurants sont éclairés par facettes : « Avec beaucoup d'esprit, elle était insinuante, plaisante robine, débauchée, point méchante, charmante surtout à table. » La Justice de la Mémoire fossoie, fauche, nuance, scelle les sorts. Le narrateur se rencontre dans les spasmes de son récit : « J'avoue que je me sentis ravi dans mon extrême surprise par le vif intérêt que je prenais en lui. » Donations, rentes, rangs, sièges, conjurations, titularisations, copulations, captations : la gestion de l'espèce est une roulette incessante, instable, entre les mains des « croupiers des partis », ce sont eux qui lancent et relancent les mises de la volonté de puissance. Le Pouvoir c'est l'Information, et Saint-Simon en fait le premier la théorie moderne. Où trouver la Cour aujourd'hui ? C'est simple : salles de rédaction, radio, télévision, édition. Races, classes, sont des catégories qui ne définissent nullement la question : en réalité, il n'y a qu'une lutte des places. Lutte d'autant plus acharnée qu'être c'est avant tout être dit, montré, imprimé, imagé, redit. Les grandes intrigues sont menées à coup d'anecdotes, les plus hautes fonctions sont à la merci d'une indiscrétion. Sommes-nous seulement en France ? Mais non, Saint-Simon est planétaire. Les affaires étrangères, il en sait la primauté absolue. Espagne, Angleterre, Hollande, Savoie, Sicile, Sardaigne, Vienne, Rome. Soubresauts de la « chrétienneté ». Va-et-vient entre pays et familles. Grand angle et zoom sur un point. Exemple entre mille : « Saint-Germain-Beaupré, ennuyeux et plat important qui n'avait jamais été de rien, mourut chez lui. Il avait cédé son petit gouvernement de la Marche à son fils, homme fort obscur, en le mariant à la fille de Doublet de Persan, conseiller au Parlement, qui trouva le moyen de percer partout et d'être du plus grand monde. »

Transposez, actualisez, voyez.

Ou encore : « Le Pape se piquait régulièrement de bien parler et de bien écrire en latin ; il voulait s'approcher de saint Léon et de saint Grégoire, ses très illustres prédécesseurs ; il s'était mis à faire des homélies ; il les prononçait puis les montrait avec complaisance ; pour l'ordinaire on les trouvait pitoyables ; mais on l'assurait qu'elles effaçaient celles des Pères de l'Eglise, les plus savants, les plus élégants, les plus solides. » Pas de page où Saint-Simon, remplissant son nom jusqu'à l'os, ne s'élève contre la simonie, le trafic de sainteté et de noblesse, les calculs liés à l'obtention de la « pourpre » ou à l'usurpation de degré. Etats malades, Eglise marchande, Familles corrompues, Aristocratie minée de l'intérieur, la généalogie humaine est celle d'une dégradation continue. Mieux : elle apparaît ainsi, de plus en plus, au fur et à mesure qu'on l'écrit et que la coulisse, au fond, se révèle. La lumière rasante de l'écriture renvoie toutes choses à leurs vraies causes, à la bassesse universelle, à la fugue pressée du néant. « A l'ouverture du corps la pauvre princesse fut trouvée grosse ; on trouva aussi un dérangement dans son cerveau. » Ou bien : « Comme il avait été doux et poli avec ses amis, il en conserva, et fit bonne chère avec eux pour se consoler ; mais, au fond, il demeura obscur, et cette obscurité l'absorba. » Ce qui a lieu sur scène n'est d'ailleurs pas moins absurde, une sorte de bouillie de malentendus, d'accumulation de bruit, de fureur, tournant court dans le dérisoire. « Le maréchal de Villeroy voulut parler aux Académies françaises, des sciences et des belles-lettres, on ne comprit ni pourquoi ni trop ce qu'il y dit. Les directeurs de ces académies firent chacun une harangue au Roi, qui retourna après aux Tuileries. » Le spectacle est rentré dans le spectacle, rien n'a été dit, comme d'habitude, et c'est bien ce qui oblige à écrire, et encore à écrire, sans relâche, pour qu'au moins l'enregistrement de ce rien-dit soit dit dans sa comédie.

La diplomatie, la circulation de monnaie, l'hystérie : voilà les rouages. Qui a mieux vu les ressorts de la Trésorerie ? Quel écrivain s'est montré capable de comprendre aussi finement la rotation financière ? Law, le rêve du « Mississipi »... L'argent, les secrets, découvrent à quel point ces hommes sont d'ailleurs de simples fantoches tenus en laisse par leurs bouts de femmes. « Je laissai M. du Maine en proie à ses perfidies, et Mme du Maine à ses folies, tantôt immobile de douleur, tantôt hurlante de rage, et son pauvre mari pleurant journellement comme un veau des reproches sanglants et des injures étranges qu'il avait sans cesse à essuyer de ses emportements contre lui. » Ces soi-disant hommes ont-ils un avis, ils en changent le lendemain matin, après une nuit de couchage. La nuit est un conseil qui généralise la perversion. Le Duc voit clair et c'est bientôt un Marquis (Sade) qui en dira encore plus long sur la Chose. Mais la lucidité est la même, endormie depuis dans les effusions sentimentales restreintes des nouveaux acteurs bourgeois et petits-bourgeois : jusqu'à ce que Proust revienne précisément en ce point brûlant de mémoire. Alors, de nouveau, les masques vont s'écailler, tomber ; alors, une fois de plus, la guerre mondaine va cracher sa réserve noire.

L'écriture est la vengeance du sujet comprimé, emprisonné ; la revanche du temps pointant un tout autre espace. Quand Saint-Simon dit qu'il a pu « s'espacer », c'est qu'il a joui. La vengeance est la jouissance d'une vérité mystique, rare, absolue, nue : « Moi cependant je me mourais de joie ; j'en étais à craindre la défaillance ; mon cœur dilaté à l'excès, ne trouvait plus d'espace à s'étendre... Je triomphais, je me vengeais, je nageais dans ma vengeance ; je jouissais du plein accomplissement des désirs les plus véhéments de toute ma vie. J'étais tenté de ne me plus soucier de rien. » Cela se passe quand, pour une fois, la lecture de la Loi coïncide avec le fantasme fondamental d'Ecriture. Moment biblique, apocalyptique : « Chaque mot était législatif et portait une chute nouvelle. » Les méchants sont et seront punis, les bons récompensés. Si cela s'est produit une fois, cela peut se reproduire toujours. Et Saint-Simon le sait puisqu'il écrit le théâtre et la mort du théâtre : c'est lui qui « ouvre les corps ». Il est médecin, il est légiste, il dresse le procès-verbal. Les vivants sont des morts qui exploitent des morts qui sont plus vivants qu'eux. Ainsi de l'abbé Dubois qui ose se comparer à saint Ambroise : comble de la falsification, de l'horreur. L'horreur c'est ce principe des doubles, cette mécanique de substitution indéfinie où la copie prend la place de l'original. Il faut rétablir l'original ? Il faut écrire. Et non pas pour « imprimer » (ce n'est pas du tout la profondeur du projet) mais pour que la trace, d'avoir été tracée, subsiste à jamais, signature de la singularité inimitable. Toute la puissance du mimétisme est alors congédiée par ce simple geste de papier. Le monde du semblant sera éternellement le même en expansion de fausseté radicale. Nous croyons y vivre, y passer, quand nous ne sommes que les locataires de quelques noms enfouis, refermés.

Voici la chapelle du Val-de-Grâce. C'est ici que s'est déroulée l'infamie des infamies, le sacre d'un criminel, en présence de toutes les autorités de l'époque. Saint-Simon est resté chez lui. Il écrit, il va écrire, il ne va plus cesser d'écrire pour retourner l'imposture jusqu'à sa racine divine, mais sans le dire, car on ne sait même pas si l'on peut compter sur un dieu. Ici auront tourné les carrosses. Ici, le libertinage aura continué pendant la messe. Ici auront été entreposés quelques centaines de cœurs célèbres, renommés, dispersés par la

Révolution (mais la Révolution est un simple changement de niveau dans l'infamie éternelle). L'église est vide. Les débris humains sont perdus. Les noms sont là, pourtant, comme des grimaces. Seuls, au plafond, quelques caractères hébreux ont l'air de planer sur ce charnier vide, cette absence habitée, gommée. « Ces leçons sont grandes, elles sont fréquentes, elles sont bien importantes... »

Saint-Simon dit la vérité du plafond.

1979.

Lettre de Sade

« Vous savez que personne n'analyse les choses comme moi. »

(SADE, *Lettre à sa femme*, 1783.)

« Il écrit comme un ange. »

(MLLE DE ROUSSET.)

Comment Sade est-il devenu un adjectif ? Comment et pourquoi sa désincarnation mythique a-t-elle entraîné que soient accouplés à son nom à la fois n'importe quel crime et des définitions de pulsions ? Comment, pourquoi, par l'intermédiaire de qui, ce nom propre, démesurément sali, désigne-t-il une passion infantile venant et revenant dans le dos d'une humanité apeurée, laquelle, comme une poupée, chaque fois qu'elle aurait la perception de quelque chose entrant de force en elle par la gorge ou par le derrière, gémirait : « sade » ? Pourquoi, donc, notre espèce, notre culture tiennent-elles tant à avoir du Sade plein la bouche, à l'entretenir dans son cul ?

Sadique-oral, sadique-anal : combien de fois se dit ou s'écrit, par jour, le mot *sadique* ? Combien de fois est-il pensé, fantasmé ? Ponctuation inconsciente, conjuration rituelle.

Le mythe dit : Sade n'a été personne. Il faut, surtout, qu'il n'ait pas été comme étant quelqu'un. Par conséquent, cela veut dire qu'il est tout le monde, le bébé global, irresponsable, l'autre, l'autre en soi, l'autruche, le très-méchant-autre-soi. Moi, n'est-ce pas, je n'ai rien à voir avec la dévoration ou l'anus : c'est l'autre. Les preuves de l'existence de Dieu, désormais, on s'en passe. Mais celles du diable ont force de loi. Est-ce que Dieu baise bien, encule bien, jouit bien ? Question démodée de magistrat affolé. L'arrière-grand-père du président Schreber aurait pu être un des persécuteurs attitrés de Sade. Mais l'interrogation : le diable est-il là, baise-t-il bien Dieu en tant qu'inconscient, mort, masqué, introuvable ? Voilà la préoccupation du théisme contemporain qui est, comme chacun sait, raisonnable. Et cette place a un nom : Sade. Mais, encore une fois, sans personne. Personne n'oserait vouloir que Sade, *un jour*, soit mort.

Et pourtant, Sade a été quelqu'un, et, un jour, il est mort. Et tout, ou presque, est à revoir de ce qui a été prononcé, la plupart du temps avec emphase, sur cette aventure. Laquelle, et ce n'est pas son moindre intérêt, a été *aussi* dérisoire. Exemple : cette note de soins, dans son journal, deux mois avant sa fin, le 30 octobre 1814 : « on me place le bandage de peau pour la première fois » (il s'agit des testicules). Ou bien, à propos de Madeleine Leclerc, sa dernière conquête (elle a dix-huit ans, lui soixante-quatorze) : « Dans sa visite, tout le libertinage des bals de Rousseau. » Non seulement Sade voulait vivre, être libre, mais il se croyait un auteur dramatique important. Or il n'aura vécu que traqué, enfermé (« les entr'actes de ma vie ont été trop longs »), il aura sans fin été *déliré*, et ses pièces sont de toute évidence ennuyeuses, sans commune mesure avec l'énormité rayonnante de *Juliette* ou des *Cent vingt Journées*. De plus, il n'aura, jusqu'au bout, rien compris à ce qui lui arrivait, mais précisément, l'enjeu est ailleurs.

Sade a-t-il été un héros, un monstre ? Même pas. La psychanalyse, plus rusée, a donc fait de lui un enfant. L'opération mérite attention. Un enfant n'a pas à être un père-mère. Le problème de son nom, de son sexe, ne se pose pas. Par conséquent, il n'en a pas, ou à peine, il est inconscient, le pauvre petit, la pauvre petite, ne pouvant pas jouir par le canal convenu, ouf. Sade doit donc être un nourrisson (sadique-oral, sadique-anal). Il sera même divin : comme Mozart. Aucun hasard dans ce rapprochement. C'est en même temps, au tournant de la même révolution, que résonnent les notes de *Don Juan*, que s'écrivent les phrases de *Justine*. Ce que comporte de jouissance et d'expérience sexuelle une musique, une littérature, il faut voir comment ses descendants vont pouvoir la supporter, l'adorer, la haïr. Le divin marquis, le divin Mozart ne sont-ils pas l'antithèse du divin-enfant ? Est-ce que le divin-enfant est bien *né*, s'il y a eu Sade et Mozart ? Et, à la limite : y a-t-il besoin d'un père, d'une mère, d'un fils, d'une fille, d'un enfant, bref d'une sainte famille ? On se doute de ce qui, ici, dans le sacré, se met immédiatement à bouger.

A quoi Don Juan a-t-il affaire ? A la poursuite d'un père mort qu'il a provoqué, suivi d'une hystérique implacable munie, comme par hasard, d'un perpétuel fiancé efféminé et d'une femme légitime frustrée. Tous l'adorent. Repens-toi, lui disent-ils, autrement dit : aime-nous. Non. Comment ça, non ? En enfer ! Quand la petite troupe familiale a réussi à faire prendre le libertin par le père mort (prendre ou sodomiser comme on veut), c'est-à-dire, au fond, par la Veuve, elle est toute contente. Ainsi la fille a pu, au nom du père, sauver le père et l'enfant posthume du père (il n'y en a pas d'autre). Etonnant de constater comme on parle encore de Don Juan comme s'il avait existé, de son drame (il n'arrive pas à trouver *une* femme, il se trompe dans ses comptes, il est impuissant, homosexuel, bien entendu, puisqu'il dit et fait exactement le contraire). Quant à Mozart, suspect d'en avoir trop découvert sur l'enfance *(La Flûte enchantée)* et sur le marché sexuel *(Cosi fan tutte)*, divinisons-le et, en tant qu'élément humain, immobilisons-le à jamais à l'âge de sept ans devant un piano : m'aimez-vous, demande le petit Mozart (car il est toujours resté le petit Mozart, n'est-ce pas ?). Oui ? Alors, puisque les dames le veulent particulièrement, je vous jouerai une sonate. Qu'il est mignon, ce Mozart.

Sade, lui, est encore plus dangereux, on le laissera donc au berceau. Il sera « monotone », « ennuyeux », tragiquement gâteux comme un chimpanzé sans défenses. Du coup, son langage sera vraiment impersonnel. Il ne s'appartient pas, il a besoin d'une tutelle incessante, ce pauvre bébé (sadique), de même qu'on n'imagine pas Mozart-enfant-prodige sans parents faisant la quête après le concert. Sade n'aura jamais à connaître les joies de la maturation phallique ou génitale : à jamais oral-anal, il ne sait ni lire ni écrire. Vous dites qu'il écrit ? Mais non, il appelle, il souffre, il vagit, il mouille son lit, il faut lui donner le sein, le dorloter, le fesser. Un berceau, un cercueil, une cellule, un asile : voilà sa place.

D'ailleurs, les parents ne se masturbent jamais, surtout pas en lisant du Sade. Je reprends le raisonnement : ce Sade est un diable. Un diable tellement épouvantable qu'il ne peut être qu'un enfant. Ou encore : on nous dit qu'un homme jouit et qu'il passe son temps à le dire, donc il n'existe pas. Sans quoi, ce serait trop grave. Oui, c'est cela, nous n'avons jamais eu peur à ce point qu'en étant enfants.

Un psychanalyste, récemment, allait même jusqu'à dénier à Sade le sens du comique[1]. Sade, écrivait-il, « en manque tout à fait absolument ». Ce qui ne peut s'entendre que : il l'a au plus haut point, celui qui m'affecte. Mais suivons un instant son opération : selon lui, « l'érudition » de Sade est faible, l'aspect physiologique des livres sadiens se compose de « recettes de nourrice » *(sic)* et, dans l'éducation sexuelle de *La Philosophie dans le boudoir*, on « croit lire un opuscule médical de nos jours sur le sujet, ce qui est tout dire ». Sade n'aurait même pas le « piquant d'un Renan » dans sa *Vie de Jésus*. « Sade, *écrit ce docteur*, n'a pas été assez voisin de sa propre méchanceté pour y découvrir son prochain. » Telle aurait été, d'ailleurs, l'erreur de Freud. Sade et Freud n'ont donc pas été chrétiens ? Est-ce possible ? Pas tout à fait. La preuve, c'est que le refus par Sade de se mettre, dans le réel, au service de la peine de mort, est certainement un « corrélat de la charité » (pas question d'y voir une affaire de *goût*). Et, dès lors, comment mieux caractériser Sade qu'en lui appliquant le mot de saint Paul, à savoir qu'il a été « démesurément pécheur » ? Comment définir son expérience sinon comme une « croix » ? Sade aurait donc, malgré lui, confessé la toute-puissance

1. Tout le monde reconnaît bien entendu ici le *Kant avec Sade* (Lacan), 1962.

de la Loi et la preuve en serait qu'à la fin de *La Philosophie* « la mère reste interdite » ? Mais interdite par qui, pour qui ? En réalité, le texte le dit : pour sa fille. Quand Sade écrit, avant de commencer son livre : « la mère en prescrira la lecture à sa fille », est-il facile de comprendre à quoi il touche en ce point ? Ne faut-il pas y voir, avant tout, un conseil donné à sa femme et à la sœur de sa femme par rapport à leur mère, la présidente de Montreuil, cette présidente dont il a séduit les enfants au-delà de ce qui est prescrit par la loi ? La *femme de loi,* voilà la figure réactive, la matrice de l'écriture sadienne.

Femme de loi : celle du maître défaillant, magistrat, flic, professeur, parti, prêtre : migraine des figures paternelles instituées qu'une femme se doit de venir remplir si une fissure menace de s'y produire. Fille du père soupçonné d'impuissance, mère de l'hystérique obsédée par la possibilité qu'un effet-femme puisse avoir lieu quelque part. C'est à elle que Sade lance un défi de plein-jour, à son pouvoir d'autant plus tordu et retors qu'il se dissimule dans le dos du maître. Montre que tu es un homme, dit une femme à la loi. Autrement dit : montre-moi qu'aucun homme n'a le droit de jouir hors de toi et que je reste dépositaire de toute régression de jouissance à des fins de reproduction légitime. Assure-moi que la régression *jouie,* le corps morcelé parlant, l'au-delà de l'en-deçà du miroir, la levée de l'amnésie infantile sont impossibles. Sois un, que nous fassions un.

Qu'est-ce qui est interdit par-dessus tout ? Que ça puisse jouir et parler en même temps, à égalité multipliée ; que la jouissance sexuelle apparaisse ainsi comme chiffrée. Car si elle est agie *et* parlée, si elle est chiffrée, le fait qu'elle circule sur un marché va automatiquement se montrer. Or toute l'opération sexuelle consiste à être une valeur d'échange qui ne doit être d'usage qu'en fonction de l'échange *nié*. Le sexe comme valeur d'usage, dévoilant sa valeur d'échange, implique un discours qui lui fasse place, non plus comme dénégation, substitution ou « discours sur le sexe », mais comme partie intégrante de l'opération divisée.

Parler en jouissant : voilà ce que personne ne peut s'empêcher d'éprouver, mais qu'il est interdit d'accepter.

L'écriture est donc en prison. Et Sade veut que cela se sache. Il le crie même au peuple, depuis la Bastille, le 14 juillet. Mais à qui, depuis sa cellule, écrit-il non seulement ses lettres mais ses livres entiers ? A la femme-de-loi dont il a reconnu le pouvoir sombre et caché : à l'au-delà du bidon de la « jouissance féminine » dont le mirage doit être soutenu par l'homosexualité masculine et son appareillage paranoïaque. Au fond, cette femme-de-loi qui scelle le secret social, Sade voudrait bien s'entendre avec elle : qu'elle s'éduque, qu'elle aborde la dimension perverse avouée de la loi. D'où le délire des « signaux » et du « système chiffral ». La présidente est pleine de « chiffres » sans reliefs, frigides, seulement voilà : soit elle ne le sait pas, soit elle ne veut pas le savoir. Elle n'arrête pas de pondre, d'ovuler bêtement des chiffres, son discours et, par conséquent, les persécutions dont Sade est l'objet sont certainement chiffrées, mais impossible de l'établir ouvertement, c'est-à-dire d'en faire une combinatoire, d'en *jouer*. Courageusement, Sade irait jusqu'à admettre l'emprisonnement pourvu qu'il ne soit pas seul à *dire* qu'il pourrait en jouir. Dites que vous jouissez de m'enfermer, de me censurer ; avouez que la littérature si elle touche votre secret d'Etat est intolérable, et tout sera clair. Peine perdue, puisque la loi ne peut pas dire, sous la forme de sa femme, qu'elle soutient ce qu'elle interdit. La torture reste plate, elle n'a aucun sens.

« Je réfléchis qu'indépendamment de l'absurdité révoltante du système chiffral que de plats imbéciles emploient contre moi, il a encore l'inconvénient de me faire prendre partout pour un objet de dérision duquel il semble qu'on puisse se moquer impunément, inconvénient majeur que mes enfants n'auraient jamais dû souffrir ; au reste c'est un petit triomphe de la bêtise sur l'esprit, ils n'ont que celui-là, il faut le leur laisser » (*Journal*, 14 mai 1808).

Déchu de paternité, à qui écrit Sade ? A sa femme, à Mlle de Rousset, à son valet, à son avocat, à la présidente ? Non : à la loi elle-même. Il voudrait qu'au lieu de compter toujours dans le même sens, comme s'il n'y avait personne sur qui compter, elle compte mieux avec lui, et que, par exemple, elle lui fasse des blagues (paquets contenant des têtes de morts, etc.). Bref qu'elle fasse preuve de fantaisie, d'imprévu, qu'elle ait au moins l'air d'aimer ça. « J'embrasse même les gens qui me boudent parce que je ne hais en eux que leurs torts. » « Jouis et ne juge pas. » « Je te pardonnerai d'être moraliste quand tu seras meilleur physicien. » Pourquoi la prison ? « C'est pour mon bien, dit-on. Phrase divine où l'on reconnaît bien le langage de l'*imbécillité triomphante.* »

Comment s'appelle donc cette présidente ? Mapoulie ? Magrue ? Monlevier ? Non, Montreuil. Née *Cordier*, par-dessus le marché. D'où : « Ne parlons pas de corde dans la maison du pendu. » Le mari-président, bien entendu, est un fantoche, Sade lui a même autrefois fourni quelques culs. Mais la présidente, née Cordier, a un treuil sous son tablier.

De plus, Sade est très lucide sur le règlement de comptes (de classe) dont il est l'objet : noblesse d'épée (lui) contre bourgeoisie de robe (elle). Bien entendu, la robe couvre l'épée. Et cette robe ne se laisse pas facilement retrousser : c'est la majesté transcendante elle-même. Elle habille le rite noir de la mise de l'écriture au secret, de son vol de lettre, appelée, et non pas pour rien, *de cachet*.

Qui réclame l'internement du « fou » ? Bien entendu, l'hystérique. C'est *trop elle*. Son rêve est ici de régner par psychiatre interposé à défaut d'être la gardienne du tombeau sacré. Dans leurs meilleurs moments, si les hystériques arrivent à faire groupe, comment les nommera-t-on ? Les nonnes du père.

D'ailleurs, si le christianisme est bien, selon Freud, un fantasme d'expiation du meurtre du père (restant inavoué), alors il est logique que, par rapport à cette position « masochiste » originaire, Sade constitue un mythe indépassable. Le chrétien rêve de torturer des bourreaux. Et Sade répond, en un sens, à la demande : torturez-moi mieux, leur dit-il. Vous reconnaissez donc que vous êtes un bourreau ? Mais non, je vous somme de jouir de votre fantasme. Trop tard, tout l'imaginaire de Sade, pour eux, est réel. Ils sont fous, donc il doit être fou. Et, circonstance aggravante, sa femme l'aime. Ses propres filles ont trahi la femme-de-loi[1].

De la mère à la fille : qui atteint ce point *en tant qu'homme* ? Transgression sans retour, ici, parce qu'elle met en crise l'essence de la valeur

1. L'anti-femme-de-loi, c'est évidemment celle du désir poétique. Cf. l'admirable récit de rêve de génération incestueuse que Sade (il n'en écrit pas d'autres) fait, comme par hasard, à sa femme à propos de Laure, la Laure de Pétrarque, dont il descend. (*Lettre*, 1779.)

d'échange. La preuve : tout se gâte définitivement, pour Sade, à partir de son aventure avec sa belle-sœur (remarquons que, là-dessus, il reste muet). Il prend une *fille-en-plus*. Complètement gratuite, donc. Or, une fille-en-plus, c'est le père bafoué, certes (il ne vaut que pour *une*, le Commandeur, dans l'échange homosexuel), mais surtout la mère est mise en cause, elle qui vient là au nom de son père, en relève de la fonction paternelle. Que le phallus du père des enfants soit défaillant, passe encore. Mais le phallus de la mère, c'est trop. Et, de plus, deux filles complices, l'une qui va jusqu'à appeler sa mère la « hyène », et qui ne semble pas autrement jalouse de sa sœur (et réciproquement). Elles incestent avec un père qui n'est pas le leur ni celui de leur mère. Comme quoi ce n'est pas le père de la fille qui est principalement lésé, mais bien le père de la mère, le grand-père maternel (auquel la petite-fille ne saurait en aucune façon avoir accès, mais qu'un fils incestueux, lui, peut déloger de sa place par rapport à la mère : en quoi, d'ailleurs, cette mère le hait). Surmonter le père simple : péché véniel, œdipien et recommandé. Mais le père de la mère : péché mortel, rapt symbolique. Comme si tout était *renommé*.

La présidente se retrouve donc *fille*, face à cet *autre* père qui lui prend ses filles. Le trône et l'autel sont, par conséquent, en danger.

Si Sade n'avait été qu'homosexuel (ou que libertin), il est probable que nous n'en aurions jamais entendu parler. Mais ce qu'il corrode, c'est le contrat social lui-même. Et ce contrat, de quoi est-il fait ? De la répétition d'un meurtre nié dont la jouissance qu'il procure doit rester, en principe, éternellement refoulée.

Sade sait, à partir de là, que tout discours ne peut, par définition, que tenter d'en couvrir un autre (cf. la manière dont il marque son désir en réécrivant ce que sa femme lui écrit). Découvrant l'interprétation, il la court-circuite de l'universel et l'agit musicalement en langue. Tout le reste (les bonbons de Marseille, etc.) est littérature. Mauvaise littérature : celle des policiers, des huissiers, des juges, celle de la présidente aux tripes « pleines de chiffres », « à la vilaine âme de boue ». Celle, au fond, de la « chimère déifique ».

Le scandale est donc de révéler que la mère n'a jamais eu affaire au père (à l'homme) mais à *son* père. La mère est une petite fille. Et cette affaire, d'ailleurs, est orale-anale : sa bouche, son cul (plus que son sein et son vagin). *Retourner une mère* : difficile. « On peut se rendre coupable de tous les abus et de toutes les infamies possibles, pourvu qu'on respecte les culs des putains. »

« La mère en prescrira la lecture à sa fille », lit-on en exergue de *La Philosophie dans le boudoir*. Justement : l'impossible est là. On ne voit pas ce qu'une mère et une fille pourraient lire ensemble. Sade a d'ailleurs renversé la phrase d'un pamphlet révolutionnaire de 1791 : « La mère en *proscrira* la lecture à sa fille. » Le titre de ce pamphlet ? « Fureurs utérines de Marie-Antoinette, femme de Louis XVI. »

Entre une mère et une fille, il y a, et pour cause, interruption de symbolisation : *et c'est dans cette interruption que Sade écrit*. Raison pour laquelle il est en prison (autrement dit : illisible). Suprême ironie de Sade : dédier sa philosophie à la mère éduquant ses filles. L'acte de Sade, c'est donc d'avoir des filles de sa mère et de les incester comme père : autour de quoi il fait *tourner* l'homosexualité dont il est ainsi le premier, explicitement, à ne plus être le satellite. Inscrire ouvertement l'homosexualité parmi des femmes et la subvertir ainsi *comme telle*, voilà qui décrit la loi à sa limite. Cassant le contrat social (échange de femmes entre hommes, négation des femmes), Sade dépense la réserve obscène sur l'occultation de laquelle se construit la machine paranoïaque. Et le fait qu'une femme se soit acharnée contre lui prouve qu'il excède bien, en ce point, ce qui de l'homme, en la femme, refuse la femme (au contraire de l'homosexuel en désir de mère et accomplissant le désir hystérique).

Plus loin que l'hystérique : Sade. Freud ne l'a pas lu.

Entre-temps, l'histoire passe : de gentilhomme libertin, Sade est devenu un écrivain fou qui fait danser les asiles. Il devient donc un cas super-clinique, ce n'est pas fini.

Ce qu'il a *su*, en tout cas : qu'il serait « détenu sous tous les régimes ».

« Jamais, vous le savez, ni mon sang ni ma tête n'ont pu tenir à une clôture exacte. »

Sade s'enivre à l'avance de l'infini d'oubli qu'il voit devant nous, devant lui. Quand il demande à disparaître sans laisser de traces (en effet, c'est le Commandeur qui est statufié dans son cimetière ; Don Juan, lui, a droit à la consumation directe), il se « flatte » de disparaître « de la mémoire des hommes ». Les oubliant tout à fait, il se rend pour eux inoubliable. « Les hommes » ne pourront que s'en souvenir péniblement, en ombre portée.

« La médiocrité de mon génie ne me permettant pas d'en apercevoir les limites... »

Tout ce qu'écrit Sade est humour.

Et, un jour, il est mort.

Absolument.

1974.

Dostoïevski, Freud, la roulette

« J'aperçois dans son ensemble une convulsion qui met en jeu le mouvement global des êtres. Elle va de la disparition de la mort à cette fureur voluptueuse qui, peut-être, est le sens de la disparition. »

« Il y a devant l'espèce humaine une double perspective : d'une part, celle du plaisir violent, de l'horreur et de la mort – exactement celle de la poésie – et, en sens opposé, celle de la science ou du monde réel de l'utilité. Seuls l'utile, le réel, ont un caractère sérieux. Nous ne sommes jamais en droit de lui préférer la séduction : la vérité a des droits sur nous. Elle a même sur nous tous les droits. Pourtant, nous devons répondre à *quelque chose* qui, n'étant pas Dieu, est plus forte que tous les droits : cet *impossible* auquel nous n'accédons qu'oubliant la vérité de tous ces droits, qu'acceptant la disparition. »

GEORGES BATAILLE, *L'Impossible.*

Dans l'accélération des bavardages sur les soi-disant rapports entre littérature et psychanalyse, bizarrement, la pièce principale du dossier n'est presque jamais évoquée. Il s'agit, bien entendu, du texte capital de Freud sur Dostoïevski, *Dostoïevski et le Parricide*, qui date de 1926.

Freud disait que l'hystérie était une « œuvre d'art déformée ». La psychanalyse, née d'une réponse à l'hystérie, peut-elle aller jusqu'à penser l'hystérie « réussie » que seraient l'art, la littérature ? Vieille question toujours nouvelle, de plus en plus nouvelle ; question de bon sens et de mauvais sens, question de savoir jusqu'où va le corps du sens, et que je voudrais aborder cette fois à travers l'écriture et l'épilepsie.

Si Freud est allé aux limites refoulées du sens commun, s'il a éclairé comme personne le lien d'insoluble qui noue la communauté en tant que soumise au sexe hanté du langage, il n'y a cependant pas de raison de le prendre comme mesure d'une expérience singulière incommunicable. L'écrit, comme incommunicable-communiqué restant pourtant incommunicable, n'en continue pas moins de travailler l'analyse au point de la découvrir dans ses surdités. Le texte de Freud est, sur ce sujet, exemplaire pour son agressivité tonique (bien préférable à toutes les dévotions) et sa portée *politique*. En un sens, je pense que toute la politique que l'on peut tirer de l'analyse s'y trouve fondée.

Dostoïevski, à la fin du XIXe siècle, ouvre, avec Poe, Baudelaire, Rimbaud, Lautréamont, Mallarmé, Nietzsche, l'espace sans garanties de notre modernité bouleversée, modernité qui replonge abruptement dans les plus immémoriales interrogations de l'espèce. L'analyse s'est inventée en même temps que Dostoïevski se taisait, comme elle a resurgi, à travers Lacan, au moment où Joyce, par exemple, cessait d'écrire pour laisser s'écrire ce qu'il avait écrit. De l'écriture, nous avons désormais tout autre chose à penser en tenant compte de cette scène où ce qui se pense se parle à l'insu de la pensée qui croit se parler.

C'est de l'enjeu de la religion même qu'il s'agit, et non pas de philosophie : la signature de Freud, c'est sa vérité, fait retour, pour chacun, à celle de Moïse. Le christianisme décomposé laisse, de même, à nu l'énigme du Christ. Bref, une singulière histoire arrive dans ce coin-là, et pas par hasard, et pas comme allant de soi.

Freud commence ainsi : « Dans la riche personnalité de Dostoïevski, on peut distinguer quatre aspects : l'écrivain, le névrosé, le moraliste et le pécheur. Comment se repérer dans cette déconcertante complexité ? L'écrivain est le moins contestable, il a sa place non loin de Shakespeare. *Les Frères Karamazov* sont le plus beau roman qui ait jamais été écrit... Hélas, devant le problème de l'écrivain, la psychanalyse doit mettre bas les armes. »

L'appel aux armes est donc prononcé. Quand on sait combien le tissu analytique est redevable, pour sa recharge imaginaire, au « mystère » de l'existence de Shakespeare, on perçoit immédiatement que, la « vie » de Dostoïevski étant pour une grande part vérifiable, l'investissement d'une comparaison entre ces deux noms ne peut être que massivement intéressée. Mais retenons seulement pour l'instant cette stupéfiante division, par Freud, de Dostoïevski en quatre, ce dépècement initial. Dostoïevski n'était donc que pour un quart écrivain ? Il était un homme pour les trois quarts *plus* un écrivain ? Mais qui donc affirme ici, à travers Freud, que l'écrivain *doit être* par ailleurs un humain ? La raison classique ? La raison freudienne ? Quelque chose comme un désir venant de plus loin ? A vrai dire, les Lumières n'auraient rien assuré d'autre, surtout à propos de Sade. Devons-nous définir le rationalisme comme ce qui ne repère, comme pour un iceberg, qu'un quart d'écriture ? Comme ce qui veille, en homme de quart, sur le pont du langage, dans cette nuit dont n'émerge qu'un fanal, un signal ? L'écrivain, à part son quart, est-il comme les autres ? Et les autres, tous les autres, s'il leur prenait l'envie ou la fantaisie de se rajouter un quart deviendraient-ils pour autant écrivains ? Est-il concevable que Dieu ait écrit les tables de la Loi ; ou bien Moïse, en trois quarts d'homme égyptien, s'est-il affublé d'un autre quart d'écriture ? Qui était donc Shakespeare ? Le procès est ouvert. A la majorité des trois quarts la légitimité d'un jugement atteint son quorum.

En tant que moraliste, Dostoïevski est en effet « attaquable ». « Après les combats les plus violents pour réconcilier les revendications pulsionnelles de l'individu avec les exigences de la communauté humaine, il a régressé jusqu'à une soumission à l'autorité temporelle et spirituelle, le respect du Tzar et du Dieu des chrétiens, ainsi qu'à un nationalisme étroit... Il a laissé échapper l'occasion de devenir un maître et un libérateur de l'humanité, il a rejoint ses geôliers, l'avenir culturel de l'homme aura peu de dettes à son égard. On peut vraisemblablement démontrer qu'il a été condamné à un tel échec par sa névrose. De par sa haute intelligence et son profond amour de l'humanité, une autre voie existentielle eût pu lui être ouverte, celle d'un apôtre. »

Voilà ce qu'écrit Freud, progressiste. Mais en somme ce type de raisonnement pourrait être celui d'un commissaire politique marxiste, d'un bureaucrate actuel de l'empire totalitaire socialiste. Dostoïevski, aujourd'hui vivant, serait redéporté pour des motifs qu'invoque Freud, comme il l'avait été de son vivant pour les motifs opposés.

Etrange situation : le quart d'écrivain serait-il indéfiniment condamnable, quelles que soient ses « idées » ? Ou plus exactement : n'y a-t-il pas, dans le fait même d'écrire plus à vif que ce qui est généralement admis, une logique qui entraîne automatiquement le scandale par rapport à la « progression » de l'humanité ? Si Dostoïevski n'avait pas écrit ce qu'il a écrit, il aurait pu devenir un apôtre. Un maître. Un libérateur. Mais *pourquoi* un écrivain devrait-il être cet apôtre, ce maître, ce libérateur ? Pour ne pas en écrire trop ? Et en savoir trop à travers ce trop ? Pourquoi l'écriture devrait-elle être progressiste ? Ce que dit Dostoïevski c'est que quelque chose de peut-être plus terrible que le Tzar et l'Orthodoxie est en train de se préparer en Russie. Ce qu'il dit, c'est la *possession* (démoniaque, pulsion de mort) que représente le nihilisme. Il l'écrit, c'est-à-dire qu'il *l'est*, mieux, sans doute, qu'aucun nihiliste, qu'aucun socialiste, qu'aucun révolutionnaire. Et, *l'étant*, il préfère, c'est un fait, le « Dieu des chrétiens ». Ayant l'air de se tromper en 1871, il a raison un siècle après. « Au fond, c'est toujours le même Rousseau et le même rêve de recréer le monde à l'aide de la raison et de l'expérience (positivisme)... Ils coupent les têtes... pourquoi ? Uniquement parce que c'est ce qu'il y a de plus facile. *Dire quelque chose est incomparablement plus difficile.* Un désir n'est pas un accomplissement. » Etant admis que tout le monde peut à un moment avoir tort en politique (et même qu'il n'y a probablement pas moyen de faire autrement) il est alors intéressant de voir ce que Freud, lui, choisit, quelques années après avoir écrit ce réquisitoire, comme indulgence sur le plan de l'autorité. C'est clair : Mussolini. Dédicace, en 1933, de *Pourquoi la guerre* (écrit en collaboration avec Einstein) : « De la part d'un vieil homme qui salue dans le Dirigeant le héros de la culture. » Pourquoi le Duce est-il un « héros de la culture » ? Parce qu'il a fait entamer des fouilles archéologiques qui intéressent Freud. Mais aussi, évidemment, parce que le Vatican n'est pas favorable à la psychanalyse et qu'on peut espérer jouer Mussolini comme contrepoids à l'Eglise (la *Rivista Italiana di Psicanalisi* sera interdite sur la demande du père Schmidt, catholique viennois, quelques années après ; Mussolini promettra de faire annuler cette interdiction, mais sans succès). Tout cela, bien entendu, à travers des évolutions d'entourage (Edoardo Weiss, le prétexte d'une cure de patiente, fille d'un proche ami du « Dirigeant », etc.). Mais en 1937, Freud y revient : « le seul protecteur que nous ayons eu jusqu'à présent »... Toujours Mussolini qui, d'ailleurs, interviendra efficacement auprès de Hitler pour obtenir à Freud son visa de sortie d'Autriche. Hélas, donc, entre-temps, Mussolini s'est rapproché des Allemands... Qui aurait pu prévoir une telle catastrophe ? L'archéologie n'est-elle pas une noble passion ? Surtout à Rome, cette ville si riche de passé sur laquelle se dresse malencontreusement l'arrogante présence catholique ? (Freud a mis longtemps à obtenir de lui-même de *pouvoir* aller à Rome, à vaincre sa répulsion profonde.) Pompéi, l'Acropole à la troublante mémoire, les statuettes égyptiennes qui emplissent peu à peu comme des fétiches conjuratoires le bureau de Freud, tout cela est-il davantage la culture que des romans, des milliers de pages écrites ? Il reste que Freud aura conseillé, peut-être non sans humour, à Mussolini de devenir un héros culturel. Faites la culture, pas la guerre... On retrouve là la préoccupation, pour Freud, d'assurer sa paternité symbolique, de l'ancrer dans une sorte d'universalité non juive : en amont (Moïse était égyptien, le Dieu de son père n'était donc pas juif), en aval (Jung devait être son « fils », Mussolini ferait bien de définir son « héroïsme » par rapport à un sage vieil homme)... Ce qui, après tout, est un fantasme comme un autre (pas tout à fait comme un autre) et n'a pas autrement d'importance quant à la validité de l'analyse. Cela arrive quand on croit être un libérateur de l'humanité. Autrement dit quand on se trompe quelque part sur ce qu'enseigne le quatre-quarts d'écriture. Ou encore (confidence personnelle) qu'on n'en est encore qu'à la moitié angoissée de son immersion dans l'écrit. Freud, c'est un fait, n'a pas évalué la pulsion de mort jusqu'aux conséquences explosives, ravageantes, qu'elle était en train d'avoir de son temps. Ses prévisions sont beaucoup plus optimistes que celles de Dostoïevski... Humain, trop humain... Loi tempérée, mise à jour, mais sans les Prophètes...

Voyons maintenant Dostoïevski pervers et criminel. Le moi, dans ce cas, dit Freud, « n'a pas réussi à faire une synthèse et a échoué dans la tentative de réaliser son unité ». Mais, là encore, que deviendrait l'art de Dostoïevski si son « moi » avait réussi une synthèse, une unité ? Comment l'écriture pourrait-elle exhiber le fond du mal, la limite de la perversion et, en même temps, son effondrement, sa dérision ? Comment pourrait-elle être crime, châtiment, et au-delà du crime comme du châtiment ? Crise et description de la crise ? Adulte et enfant ? Froidement fiévreuse et innocente, passion de la distance infinie entre le joueur, l'inquisiteur, une fillette, bourreaux et victimes ? Envers et endroit ? C'est à ce moment que Freud avance son diagnostic sur l'épilepsie de Dostoïevski : en réalité, nous dit-il, il s'agissait d'une hystérie grave. Il est évident que Dostoïevski peut écrire *L'Idiot* mais n'est pas idiot (la contradiction va si loin que, pour Dostoïevski, il s'agit même de représenter « un homme absolument parfait »). Nous voici à nouveau devant l'irritante question de la sexualité de l'écrivain, de l'artiste, et par conséquent de son fonctionnement psychique paradoxal, le plus bas dans la maladie, le plus haut dans la dimension intellectuelle... « Comme si un mécanisme de décharge pulsionnelle anormale avait été préfiguré de façon organique. » On en vient très vite au postulat du coït commun. « Le même mécanisme est assez proche de l'activité sexuelle, qui est elle-même au fond une source d'intoxication. Les médecins de l'Antiquité appelaient le coït une petite épilepsie... » Faut-il penser qu'il existe un coït courant de l'humanité ? C'est à craindre. C'est bien entendu contre cela que l'hystérique a ses raisons de protester de toute sa conversion, de tout son spectre tendu de grossesse. Mais on pourrait en dire autant, voire plus, de l'épileptique qui ne se résout pas à la petite monnaie de la partie pour le tout, mais en quelque sorte engage son corps tout entier dans l'anomalie provocante de cette affaire, laquelle, d'ailleurs, à travers l'électrochoc passe pour remettre la conscience en place, c'est-à-dire, pour parler crûment, dans le réglage d'un coït de bonne compagnie. Dans le sens commun, normalement névrotique, « la crise épileptique devient alors un symptôme de l'hystérie et elle se modifie et s'adapte à celui-ci comme si c'était une activité sexuelle normale ». Derrière l'épilepsie de Dostoïevski on retrouve donc l'hystérie : mais si c'était le contraire ? Si l'hystérie ne faisait que commémorer un horizon de mal sacré épileptique ? Si Dostoïevski, de tout son être d'écriture et avec son corps perdu pour lui-même, était passé « à travers » l'hystérie ? Là où l'hystérie, en effet, manifeste la soufflure spasmée d'engendrement, jusqu'à faire de la parole même la source possible de cette tumeur, on pourrait dire que la crise épileptique manifeste une convulsion originaire à l'intérieur du sujet et comme du dedans de son impossibilité génétique. L'hystérie « convertit » la naissance. La crise, dans la morsure de la langue, représenterait comme la roulette des virtualités d'engendrement ressenties par un corps s'éprouvant comme *extorqué. Récapitulé*. D'où la terreur provoquée, qui est comme la terreur même de l'écriture : grande mort et non petite mort, scène la plus primitive, division et absence, rapt de l'Autre vous laissant tomber. L'hystérie affecte le corps de parole, la crise est comme une interruption d'écrit dans le cri. Que peut bien être, dans cette région, une « activité sexuelle normale » ? De cette normalité supposée, la crise vient dire violemment l'abjection, à savoir que le corps qui jouit ou croit jouir est soumis à une mise infirme. A l'enjeu que, peut-être y compris par l'analyse, voudrait maintenir l'hystérie.

« Je choisis toujours, écrit Dostoïevski, des sujets au-dessus de mes forces. » Mais comment écrire ? « Souffrir, beaucoup souffrir... »

Carnets des Possédés (ou des Démons) : « Crise, forte, après une imprudence, vers six heures du matin, pendant le premier sommeil. L'intervalle entre les crises extraordinairement long – trois mois et dix jours. Par manque d'habitude l'état maladif dure très longtemps : c'est le cinquième jour depuis la crise et la tête n'est pas encore claire. De beau le temps est devenu pluvieux. La crise s'est produite presque à la pleine lune. »

« Crise à 6 heures du matin (le jour et presque l'heure du supplice de Tropman). Je ne l'ai pas entendue, me suis réveillé à 8 heures avec la conscience d'une crise. La tête faisait mal, le corps était brisé. En général les suites de la crise, c'est-à-dire nervosité, affaiblissement de la mémoire, état brumeux et en quelque sorte contemplatif, se prolongent maintenant davantage que les années précédentes. Avant, cela passait en trois jours, et maintenant pas avant six jours. Le soir surtout, aux bougies, une tristesse hypocondriaque sans objet et comme une nuance rouge, sanglante (non pas une teinte), sur tout...

« A trois heures du matin une crise d'une violence extrême, dans l'entrée, éveillé. Je suis tombé et je me suis blessé le front. Ne me souvenant de rien et sans en avoir conscience j'ai cependant apporté dans la chambre la bougie allumée en parfait état et ai fermé la fenêtre et ai deviné seulement après que j'avais eu une crise. J'ai réveillé Ania et lui ai dit ; elle a beaucoup pleuré en voyant mon visage. »

Et ainsi de suite...

« Il y a des instants, ils durent cinq ou six secondes, quand vous sentez soudain la présence de l'harmonie éternelle, vous l'avez atteinte. Ce n'est pas terrestre : je ne veux pas dire que ce soit une chose céleste, mais que l'homme sous son aspect terrestre est incapable de la supporter. Il doit se transformer physiquement ou mourir. C'est un sentiment clair, indiscutable, absolu. Vous saisissez tout à coup la nature entière et vous dites : oui, c'est bien comme ça, c'est vrai. Quand Dieu a créé le monde il a dit à la fin de chaque jour : "Oui, c'est bien, c'est juste, c'est vrai." Ce n'est pas de l'attendrissement... c'est autre chose, c'est de la joie. Vous ne pardonnez rien parce qu'il n'y a plus rien à pardonner. Ce n'est pas même de l'amour ; oh ! c'est supérieur à l'amour. Le plus terrible, c'est que c'est si épouvantablement clair. Et une joie si immense avec ça ! si elle durait plus de cinq secondes, l'âme ne la supporterait pas et devrait disparaître. En ces cinq secondes je vis toute une vie et je donnerais pour elles toute ma vie, car elles le valent. Pour supporter cela dix secondes, il faudrait se transformer physiquement. Je pense que l'homme doit cesser d'engendrer. A quoi bon des enfants, à quoi bon le développement de l'humanité si le but est atteint ? Il est dit dans l'Evangile qu'après la résurrection on n'engendrera plus et que tous seront comme des anges de Dieu. C'est une allusion. Votre femme accouche ?

– Kirilov, cela vous arrive-t-il souvent ?

– Tous les trois jours, toutes les semaines.

– Vous n'êtes pas épileptique ?

– Non.

– Vous le deviendrez. Faites attention, Kirilov : j'ai entendu dire que c'était précisément ainsi que débutait l'épilepsie. Un épileptique m'a décrit en détail les sensations qui précédaient ses crises : c'est exactement votre état ; il parlait lui aussi de cinq secondes et disait qu'il était impossible de supporter cela plus longtemps. Rappelez-vous la cruche de Mahomet, qui n'avait pas eu le temps de se vider tandis que Mahomet faisait à cheval le tour du paradis. La cruche, ce sont vos cinq secondes, et cela ne ressemble que trop à votre harmonie ; or Mahomet était épileptique. Faites attention à l'épilepsie, Kirilov.

– Elle n'aura pas le temps de m'atteindre, fit Kirilov avec un sourire paisible. »

A l'intérieur de la crise, et pourtant dehors ; au plus profond de la crise et pourtant hors d'atteinte, avec « un sourire paisible ». Ici absent et là-bas autre... Ou encore : « Je reconnais l'existence de la matière, mais je ne sais pas du tout si la matière est matérielle ? »... Tel est l'enjeu d'écriture, comme à l'intersection d'une vibration intenable et d'un pas-de-temps.

D'où vient donc la littérature pour être ainsi le seul langage à avouer, parfois, le meurtre du père ? D'où viennent Sophocle, Shakespeare, Dostoïevski ? Ou plutôt : jusqu'où l'écriture peut-elle aller dans un corps tenu par la concrétisation ratée du hasard ? Devons-nous, avec Freud, construire ce mannequin aux trois quarts humain, cet appât physique dont nous dirons qu'il a une « prédisposition bi-sexuelle exceptionnellement forte » ? L'effet de la parole comme départ de l'hystérie (dont la névrose obsessionnelle n'est qu'un dialecte) est sous-tendu par ce roulement de l'écrit, coup de dés qui avant de donner leur chiffre laissent voir la crise. Dans la question de la « position féminine par rapport au père », ce dont une femme est grosse, de langue à oreille, se transcrit chez l'homme par la perspective de la castration du corps tout entier. « Dans la répétition individuelle d'un développement historique, il (Dostoïevski) souhaite trouver dans l'idéal du Christ un chemin et une libération de sa culpabilité et dans sa souffrance prétendre même jouer le rôle du Christ. S'il ne parvient pas totalement à la liberté et devient réactionnaire, c'est que l'universel sentiment humain de culpabilité filiale, sur lequel s'édifie le sentiment religieux, avait réellement chez lui une force "sur-individuelle" et demeure même insurmontable pour sa grande intelligence. »

Le mot Christ, chez Freud, entraîne le mot

réactionnaire. Il sera frappant d'entendre plus tard, chez Lacan, le même ton de commisération, paternaliste et désinvolte, s'agissant *à la fois* de certains écrivains et du Christ. L'analyse, au nom du père-pour-la-mère, au nom de la mère-fille-de-son-père, n'aime pas que l'on passe par le fils s'incluant de père. Sade est un pauvre idiot, Joyce un pauvre hère, et, quant au Christ, une « historiole », que voulez-vous. Ce qui indique qu'il y a au moins deux régimes du nom-du-père : Moïse est parfaitement mosaïque, et Marx marxiste, et Freud freudien. Mais Dante n'est pas dantesque, Sade n'est pas sadique, Kafka n'est pas kafkaïen, Dostoïevski pas dostoïevskien, et finalement le Christ pas du tout chrétien. Du nom à l'adjectivation du nom se joue l'écriture et la question de savoir si elle peut être *levée* ou non. Voilà qui, à la lettre, choque Freud : « La sympathie de Dostoïevski pour le meurtrier est de fait sans limites, elle va au-delà de la sympathie à laquelle le malheureux a droit, elle rappelle la terreur sacrée avec laquelle on considérait au Moyen Age l'épileptique et le fou. » Logiquement, 1875, Dostoïevski, à propos du livre de Job : « Je lis, et puis j'abandonne le livre, et je me mets à marcher dans la pièce, une heure peut-être, en pleurant presque... Ce livre est un des premiers qui m'aient frappé quand j'étais presque encore un nouveau-né »... Un « nouveau-né » ? Deux façons de lire et d'écrire...

Reste le problème du jeu. Et, en effet, Dostoïevski qui, au fond, n'avait rien à perdre jouait gros jeu. Chaque fois qu'il le pouvait, partout où il se trouvait. Avec, même, des épisodes de calculs infaillibles de martingale. Pire : sa femme acceptait cette situation (autre fait très choquant pour Freud). « La jeune femme s'habituait à ce cycle... La production littéraire ne se réalisait jamais mieux que lorsqu'il avait tout perdu et engagé leurs derniers biens. » Voilà donc une façon d'affirmer l'écriture comme une dépense au-delà de la dépense, excessive, folle. La crise est le comble de la rétention, l'écrit de la prodigalité inutile. Roulette. Et roulette russe, si l'on pense que le suicide y est aussi à chaque instant possible et pensé. Ce qu'on a moins remarqué, sans doute, c'est que Dostoïevski, qui paraissait incurable, cesse brusquement de jouer au moment où il se met à écrire *Les Possédés (Les Démons).* Or le livre entier vise à mettre en scène, comme « parabole de l'athéisme », l'affaire Netchaïev, celle du nihilisme et de l'assassinat qui l'a révélée. Et que lit-on dans *Les Possédés,* sinon le tourbillon de corps d'hommes agités comme des fantoches ou des fous criminels par le fond matriciel maternel froid et paranoïaque (Varvara Petrovna) ? Meurtre du père ? Pas encore : ce sera les Karamazov. Mais mise à jour, comme jamais auparavant, de la détermination maternelle. Et comment s'appelle la *mère* de Dostoïevski ? Marie Netchaïev. Et sa sœur, celle qui lui fera cracher le sang, juste avant sa propre mort, sur une question d'*héritage* ? Varvara. Barbara... Barbarie des comptes du roman familial contre l'afamille de l'excès romanesque.

Or, c'est à propos du jeu que Freud, pour finir, passe vraiment à l'acte par rapport à Dostoïevski. Car, pour interpréter cette affaire, il ne fait ni plus ni moins que de recourir à... un autre écrivain, qui a écrit un « petit chef-d'œuvre », Stefan Zweig. Pour lancer la délicate question des rapports entre le jeu, l'onanisme, et la mère, c'est Zweig qui explique Dostoïevski. Ce dernier, déjà réduit au quart, n'est plus que le quart d'un quart. Et, de plus, le « petit chef-d'œuvre » de Zweig nous dit *précisément le contraire* de Dostoïevski. Freud avait besoin, pour finir, d'un Dostoïevski fasciné par la mère et incapable de s'en emparer pour sombrer, comme dans les plus mauvais romans, dans le jeu, l'onanisme, le suicide. Dostoïevski est un adolescent éternel, surtout pas un père. L'écrivain ne doit pas être un père. Pour l'analyse, le sujet d'écriture ne peut être que pubertaire. L'écrivain-père, dévoilant la mère dans sa machination du meurtre du père, et se concevant comme fils de Dieu : impossible. Impossible parce que vrai, et vrai parce que écrit en toutes lettres à travers les lettres. Le corps, l'écriture, la crise, l'argent, la sexualité : la roulette continue autrement ailleurs, elle n'a plus besoin de s'incarner dans la biographie, elle passe à l'aveu et à l'écrit de l'aveu. La liberté illimitée qui aboutit au despotisme illimité, si Dieu n'existe pas tout est permis (donc interdit), etc. : cela, c'est le décor. Le démoniaque lui-même va enfin pouvoir se dire sous forme d'humour. Que dit le Diable : « Je donnerais toute la vie sidérale, tous les grades, tous les honneurs, pour m'incarner dans l'âme d'une marchande obèse et faire brûler des cierges à l'église » *(Les Frères Karamazov).*

N'est-il pas étrange que plus l'analyse se conçoit comme une structure de langage, plus elle se croit tenue de refuser le sien à un écrivain ? Ne peut-on pas dire que cet acte obligatoire est le symptôme de l'analyse ? Freud ne se montre jamais plus *sous mère* que dans ce procès.

Lisons *Les Carnets* de Dostoïevski : plus encore que les livres, on peut y suivre l'affolement de la lettre, la crise roulante de l'écriture ouvrant et refermant, comme un éventail de vertige, situations, enchantements, couleurs, intonations, accentuations. « Si tout se passait rationnellement dans le monde, il ne se passerait rien. » « *Tout est paradis.* Ce n'est pas donné à beaucoup mais il est facile de voir. » « Aime les péchés ! En vérité la vie est un paradis. Est donnée une fois dans la myriade des siècles. » « La clameur de ravissement des séraphins... peut-être toute une constellation et un monde ? Ou bien une constellation n'est qu'une certaine molécule chimique... »

L'Evangile selon saint Luc est en exergue des *Possédés.* Celui de saint Jean ouvre les *Kamarazov.* Dostoïevski, mourant, lit saint Matthieu et transmet son exemplaire du Nouveau Testament à son fils. « Car on donnera à celui qui a et il aura en plus ; mais celui qui n'a pas, on lui enlèvera même ce qu'il a. Voilà pourquoi je leur parle en paraboles, parce qu'ils regardent sans regarder et entendent sans entendre ni comprendre » (Matthieu, 13, 12-13). L'épilepsie est le « mal Saint-Jean » (l'autre, le baptiste).

Il n'a jamais été question, donc, que de « la plus petite des semences ».

L'Evangile, où, si l'on peut dire, l'épileptique foisonne, ouvrirait un tout autre régime d'écriture ? Il accomplirait l'écriture pour la délier, et la littérature le saurait ? La parabole se ferait ainsi hyperbole ? Le Christ, lui, n'écrit rien, sauf une fois : par terre, et on ne sait quoi, face au tribunal qui veut juger une femme adultère. Il écrit du doigt en silence. « Que celui qui n'a jamais péché lui jette la première pierre. » Il écrit. Et, un à un, les corps se dérobent. Il reste une femme, celle qui n'est pas prévue par la loi, et un écrit qui s'efface dans le geste de *renvoyer* le jugement. « Moi non plus... Va... » L'écrit, *une* femme, le scandale majeur, le doigt qui n'est déjà plus un doigt, une lecture impossible, le jugement suspendu, l'incessant débridé du côté où il peut passer sans être fixé... Ce n'est pas que rien soit écrit, ni que quelque chose soit vraiment écrit. Mais la bonne nouvelle, c'est quand même cela : que l'écrit peut être interrompu dans l'écrit, que la mise-en-corps n'est pas absolue... Il faut sentir ce moment où tous se retirent.

1978.

Si la torture est l'un des maux les plus anciens de l'humanité, elle est aussi, estiment les membres d'Amnesty International, de plus en plus pratiquée, à l'aide de moyens de plus en plus sophistiqués et, bien souvent, avec le concours de médecins. Cette participation « médicale » avait été l'une des caractéristiques du IIIe Reich et l'on pensait le plus souvent que cette perversion de la médecine n'était plus qu'un mauvais souvenir.

Ce qui est dénoncé, aujourd'hui, dans de nombreux pays totalitaires est comparable aux atrocités nazies. Parmi les délégués présents à Athènes figurait le Dr Arnt Meyer-Lie, membre de la commission médicale suédoise d'Amnesty International, qui a dirigé pendant trois ans (1969-1972), au titre de l'aide technique, les services médicaux du ministère éthiopien de la Santé publique. Après deux voyages récents en Ethiopie, il a rédigé un volumineux rapport sur le traitement infligé aux prisonniers politiques dans ce pays. Outre la *falanga* (coups violents et très prolongés sur la plante des pieds), les tortionnaires utilisent des chocs électriques, fouettent les prisonniers avec des chaînes, versent sur leur corps nu de la cire ou de l'huile bouillantes, leur entaillent la peau en versant sur les coupures du sel, du poivre ou de l'acide.

Un supplice destiné aux hommes consiste à écraser les testicules avec des bouteilles ou à accrocher à leurs pénis un sac très lourd, rempli de sable. Quant aux supplices réservés aux femmes, ils consistent à introduire dans leur vagin un fer rouge ou une bouteille qu'ils cassent ensuite en laissant les morceaux à l'intérieur. *« Elles sont, en outre, violées dès l'âge de neuf ans »*, dit le Dr Meyer-Lie. Enfin, il arrive que les gardes attachent les prisonniers entre eux, les fassent monter dans des camions qu'ils mitraillent ensuite. Ils font parfois assister à ces supplices les familles et les proches des victimes, qui doivent payer pour emporter leur corps (jusqu'à trois cents dollars éthiopiens). Les gardes font aussi, souvent, payer la balle qui a tué le prisonnier.

« Le Monde », *17 mars 1978.*

Proust et Gomorrhe

Au commencement, donc, était Saint-Simon, c'est-à-dire la révélation de la comédie dans toute son étendue transversale. Pour saisir ce qui se noue, il faut faire, sans cesse et rapidement, des portraits, des « crayons » ; noter sur le vif, et montrer la sensation par rapport à l'intuition du Mal irréparable qu'elle comporte, derrière chaque attitude, chaque démarche, chaque intonation. Dubois ? « Méchant d'ailleurs avec réflexion, et par nature et par raisonnement, traître et ingrat, maître et expert aux compositions des plus grandes noirceurs, effronté à faire peur étant pris sur le fait ; désirant tout, enviant tout, et voulant toutes les dépouilles. » Le Duc d'Orléans ? « Rien ne le trompa et ne lui nuisit davantage que cette opinion qu'il s'était faite de savoir tromper tout le monde. On ne le croyait plus, lors même qu'il parlait de la meilleure foi, et sa facilité diminua fort en lui le prix de toutes choses. » Voilà, le rythme est donné, on peut grâce à lui traverser toutes les assemblées de son temps, du Temps. Saint-Simon ne présage pas nécessairement Proust, mais il lui est absolument nécessaire. Ajoutez les *Mémoires d'outre-tombe* et la rêverie intérieure comme couleur inventée par Chateaubriand, et vous avez les deux grandes colonnes de *La Recherche*. D'un côté : « Je n'ai pas craint d'écrire cette bagatelle, parce qu'il me semble qu'elle peint » (Saint-Simon). De l'autre : « Ce château, ces jardins, ces jets d'eau qui ne se taisaient ni jour ni nuit, que sont-ils devenus ? » (Chateaubriand.) Et en route.

La grande, la stupéfiante nouveauté, c'est bien entendu *Sodome et Gomorrhe*. La scène fabuleuse entre Charlus et Jupien. Lisons bien : « La visite d'un insecte, c'est-à-dire l'apport de la semence d'une autre fleur, est habituellement nécessaire pour féconder une fleur... » La métaphore végétale employée par Proust nous introduit, en réalité, dans le drame et la découverte la plus bizarre de son expérience. En effet le côté « Sodome » se prête particulièrement à la description détaillée, à la précision de l'entomologiste ou de l'anatomiste. Mille et une fois, Proust revient sur les scènes de gesticulations diagonales, de mimiques, de gestes, d'appels, de malentendus que suppose l'hypothèse sodomite. Ce repérage, de sa part, et les considérations qui s'ensuivent, ont toujours un aspect critique, une tonalité de jugement négatif plus ou moins apitoyé, indulgent : il s'agit de nécessité, de loi contre-nature de la nature, de contre-société rendue inévitable par la société. Presque toujours, les situations sont vaudevillesques ou grotesques (ainsi de l'aventure entre le Prince de Guermantes et Morel). Les corps sont difformes ou laids (« l'embonpoint du baron vieillissant » ; « l'air fat, négligent, ridicule ») ; ils n'atteignent une sorte de beauté que sous l'emprise d'une détermination qui se dévoile dans leur danse hypnotique. Les « insectes » sont pris dans un magnétisme, ils n'y peuvent rien. Ce sont des employés des fleurs. Mais les fleurs elles-mêmes ? C'est là où l'audace de Proust (qu'il faudrait approfondir, aggraver) est la plus neuve : les fleurs (l'élément féminin, les « jeunes filles » comme il préfère le penser), on ne sait pas très bien ce qu'elles ressentent, ce qu'elles font. Gomorrhe est infiniment plus troublante, noire, détournée, que Sodome. La scène entre Mlle Vinteuil et son amie est une expérience traumatique pour le narrateur, pas du tout celle entre Charlus et Jupien. A l'agitation bavarde de Sodome, correspondent le silence et la dérobade de Gomorrhe. Sodome est un « moyen » de Gomorrhe. Là est la vision de Proust. Que peut faire, en effet, une fleur directement avec une autre fleur, sans l'intermédiaire d'un « insecte » ?

Toute « l'affaire » Albertine est dans cette question, c'est-à-dire le suspense de *La Recherche.* « Derrière Albertine, je ne voyais plus les montagnes bleues de la mer, mais la chambre de Montjouvain où elle tombait dans les bras de Mlle Vinteuil avec ce rire où elle faisait entendre comme le son inconnu de sa jouissance. » Et encore : « A Mlle Vinteuil maintenant, tandis que son amie la chatouillait avant de s'abattre sur elle, je donnais le visage enflammé d'Albertine, d'Albertine que j'entendis lancer en s'enfuyant, puis en s'abandonnant, son rire étrange et profond. » « Chatouiller », « tomber », « s'abattre »... « Visage enflammé », « son inconnu », « rire étrange et profond »... Ce qui a lieu, ici, dans la chambre de Montjouvain, « en cette fin de journée lointaine » pour le narrateur « caché derrière un buisson », c'est, Proust nous le dit explicitement, la « voie du Savoir ». C'est en compétition ouverte avec Gomorrhe que toute *La Recherche* est construite. Etrangement, ou peut-être dans une logique vertigineuse, Sodome est inscrite dans la mécanique de la fécondation permanente et à peine dissimulée. Gomorrhe, au contraire, est une pure défense négative, une brûlure bien plus radicale, elle seule a droit au qualificatif de « jouissance ». C'est une autofécondation, une « fleur du mal », quelque chose qui n'a peut-être d'ailleurs rien de sexuel au sens habituel du mot, une perversion beaucoup plus grave (liée à la profanation de l'image du père, ne l'oublions pas : la *photographie* de Vinteuil joue un rôle décisif dans la chambre noire de Montjouvain), une chute, une vacillation en abîme de toutes les identités. Gomorrhe est un puits où l'on s'abat, Sodome une surface d'ambiguïtés et de miroitements, finalement plus comique que troublante. Quel est ce point de fuite, floral et systématiquement trompeur, qui fait voltiger, autour de lui, les insectes mâles ? A cette question, Proust a pu encore répondre par le sacrifice absolu de l'Art. Mais nous qui vivons une désacralisation mille fois plus acide et violente ? Nous, pour qui même Sodome et Gomorrhe se sont que des banalités triviales ? Nous qui entrons dans l'artificiel généralisé, y compris en termes d'insémination ? Pourrons-nous encore retrouver le Temps ? Et de quel temps s'agit-il encore ?

On se souvient que le narrateur de *La Recherche* est fermement décidé à se séparer d'Albertine, et que c'est en apprenant par hasard, dans le train, qu'elle connaît très bien Mlle Vinteuil et son amie, qu'il décide sur-le-champ de l'épouser. Son mouvement irrépressible est donc de se rapprocher au maximum de ce qui lui échappe sur place, le tourmente, le fait souffrir. Pour quelle raison Proust n'a-t-il pas accès, comme Baudelaire par exemple, au « rire étrange et profond » *en lui-même* ? Pourquoi ne s'y joint-il pas ? Autrement dit : pourquoi se sent-il exclu d'une jouissance dont il choisit d'imaginer qu'il n'arrivera pas à la connaître ? Pourquoi a-t-il besoin de *cet inconnu-là* ? Et si, même là, il n'y avait rien ? La littérature est-elle encore possible une fois les insectes complètement répertoriés, et les fleurs ramenées à leurs composants chimiques ? Quelle scène inédite et inouïe est, comme hier, mais autrement, à surprendre derrière les volets à demi fermés donnant sur la cour de l'hôtel des Guermantes, ou depuis le buisson ardent de Montjouvain ? Finalement, une seule chose est claire : un romancier est quelqu'un qui a vu, au moins deux fois, quelque chose qu'il ne devait pas voir, et qui en triomphe. C'est tout.

1984.

Joyce et Cie

I

Pour la plupart, en ce moment, nous parlons anglais. Mais je vous demande simplement si vous avez conscience que, depuis que *Finnegans Wake* a été écrit, l'anglais n'existe plus. Il n'existe plus en tant que langue auto-suffisante, pas plus d'ailleurs qu'aucune autre langue. Joyce introduit un report permanent du sens de langue à langues, d'énoncé à énoncés, de ponctualité de sujet d'énonciation à séries. Joyce : toute une *démo-graphie*. Je compare cette situation à celle de Dante au XIVe siècle. Dante perçoit et inscrit non seulement un basculement économico-politique profond (l'arrivée du capitalisme) mais un transfert de langue à langue : du latin à l'italien. Joyce, lui, trace les limites de toute langue nationale, maternelle. Qu'est-ce qu'un sens en langue de mère-patrie ? La propriété privée de la parole enfantine, ce qui fait des groupes d'adultes des enfants en sursis. Mais aussi : un fonctionnement référentiel du sujet vers sa matrice corporelle, et un barrage vers l'inconscient élevé par le pré-conscient. Joyce dit : *Finnegans Wake*, c'est le langage et l'écriture de la nuit, en rêve. La langue nationale, maternelle ne se rêve pas, elle fait rêver un sujet dans son rêve. Mais le rêve d'une langue peut être la veille d'une autre et, quand il fait nuit sous une latitude, il peut faire jour sous une autre. Joyce rêve donc d'un livre qui serait indistinctement rêve et interprétation, passage sans fin des frontières. Or c'est là, précisément, le *réveil.*

On croit naïvement que Joyce n'a pas eu de préoccupation politique, parce qu'il n'a rien dit ou écrit à ce sujet *en langue morte*. Nous en sommes encore là : l'art d'un côté, la politique de l'autre. Comme s'il y avait une *place* pour la politique, et d'ailleurs pour quoi que ce soit. Mais le refus de Joyce de se livrer au moindre énoncé mort est justement l'acte politique *même*. Cet acte explose au cœur de la *polis* rhétorique. Au cœur de la reconnaissance narcissique du groupe humain : fin des nationalismes décidée par Joyce au moment où les crises nationalistes sont les plus virulentes (le fascisme en Europe). Le nationalisme peut être caractérisé comme une double obstruction vers l'inconscient et le champ international : c'est pourquoi (même paré d'une bannière « marxiste ») il est toujours fondamentalement régressif, et ouvre sur toutes les exclusions racistes.

Joyce veut détruire le nationalisme, mais il va plus loin que l'internationalisme abstrait, « œcuménique » (qui ne peut se supporter que d'une langue morte : latin pour l'Eglise, stéréotype « marxiste-léniniste », délire fasciste). Ce qu'il est en train de construire avec *Finnegans Wake*, de 1921 à 1939, c'est un trans-nationalisme actif. Il désarticule, réarticule, et en même temps annule, le maximum de traces linguistiques, historiques, mythologiques, religieuses. Dans ce qu'il écrit, il n'y a *plus que des différences* : il met donc en question toute communauté (on appelle ça son « illisibilité »).

L'obstination de Joyce à sonder le phénomène religieux est probablement son geste « politique » le plus important. Qui, à part lui, est réellement sorti de cette base névrotique universelle (toujours recommencée, y compris sous les insignes du rationalisme) ; et pourquoi lui, sinon parce qu'il a obtenu, à travers son écriture, un certain savoir sexuel fondamental sur l'espèce ? Joyce, c'est la même ambition que Freud : analyser deux mille ans d'humanité, et pas dix ans, ou un siècle, de politique. Qu'est-ce que le monothéisme ? Qu'est-ce que le christianisme ? Qu'est-ce que la raison ? *Finnegans Wake* fourmille de « réponses » à ce sujet. Mais ces réponses ne sont pas d'ordre scientifique : elles relèvent d'un savoir qui ne se donnera jamais comme systématique, pas plus que définitivement centré ou sérieux. C'est pourquoi il s'agit de l'acte le plus fort que l'on ait accompli contre la paranoïa politique et son discours en surplomb, mortel, hors humour. Je dis donc que *Finnegans Wake* est le livre le plus formidablement antifasciste produit entre les deux guerres.

II

On n'a sans doute pas assez remarqué que Joyce, toute sa vie, a écrit à partir de l'argent que lui donnaient des femmes. Et c'est là que tout un « roman » se noue, notamment entre littérature et psychanalyse. La première mécène de Joyce, en effet, Mrs. Mc Cormick, voulait absolument, à ses frais, faire psychanalyser Joyce par Jung. Or Joyce refusa cette proposition, et Mrs. Mc Cormick lui suspendit le traitement qu'elle lui donnait. Vous commencez à apercevoir que nous avons ici l'exacte antithèse de la situation analytique classique : on ne *paye plus* quelqu'un qui ne veut *pas* se faire psychanalyser. L'histoire ne s'arrête pas là puisque la fille de Joyce, Lucia, qui commence assez tôt à présenter des troubles mentaux graves, sera soignée par le même Jung, lequel avait écrit sur *Ulysse* un article très critique accusant Joyce de schizophrénie.

Une femme aide financièrement Joyce à écrire. Mais elle veut qu'il se fasse analyser. Joyce refuse. Sanction : plus d'argent. La fille de Joyce est malade. Elle est soignée à sa place. Supposons que la fille de Joyce soit une de ses *lettres* : cette lettre tombe dans les mains de Jung, c'est-à-dire à côté de Freud.

Cette affaire est-elle sans importance pour la première moitié du XXe siècle ? Je ne le pense pas, dans la mesure où tous, ici, nous sommes ou freudiens ou jungiens, ce qui est tout de même plus facile que d'être joycien. Joyce, qui, dans *Finnegans Wake*, fait plusieurs fois allusion à ces véritables rapports de forces autour de son écriture (rapports de forces : il s'agissait bel et bien de savoir qui *détenait* le sens de ce qu'il écrivait), s'est plaint plusieurs fois de la grossièreté « spontanée » de Jung à son égard. Or on sait que si l'on traduit « joyce » en allemand cela donne « Freud ». A travers Joyce, Jung attaquait Freud, et à travers Freud, pourquoi pas, Joyce. Dans *Finnegans*, Joyce parle de la « loi de la JUNGle ».

Jung, vous savez, au fond, ce que c'est. L'ensemble des résistances spirituelles ou para-occultistes à la psychanalyse. L'espoir d'un « au-delà » possible, auquel les surréalistes, par exemple, n'ont pas manqué de se raccrocher. Bref, un contre-investissement métaphysique par rapport à la question sexuelle radicalement affirmée par Freud. Il est donc d'une particulière importance de souligner que cette résistance s'est *aussi* manifestée à l'égard de l'écriture de Joyce. Pourquoi ? Regardez une seconde ce tableau : une femme + un psychanalyste en train de se demander ce que Joyce a bien pu *être*. Nous sommes ici au plus près de la fonction traumatisante de *l'écrit*. Le personnage féminin dit : « C'est à moi. » Le psychanalyste : « Je sais ce que ça veut dire. » Joyce reste silencieux, ou bien se contente d'éluder. Le voilà donc, sans l'être, mais tout en l'étant, analyste. Pris entre la circulation de la monnaie et celle de la signification, mais les excédant, par sens et jouissance. L'écriture comme multiplication des langues n'est pas la propriété d'*un* chèque de langue. Il est clair que la position de Joyce, à ce moment-là, est au maximum paternelle. Et c'est donc depuis sa mort, son absence, que son écriture fait signe à ceux qui sont, par définition, les seuils privilégiés de l'énigme névrotique du père mort : l'hystérique, l'analyste. Joyce a-t-il été vivant, a-t-il été *un vivant*, ou encore : son écriture est-elle réellement posthume, ou bien... voilà ce dont ils ont à *douter*, ce qu'ils ont à interroger.

Il était d'une certaine façon *fatal* que le surréalisme manque Joyce *et* Freud, et que les pays anglo-saxons aient été naturellement jungiens. Jung, depuis sa neutralisation suisse de Freud, ne pouvait que lire un danger freudien chez Joyce. Mais chez chaque sujet parlant anglais, comment supporter cette défiguration joycienne de la langue maternelle ? L'hystérique dit : tu resteras fils de ta langue. L'analyste commente : ce père est fou. Comment sauver, face à une perturbation de l'ampleur de *Finnegans Wake*, à la fois la santé sexuelle et le sacré ? Réponse : Henry Miller. Lisez son article extrêmement violent contre Joyce dans *Dimanche après la guerre*. « Joyce, écrit-il, est sourd et aveugle dans l'âme, beaucoup plus que Beethoven et Milton, c'est son âme qui est sourde et aveugle, et ses échos ne sont que la répétition d'une âme perdue. » Dernier tableau : Joyce, pour la sacrée santé sexuelle américaine, psychanalysée ou non par Jung, est en enfer. Rideau[1].

Lacan, dans sa communication, a rapporté ce

1. Même histoire pour le puritanisme anglais : « Ecœurant étudiant qui gratte ses boutons... livre inculte et grossier, d'un manœuvre autodidacte, et nous savons combien ces gens sont déprimants ! Egoïstes, insistants, rudimentaires, stupéfiants et pour finir dégoûtants. » « Ratage... galopin d'école primaire... égoïste... poseur, braillard, mal élevé... On souhaite que ça lui passe, mais comme Joyce a quarante ans, cela paraît bien impossible » (1922). « Dévidoir d'indécences... » (1941) : Virginia Woolf, *Journal* (A propos d'*Ulysse*). Eliot, plus évasif, compare Joyce à Tolstoï. Quant à Ezra Pound, c'est déjà tout une autre affaire : découvreur et défenseur de Joyce jusqu'à *Ulysse* (qu'il interprète comme une « fin »), son hostilité à *Finnegans Wake* est immédiate. Pound devient ulysséen et mussolinien dans une même tentative d'idéalisation affirmative. Rien de plus étranger à Joyce (et à Bloom) que la croyance en une quelconque « renaissance ». Ce qui le rend étranger, naturellement, au fascisme comme à toute gesticulation. Pound trouvait Joyce en régression, Joyce pensait que Pound jouait les gros bras. On trouve dans la presse fasciste italienne de 1934 des attaques intéressantes contre ce nom « bref et absurde, Freud, qui veut dire *gioia* ». Joyce, lui, écrit : *muscolini* (petit musclé). Pound, qui appelle Joyce Job ou Jésus, durcira sa position par rapport à *Ulysse* : « Je me fous de la métaphysique, des correspondances, des parallèles allégoriques, analogiques et scatologiques que l'on trouve dans son ouvrage », etc. Pound veut du sens clair, classique, phallique, offensif ; il trouve Joyce, et pour cause, « théologique ». Mais, bien entendu, ne dépasse pas la théologie qui veut. Minimum que Joyce avait au moins appris des jésuites. Il ne manquera pas d'utiliser les significations de *pound* dans *Finnegans Wake* : le côté argent, parc de bétail et surtout poum-poum, clairon et tambour. L'armature historique des *Cantos* (les thèses économico-sociales amenant à un procès de l'usure et finalement à l'antisémitisme) ne pouvaient que paraître puériles à Vico-Joyce.

propos de son entourage : « Pourquoi Joyce a-t-il *publié Finnegans Wake* ? » Drôle de réflexion. Il est bien évident que toute la stratégie de Joyce, depuis la première ligne de ce livre jusqu'aux moindres incidents de sa biographie, était tendue vers cette publication. Joyce a tout vécu « selon » le *Wake*. Sa biographie elle-même (qu'il supervise d'ailleurs avec beaucoup de précautions) ne devait être à ses yeux qu'une des « couches » de son travail. La façon qu'il a eue, par exemple, d'organiser le discours autour de l'écriture de son livre, d'en cacher le titre pour attiser la curiosité, de calculer les confidences, etc., ne laisse là-dessus aucun doute. Dès la première ligne, chez lui, tout est public. Autrement dit, la notion de « privé » perd son sens. Le privé n'explique pas le public, mais c'est dans le publiable qu'on pourra trouver tel ou tel éclairage du privé (partiel). Il n'y a rien à savoir sur Joyce parce que son écriture en sait toujours plus, et plus long, que le « lui » qu'un autre peut voir. Difficile à admettre ? Impossible. Impossible de volatiliser cette dernière illusion fétichiste : qu'un corps n'est pas la source de ce qu'il écrit, mais son instrument.

Mais alors *qui* écrit, qu'est-ce qui est écrit ? Lisez, et vérifiez si vous tenez bon, si vous restez le ou la même.

Le symptôme est là : que tous les écrivains qui ont introduit une crise sans retour dans la « littérature » depuis un siècle *n'ont* pas dirigé leur publication, sauf Joyce. Mallarmé : un livre utopique qu'il demande qu'on brûle. Lautréamont : republié par les surréalistes. Rimbaud : parti. Kafka : demande qu'on brûle, on publie *quand même*. Artaud : trace jusqu'à la dernière limite, mais ne « recueille » pas. Seul Joyce va au bout de la dernière correction, montrant par là son détachement par rapport à *Finnegans Wake*. Et imaginez ce que c'est que quelqu'un qui est détaché de quelque chose dans quoi personne ne peut entrer (sauf avec les plus grandes difficultés). *Bien entendu*, Joyce a « publié » *Finnegans Wake*. Question de paternité. En quoi il suscite beaucoup d'érudits, mais peu d'enthousiasme. Les mères se sentent excédées, les pères dénudés, les filles multipliées, les fils désaxés.

Maintenant : comment fonctionne le mot joycien ? J'ai écrit au tableau cette formule :

$$\frac{3+0}{4} = 1$$

Ce qui se lit : trois plus zéro qui font quatre égale un. Mon hypothèse, en effet, est que *Finnegans Wake* est un mot, un seul et immense mot mais en état de dérapage, de lapsus. Un mot bourré de mots, et à vrai dire un nom plein de noms mais « ouvert », en spirale. Et ce jeu de mots me semble fonctionner sur un noyau simple où, pour donner *un* mot (ou plutôt un « effet de mot »), *trois* mots au moins, plus un coefficient d'annulation, de contradiction, de vide, vont concourir. Je donne tout de suite un exemple. Joyce écrit : SINSE. Vous lisez *since* (depuis), *sens* (sens) et *sin* (péché). Le développement « syllogistique » de cette condensation sera le suivant : depuis qu'il y a du sens, il y a du péché ; depuis qu'il y a du péché il y a du sens ; depuis qu'il y a du depuis (du temps) il y a du sens et du péché. Tout cela en un éclair dans SINSE. En un mot comme en mille vous avez une thèse sur le langage et la chute de l'homme hors du paradis. Et, en même temps, c'est une plaisanterie.

Autre exemple : TRAUMSCRAPT. *Traum* (rêve), *trauma*, *script*, *rapt*. Développement : qu'est-ce qu'un écrit, le rapt d'un trauma ; qu'est-ce qu'un trauma, un rapt de l'écrit ; qu'est-ce qu'un rapt, le script d'un trauma. Ou encore : CROPSE. *Corpse* (cadavre), *kopros* (déchet), *to crop out* (apparaître en surface), *crop* (coupé court) et même *croppy* (rebelle irlandais favorable à la révolution française de 89). Thème : mort et résurrection.

Voilà ce que Joyce appelle sa « trifid tongue », sa langue trifide, expression dans laquelle vous entendez aussi *terrific*, terrible, mais aussi *trifle*, se moquer, ne pas prendre les choses au sérieux.

Lorsque ce procédé commence à se diffuser en phrases et en pages, vous obtenez ce phénomène étrange que des *noms* en sortent, à l'inverse de ce qui se produit dans la poésie védique, grecque ou latine où, au contraire, des noms sont disséminés dans le texte (comme Saussure l'a montré dans ses *Anagrammes*). Joyce tire le négatif du langage poétique, il s'introduit dans sa chambre noire : au commencement étaient non pas des héros ou des dieux, non pas même des hommes, mais des chocs, agrégats de sons, de syllabes. Au commencement, des noms se cherchaient dans les lettres, à travers l'articulation des langues. J'appelle ça le *rire vers l'un.* A ma connaissance, le premier mot de *Finnegans Wake*, RIVERRUN, n'a pas encore été interprété de cette manière. Mais si l'on remarque que le *dernier* mot est THE, suivi du blanc, sans signe de ponctuation, et que ce THE de la fin est calculé pour revenir au début et entamer ainsi un nouveau parcours en spirale, rien ne vous empêche, de la fin vers le commencement, de lire THE RIVERRUN, qui est bien entendu le cours de la rivière, mais où vous entendez et voyez aussi THREE VER UN, trois vers un. Que Joyce ait sans fin médité (et joué) sur l'idée de la trinité n'est pas une surprise. Et si vous vous viviez vous-mêmes en état constant de triadicité, *plus un*, bien sûr, rien ne vous paraîtrait plus habituel que ce genre de choses. Au fond, c'est très simple. Et le plus étonnant est que ça paraisse si difficile, autrement dit que les gens les plus fous traitent de fous ceux qui sont comme ça.

Ce que je veux dire, pour l'instant, c'est que Joyce, en écrivant rigoureusement ainsi (c'est-à-dire tout sauf n'importe quoi), pose un nouveau statut de l'un et du multiple, une nouvelle loi au-delà, par exemple, de la « trinité » chrétienne. Le dernier mot de *Finnegans Wake* est à la fois « le » et le « tu » de la deuxième personne divine. Mais on rentre dans le rire vers l'un, dans la cyclaison et le flux du temps qui ouvrent le livre. « Father time » ; autre expression de Joyce. Et « Time : the pressant ».

Le dernier mot d'*Ulysse*, lui, était *yes*. Il est censé être dit par une femme. Le plus curieux, c'est qu'on croie que c'est une femme qui le dit puisque c'est un homme qui l'écrit. Et s'il fait dire oui à une femme, c'est sans doute pour en avoir éprouvé tout le *non* possible[1]. Ce qui n'est pas rien. En tout cas, l'obstination de monter le monologue de Molly, seul, détaché, au théâtre, et récité par une actrice, est ici un symptôme supplémentaire. Personne ne semble s'être avisé de faire dire à haute voix ce passage par un homme. Et, d'ailleurs, pourquoi le mettre en scène ? Sinon pour faire écran sur *sa* scène ?

Jung, qui était sexuellement très naïf, comme bien souvent les psychanalystes, avait écrit à Joyce que, pour avoir écrit le monologue de Molly, il fallait être la « grand-mère du diable ». A quoi Nora répliquait : « Je ne vois pas pourquoi, Jim ne

1. La femme de Joyce s'appelait NOra.

connaît rien aux femmes. » Ces deux opinions sont en quelque sorte aux deux extrêmes que j'ai indiqués tout à l'heure : elles sont aussi exagérées l'une que l'autre, en quoi elles se touchent pour ne pas savoir ce qu'il y a entre elles mais *ailleurs* qu'elles. Joyce a résumé ça d'un mot : *Jungfrau.*

Joyce ne donne pas sa langue au chat. Il n'écrit pas dans « lalangue » (au sens de Lacan) mais dans *l'élangues* : ça saute, coupe, et c'est singulier pluriel.

En apparence : des mots, des phrases. En réalité : des entrechoquements de lettres et de sons. Des *voix* et des *noms.* Ecoutez l'enregistrement que Joyce a fait lui-même d'un extrait de *Finnegans Wake* : c'est de l'opéra, du madrigal, flexions, accents, intonations, et on passe du ténor à l'alto, du baryton au soprano, dans l'appareil délicat, nuancé, fluide, toujours changeant de la différenciation sexuelle, parlée, chantée, en appel. Entre la superposition d'émissions de radio et le remue-ménage de répétitions pour concert. Pas un fragment de langue qui ne soit en situation, dit à tel moment, par telle voix, tel accent de telle voix, dans tel but sans but – résonance. Il y a des interjections, des gémissements, des éclats de surprise, des exclamations, des interrogations qui tournent court, des célébrations, des moqueries, des chuchotements, des enfants, des adultes, des hommes, des femmes, vieux, jeunes, bas, aigus, déprimés, euphoriques, volontaires, actifs, passifs, réflexifs. Jusqu'au « night » final, qui sonne lointain, à l'horizon, comme une cloche mais aussi comme une plume. Et, au passage, les noms de rivières, de villes, de fleuves, déformés, *agis,* et prononcés par qui ? Par un soliste qui est chacune des voix, des milliers de voix, courant-comédie.

Que nous soyons, chacun, un ensemble ouvert de pluralité de voix est peut-être aussi difficile à penser, aussi sacrilège, que l'infinité et la pluralité des mondes au XVIe siècle. Je rappelle que Giordano Bruno, dont le nom est très souvent invoqué dans *Finnegans Wake*, a été brûlé en 1600 pour cela. Pour cela seulement ? Non, bien sûr. Il n'admettait pas, figurez-vous, la virginité de la Vierge.

III

Finnegans Wake : réveil et négation de la fin, sillage et veillée de la négation de la fin. Fin de quoi ? Recommencement de quoi ? Du sommeil génératif qui emporte les parlants humains dans leurs rêves. Négation active, participe présent, de toute téléologie. « L'histoire, disait Joyce, est un cauchemar dont j'essaie de m'éveiller. » L'écrit, plus grand commun diviseur, plus petit commun multiplicateur des langues et des positions d'énonciations des sujets en langues, produit une urgence de temps nouvelle : le plus-que-présent.

Lisez la première épître aux Corinthiens de saint Paul pour entrevoir l'enjeu de ce qui a nom : « parler en langue » (c'est, comme par hasard, dans cette épître, chapitre 14, que Paul demande aux femmes de se taire dans les églises).

Mais en quoi Joyce reste-t-il aussi abrupt, aussi inaccessible ; en quoi donne-t-il des symptômes à la psychanalyse ; en quoi consiste sa soi-disant « illisibilité » ? Sans doute par sa façon de toucher à un système d'inceste généralisé. Ce n'est pas commode à présenter.

Quelqu'un a dit l'autre jour que Joyce avait échoué parce qu'il avait malgré tout gardé une langue de base, l'anglais. Mais je crois qu'il ne faut pas parler de langue de base, mais de langue-filtre. L'anglais, pour Joyce, est un angle. Et cet angle, ce filtre doivent ouvrir d'un côté sur toutes les langues, de l'autre sur ce qui n'a pas de langue « proprement dite », c'est-à-dire l'inconscient. Joyce invente un filtre (au sens mathématique) d'une puissance considérable faisant communiquer les processus inconscients et les processus historiques des langues. C'est là son objectif fondamental. Pour rendre les langues visibles, analytiques, les faire s'analyser elles-mêmes et les unes par les autres, il faut les *filtrer*. Les écrire par en dessous, faire remonter leurs dépôts mnésiques et inscrire en elles, à travers elles, une interprétation *en acte*. C'est cet accompagnement mélodique, fluent, insaisissable d'interprétation *réinvestie* en effet d'écriture-son qui reste invisible mais qui déclenche un effet de *relief* permanent, percurrent.

Comme Dante, Joyce utilise un dispositif de quatre sens superposés. Un niveau littéral et obscène (difficile à saisir pour qui ne connaît pas l'argot sexuel anglais) ; un niveau historique (modèle de Vico, épopée irlandaise, etc.) ; un niveau mythique (religions, noms de dieux, etc.) ; et enfin un niveau de jouissance, lequel fait problème puisque, finalement, un écrivain s'excepte quand on n'arrive pas à comprendre comment il jouit à ce point d'écrire ce qu'il écrit. Sur ces quatre portées, des masses d'énoncés vont se trouver projetés, déformés, mixés, désinhibés. Le mot d'esprit paraît une faible lueur à côté de cette explosion d'humour ou d'allusions croisées continuelles, rire qui rit ou ne rit pas mais rit quand même, « riso del'universo » (Dante, *Paradis*, 27). Ce dispositif de quatre sens, ou plutôt de trois plus zéro (annulation du « mot d'esprit ») qui n'en font qu'un, me paraît aller au plus près de ce que Freud appelle le refoulement originaire, lequel ne peut pas être *levé*, mais dont Joyce nous donnerait ainsi la circonscription, le contour. Comment, en effet, peut-on arriver à une telle sublimation d'autant de pulsions et d'informations qui semblent arriver de partout, d'autant de condensations mythiques, historiques, sexuelles ?

Beckett avait raison de le noter, dès 1930 : nous sommes trop décadents pour lire Joyce, et peut-être pour lire toute écriture qui va dans ce sens. Dante, Bruno, Vico, Joyce : défis au sens linéaire, quadratures de cercles.

Joyce écrit à partir d'un système hyper-complexe de la parenté. Par « inceste généralisé », j'ai voulu dire qu'il explorait carrément toutes les positions de discours possibles entre mère-fils, père-fille, père-fils, etc.

Dans *Ulysse*, ce n'est pas encore le cas. Le couple père-fils (Bloom-Stephen), la question de la filiation par paternité spirituelle, bute sur cette grande matrice finale d'énonciation, Molly. La paternité est « rabaissée » par rapport au monologue avaleur. « Je suis la chair qui toujours dit oui » est le mot de passe de Molly, construit sur l'inversion du « je suis l'esprit qui toujours nie » faustien. Mais, franchissant le cap, je dis que Joyce va venir à chaque instant dans des positions d'énonciations non centrées, et que ce qu'il « dépasse » ainsi c'est très exactement la place de la paranoïa féminine.

La paranoïa féminine n'est pas la paranoïa masculine. Autant la schizophrénie permet de faire l'économie de la différence sexuelle, autant la paranoïa la pose dans tout son tranchant. Et si Joyce fait difficulté, c'est qu'il vient d'écrire en rebord de cet axe psychotique où, en principe, le langage se marque de faire défaut.

J'ai essayé d'expliquer comment le texte de Joyce fait *germer* des noms. Quels sont ces noms principaux, vraie rose des sens, que l'on trouve dans *Finnegans Wake* ?

D'abord la position féminine : ALP, Anna Livia Plurabelle. Position une et multiple, mais principe d'unification. Anna Luna Pulchrabelle. C'est un flux de multiplicités (rivières) mais unitaire, c'est l'un en tant qu'il est *la* même dans ses variations. Bizarre, n'est-ce pas, cet *un* qui est *la*.

Il n'en va pas de même pour HCE, qui sont les initiales du père, et pas de cette mère-fille désignée par ALP. (Au passage : vous notez que les noms, qui sont le plus souvent des phrases entières, se déploient à partir de trois initiales. Les initiales sont des signatures abrégées que les noms viennent remplir selon les variables de l'histoire ou des mythes, elles sont, de plus, disséminées dans des phrases apparemment courantes : nomination de l'*anonymat*.)

HCE, donc, est une triade de transformation. Et, alors que ALP se décline plutôt selon l'adjectif et le substantif, HCE se définit par le *verbe*. « Here *Comes* Everybody », « *Haveth Childers* Everywhere », etc. Le *verbe comme nom*. Comme nom-du-père.

Au-dessous de ce qu'on aurait appelé autrefois des personnages ou divinités, de ces deux grandes figures, viennent maintenant deux formes plus incarnées, plus « humaines », les deux frères Shem et Shaun, le « penman » et celui qui délivre la lettre, etc. Deux hommes incarnés par deux frères, dont l'un, si l'on peut dire, écrit l'autre. Deux *prénoms*.

Sem, sémite ; shame, honte ; shem, james (joyce). Sem, le nom (samuel). « Le nom est dieu. »

Shaun : entendez notamment *shown* (montré) en plus de John, etc.

ALP, HCE, Shem-Shaun : une femme, deux hommes, un polypère (il a des enfants partout). La racine de ce HCE (parfois écrit en minuscules), j'ai cru pouvoir la trouver dans ce procédé classique d'abréviation enluminée que l'on trouve dans les Bibles du Moyen Age. Pour écrire « Hic est filius meus, etc. », on rentre le i dans le h et on écrit, en effet : HCE. On sait que Joyce était familier de ces enluminures (notamment celles du *Book of Kells*). HCE, HIC EST : vous voyez qu'il s'agit d'un embrayeur qui peut pratiquement ouvrir sur n'importe quoi. C'est *voici* en tant que verbe et nom. C'est : C'EST.

Et puis, derrière cette scène, on a ce Finnegan, vieil ancêtre mort à ressusciter, puisqu'il s'agit à la fois d'un réveil et d'une joyeuse veillée funèbre, souvenir enfoui du père de la horde primitive à partir de quoi s'est constituée cette espèce de théographie. Retour du refoulé, du père mort qui, comme une herbe foisonnante, repousserait de partout en langues.

Joyce, c'est l'anti-Schreber. Si vous prenez les *Mémoires d'un névropathe* (1903, date significative), vous constatez que ce grand document sur la paranoïa masculine, analysé par Freud et Lacan, est écrit de façon extrêmement classique. Schreber, c'est le sujet du droit, un magistrat, qui écrit tout sauf des fantaisies linguistiques, lesquelles lui arrivent, si l'on peut dire, *dans le réel*. Ce qu'il écrit est « lisible » (ce qui ne veut pas dire facile à comprendre). Il écrit administrativement au sujet d'une écriture déchaînée en lui comme dehors. Qu'est-ce que la paranoïa masculine ? Cette tentative folle, pour un homme, de devenir la femme de tous les hommes (et de réengendrer, à cette place, d'autres hommes). Dans le cas de Schreber, vous voyez que l'éviration qu'il attend, souhaite et redoute en même temps, constitue une limite par rapport à laquelle on peut dire qu'il ne peut agir dans le réel. Schreber est « témoin » des manipulations, sur lui-même, des voix de la langue fondamentale. Il essaye de les rationaliser, et c'est de cette rationalisation, finalement, qu'il peut être dit délirant[1].

Mais la paranoïa féminine, sans doute plus radicale en ceci, donne lieu à une tout autre érotomanie de l'écrit. D'abord les textes seront donnés en termes de roman, de fiction, mais, de plus, ils seront très souvent dictés, de façon proche d'une écriture quasi automatique. Et, dans le réel, la traduction de cette dimension ouvre en général sur le meurtre. Meurtre de « l'autre femme »[2].

Cela peut vous sembler aventuré, mais je tiens à vous dire que vous êtes tous et toutes virtuellement paranoïaques, soit parce que vous avez eu des pères qui étaient virtuellement paranoïaques, soit parce que vous avez eu des mères qui étaient virtuellement paranoïaques. Des pères qui voulaient être « la femme ». Des mères qui ne pouvaient pas supporter l'existence d'une femme. D'une autre qui serait femme.

Il y a, dans la paranoïa féminine, c'est mon hypothèse, une forclusion du verbe qui vient signer une sorte d'impossibilité absolue d'accéder au symbolique. Et je pense que c'est à partir de cette négation radicale du langage que Joyce écrit. Il écrit et il parle à cette place impossible où il ne devrait plus rien y avoir qui parle ou écrive, et il

1. La mise en scène paranoïde a lieu dans *Ulysse*, quand Bloom est transformé plusieurs fois en femme.

2. Germe de la paranoïa féminine : dépendance vis-à-vis de la mère, angoisse d'être assassinée ou dévorée par elle (Freud). L'écrit – « romanesque » ou schizographique – comme rempart, le meurtre comme projection. Le tout en compétition radicale avec le père en tant qu'il a fait un *enfant* à la mère.

l'amène à une sublimation très élaborée. Autrement dit, il arrive à faire jouir quelque chose qui, par principe, ne devrait pas jouir. C'est sans doute la raison pour laquelle il va subir, lui, Joyce, de la part de ses contemporains, et dans la suite du temps, une dénégation aussi farouche. *Finnegans Wake* devient ainsi l'objet d'une spéculation, d'une lutte, d'un refoulement aigu, et tout le monde le sent bien, tout le monde le sait, tout le monde ne le sait pas, mais ceux qui sont là pour garder le savoir le savent.

On a parlé, à propos de Joyce, d'écriture matricide. Mais cela ne doit pas nous cacher la position de discours d'inceste avec la mère qui surgit avec Molly, dans *Ulysse*[1]. Et c'est là sans doute la raison qui laisse la critique interdite devant ce monologue : tout un commentaire, surtout anglo-saxon, pétrifié, au garde-à-vous devant ce monument attentatoire à la mère comme langue. Comble d'ironie, Joyce n'hésitait pas à faire semblant d'avoir été influencé sur ce point par un Français, Dujardin, et par son livre sans aucune importance, mais au titre qui vaut son pesant d'allusion castratrice : « Les lauriers sont coupés. » En tout cas, une fois Molly-récrimination-monolangue franchie[2], la

1. « Un ou deux jours plus tard, Stephen donna à sa mère quelques pièces à lire. Elle y prit beaucoup d'intérêt et trouva très charmant le personnage de Nora Helmer. » *(Stephen le Héros.)*

2. Il est faux de dire que le monologue de Molly n'est pas ponctué : il l'est, sans cesse, par des *noms propres* qui jouent le rôle de « noyaux » fantasmatiques guideurs. Manière, pour Joyce, de mettre en relief l'intervention et l'instance de la majuscule dans la rumination littérale-parlée de pensée. *Finnegans Wake*, tout de suite après, réintroduit une ponctuation massive (exclamative) : volumes d'*interjection*. « Et alors le geste, non la musique ni les odeurs, serait la langue universelle, le don des langues rendant visible non pas le sens courant mais la première entéléchie, le rythme fondamental. » *(Ulysse.)*

langue se transforme en l'*élangues*. L'exclamation permanente de *Finnegans Wake*, comment ne pas l'entendre comme un chant de triomphe ? Et, dans ce dernier livre aussi, la fin est confiée à une voix de femme : mais cette fois c'est la fille qui coule et vole et retourne dans le sein paternel, c'est Anna Livia, à la fin de ce long parcours à travers les siècles et les millénaires, avec sa traîne d'alluvions et de feuilles de sons qu'elle a charriés, en train d'arriver follement, comme mère et comme fille, à l'horizon de l'embouchure de son fils-mari-père, l'océan. Et tout va recommencer au-delà de la réunification, du plein, de la complétude, du tout, dans cet autre battement de l'un et du multiple qui ne peut s'écrire que *de nouveau*. Et c'est cette saturation des variétés polymorphiques, polyphoniques, polygraphiques, polyglottiques, de la sexualité ; cette *déprise* de la sexualité ; cette ironisation ravageante de vos désirs les plus viscéraux, répétés, qui vous laissent, avouez-le, embarrassés devant Joyce. Freud, Joyce : une autre ère pour l'humanité.

1975.

La voix de Joyce

Joyce ? Il suffit d'entendre sa voix. Très précisément, son enregistrement d'un fragment de *Finnegans Wake*. Déclaration des droits de la liberté d'invention verbale. De sa liberté. De sa souplesse irréductible. Ecoutez ça, vous en apprendrez plus en dix minutes qu'en dix ans de lectures : écoutez ça, je vous en supplie, ou alors ne citez pas Joyce, ne faites pas semblant de vous intéresser à lui[1].

Qu'est-ce qu'on entend là pour la première fois ? La flexibilité ; l'audace ; la multiplicité des rôles, du grave à l'aigu, du chuchoté au presque crié ; la parodie ; la stupéfaction renouvelée que ce soit aussi merveilleux et bête, l'histoire humaine ; l'émotion délicate ; l'imitation du soupir, et du soupir du soupir ; la tombée de la nuit et l'écoulement des eaux et du temps ; la ténacité de la vie et la fatigue de la mort ; le grondement des fleuves et le roulement des cailloux de leurs fonds ; le vent dans les feuilles ; le gémissement d'envie enfantin ; la lubricité folle et contenue ; le maniérisme féminin...

Flip ! Flep ! Flap ! Flop ! Il faut se porter, en

1. Enregistrement réalisé en août 1929 pour C.K. Ogden à Londres.

écoutant, aux pages 213 à 216 de *Finnegans Wake*. Illisible, ce livre ? Intraduisible ? Ecoutez, écoutez. Aussitôt, du fond de la nuit, monte cette voix étrangement assurée, un peu emphatique, rusée, durcie par cent et cent chagrins, mais toujours mélodieuse ; cette voix ferme d'aveugle écartant les branches et les rideaux du sommeil, et c'est comme si le vieil Homère, là, toujours jeune, venait vers vous à travers le tissage de mille aventures, de mille récits, de mille et une langues rencontrées dans sa pérégrination sous-marine, syllabes se répondant et s'éclairant les unes les autres, vivifiées par un souffle neuf. *Lord save us ! Ho, talk save us !* Sauve-nous, Dieu de parole ! Pour tous et pour toutes, voici l'éclat, l'étincelle qui n'en finit pas dans les ténèbres. Simplement les mots, pris d'une certaine façon, roulés d'une certaine façon dans le son. *Night !* On attend la résurrection avec une désinvolture ironique. *Wake !* C'est l'attente veillée vers l'aube, pleine de douleur, de fous rires et de compassion.

C'est un opéra, c'est un oratorio, c'est une messe. Pour la fin des temps, bien sûr, mais la fin des temps n'a rien d'obscur et encore moins d'obscurantiste ; l'apocalypse ne hausse pas le ton, rien n'y est sans issue, pas de désespoir. Catholique, Joyce ? Mais oui, en dehors de toute dévotion niaise, dans une chambre d'échos ardents et blasphémateurs. C'est l'instant où tout s'élève et se mêle dans une vibration universelle et unique. Moment où l'on raconte l'incroyable épopée des illusions et désillusions. Vous ne pouvez pas lire Joyce ? Alors ouvrez au moins l'un des meilleurs romans que l'on ait jamais écrits, sa biographie par Richard Ellmann[1]. Vous y verrez à l'œuvre

1. Gallimard, 1962.

l'un des rares héros des temps modernes, avec Freud. La science des rêves ? Mais la voici : « Savez-vous que quand nous rêvons, nous lisons ? Je pense vraiment que nous parlons pendant notre sommeil. Mais nous ne pouvons pas parler aussi vite que nous lisons et nos rêves inventent une raison pour justifier la lenteur. »

Voici Joyce, le nomade, entre sa femme qui ne comprend rien à ce qu'il écrit, son fils Giorgio et sa fille Lucia en train de devenir folle. Le voici, maquereau de génie se faisant payer ses livres par des protectrices ahuries. Voici Joyce noyé de vin blanc et perdant peu à peu ses yeux, mais acharné sur des manuscrits invraisemblables, véritables bibles sans fin recopiées (l'éditeur Garland vient de publier ça à New York, il faut voir les couleurs du manuscrit d'*Ulysse*, la fine écriture inlassable, flottante). Voici Joyce dont le secrétaire passager est un jeune homme qui s'appelle Samuel Beckett, lequel fera parler de lui, un jour. Voici Joyce, l'artiste irréconciliable, dandy pour l'éternité, anarchiste métaphysique, le meilleur produit des jésuites dont l'inintérêt pour la littérature aura donc finalement engendré le plus grand écrivain moderne. Voici Joyce ayant « déclaré la guerre à l'anglais » et annonçant qu'il « ira jusqu'au bout ». Voici James Joyce n'hésitant jamais à se brouiller avec la terre entière dès qu'il s'agit de son œuvre. Le voici s'étonnant de la grossièreté de Jung à son égard et indiquant au passage que pour en comprendre la raison il suffit de traduire son nom en allemand, Joyce = Freud. Comme qui dirait, en français, Joyeux ou Joyaux.

Tout dans le langage ! Tout pour la musique ! Voici Joyce, enfin, tel que nous le montre le merveilleux livre de Mercanton, *Les Heures de*

James Joyce[1] : « Je vais travailler jusqu'à cinq heures du matin. Puis j'irai à Saint-François-Xavier pour l'office. Si vous voulez me rejoindre, il faudra vous lever tôt. » Et en août 1939 : « Qu'ils laissent donc en paix la Pologne, et s'occupent plutôt de *Finnegans Wake* ! » A son enterrement, à Zurich, le ténor Max Meili chante « Addio terra, addio cielo », de Monteverdi. La voix, encore et toujours.

Chers Français, vous ne voulez pas trop de ce Joyce, vous le subissez malgré vous. Malaise et quasi-censure à la N.R.F., excepté Larbaud. « Faux chef-d'œuvre », grogne Gide à propos d'*Ulysse*. Hostilité de Breton et des surréalistes, malgré Soupault (chaque fois, donc, Joyce trouve un dévouement traducteur). Procès à Londres ; interdiction à New York. Condamnation par Radek à Moscou. Ignorance des uns et des autres. Quel penseur, quel philosophe s'est vraiment rendu compte que, de ce côté de la diction et du chant, tout basculait à la veille du troisième millénaire ? Que l'on sortait enfin du XIXe siècle si admirablement bouclé par Proust ? Lacan tente d'accrocher son wagon ? Pourquoi pas ? Pudeurs et malheurs. Pudibonderies et calomnies, voilà l'existence de notre aventurier des vocables. Le seul journal qui ait rendu compte favorablement de la publication de *Finnegans Wake* est l'« Osservatore Romano ». « Un vieux cardinal, dit Joyce, qui a voulu me faire une blague. »

« Puissance de la parole », écrit Poe. « Epiphanie », répond Joyce (épiphanie, du grec *épiphaneia* : apparition). Il me paraît très significatif que trois enregistrements de voix d'écrivains dominent le charnier de la première moitié du XXe siècle. Le récitatif de *Finnegans Wake* lu par Joyce

1. L'Age d'homme, 1967.

comme une clé du monde futur. « Pour en finir avec le jugement de Dieu », d'Antonin Artaud. Le disque où Céline, enfin, semble improviser sur son art romanesque (l'affaire des fameux « trois points », encore une question de ponctuation, donc d'oreille). Joyce, Artaud, Céline. Enfermez-vous un ou deux mois avec ça, et vous ne ressortirez pas de votre chambre intact. On vous parle d'un autre monde dans un autre rythme, on vous achemine prestissimo vers un autre néant. Autre horreur. Autre contre-attaque. Autre rire.

Il est dommage que l'on n'ait pas demandé à Joyce d'enregistrer le monologue de Molly, que tout le monde croit connaître. On aurait vu ce qu'on aurait vu, notamment qu'un homme capable d'écrire à ce point une femme de l'intérieur renverse les annales de la psychologie. Mais Joyce a laissé une autre clé enregistrée. C'est la conférence d'*Ulysse* où il est question de Moïse. Les Egyptiens essaient de persuader le prophète de se couler dans la force de la grande civilisation du temps. Israël est faible, sans ressources, pourquoi s'obstiner, pourquoi ne pas adorer tout simplement Isis et Osiris, Horus, Amon-Rê ? La réponse qui est donnée ici est celle de tout écrivain qui a eu sa révélation, celle du défi, encore à venir, de Joyce lui-même. « Cependant, mesdames et messieurs, le juvénile Moïse eût-il prêté l'oreille et admis cette façon de voir ; eût-il courbé la tête et soumis sa volonté et son esprit même à cette insolente exhortation, qu'il n'aurait jamais délivré le peuple élu de la maison de son esclavage ni suivi de jour la colonne de nuées. Il n'aurait jamais conversé avec l'Eternel parmi les éclairs sur le sommet du Sinaï et ne serait pas redescendu le visage éclairé par les feux de l'inspiration et portant entre ses bras les Tables de la Loi gravées dans la langue des hors-la-loi. » Là encore, il faut entendre l'humour, la ferveur et la joie de la voix de Joyce. Il sait qu'il gagnera. C'est fatal.

1982.

Faulkner

C'est pendant la crise de 1929, durant la grande dépression économique, que les Etats-Unis d'Amérique, jusque-là fiers de leur progrès protestant et positiviste, ont brusquement vu remonter sur eux le génie du Sud. Le Nord industriel et financier avait vaincu par les armes, mais le Sud s'empara du langage, se mit à parler sa défaite dans l'obscurité, à dire sa force, sa noirceur, la vérité nue des passions. Le Nord avait ignoré Edgar Poe, l'avait laissé agoniser sur une bouche d'égout, s'était cru maître de la reproduction et du droit des choses ; le Nord avait méconnu l'appel à l'océan de Melville, mais le Sud s'imposa dans la prose d'une sécession souterraine, celle de la Bible, de la tragédie grecque, de Shakespeare. On mesure encore mal, peut-être, à quel point un grand écrivain blesse le corps et le coffre-fort de son pays ; à quel point le fait de rappeler à la famille clanique nationale sur quels crimes domestiques et publics elle est finalement fondée ; à quel point révéler le *lit* d'une langue peut entraîner de haine, de sourde rancune, filtrées seulement par le temps en célébration. Les Américains n'ont jamais vraiment pardonné à Faulkner d'exister. La langue anglaise, les sujets qu'elle porte, en est toujours à se demander comment Joyce a pu se permettre, comme négligemment, de se jouer d'elle. Le français officiel cherche encore à éviter Artaud, Bataille, Céline... Un écrivain, à ce niveau-là, c'est une catastrophe pour les foyers, c'est-à-dire l'Ecole, c'est-à-dire l'Etat, c'est-à-dire la politique du sommeil en tas.

Que peut la littérature ? Rien en termes de progrès et d'arrangements, tout en termes de vérité. Rien pour l'hypocrisie du lien social et du roman familial, tout pour montrer comment se noue la censure. L'inceste, le viol, l'hallucination, la castration, la folie, sont autant d'évidences dans l'écriture non hygiénique de Faulkner. Comme Dostoïevski, il ne conçoit la naissance que comme un forçage, une boursouflure arbitraire et idiote du réel. C'est le « forceps du temps cruel » qui, dans une « dévoration de froide mâchoire », dévoile le « silence mort et moelleux de la matrice ». C'est « l'homme conçu accidentellement et dont chaque respiration n'est qu'un nouveau coup de dés truqués à son désavantage ». Vous qui croyez à notre présence justifiée et à une sexualité « naturelle », à l'innocence des femmes ou à la consistance des hommes, n'entrez pas ici, brûlez la bibliothèque. Vous qui ne croyez pas au péché originel, demandez l'interdiction de la littérature et l'effacement de la parole biblique, ce feu qui brûle sans rien brûler en laissant brûler. Vous qui n'éprouvez pas votre corps comme le résultat d'une discordance d'abîme, mangez, travaillez, dormez, bavardez, mais ne lisez pas. Quel défi, et plus que jamais aujourd'hui, de réaffirmer que l'histoire n'est que bruit, fureur, conte d'idiot ne signifiant rien. Le bruit, c'est votre discours inutile, qui ne sert qu'à masquer le calcul du meurtre, le hurlement de la séparation et de la jalousie, le gémissement d'être né. La fureur, c'est ce qui pousse les uns contre les autres ces lambeaux de consciences éclatées qui sont là pour assurer, avec Freud rejoignant Empédocle, que « la haine est plus ancienne que l'amour ». N'est-ce pas de *cela*, sourdement, que vos jours sont faits ? N'est-ce pas cela qu'il ne faut pas dire ?

Faulkner annonce qu'il n'y a plus ni théâtre ni poésie, ni narration ni histoire, mais que désormais l'écriture, à vif dans son rythme, dit toutes les scènes à la fois, reprend la prédication et la prophétie dans les intervalles du récit de la perception raccourcie, insistante, immédiate. *Palmiers sauvages*, *Lumière d'août*, *Tandis que j'agonise* ne se comprennent qu'à travers les psaumes, chants pour un monde mort, toujours plus au bord de la mort, déluge ou pétrification où « dans l'obscurité morte, l'air mort se moule à la terre morte ». Le temps est une étreinte biologique, l'espace une hypothèse, et la parole a juste le temps de s'y glisser, de desserrer la tenaille d'un accouplement incessant, celui du soleil-étalon et de la terre-jument. Faulkner, le vivant, l'homme que l'on voit, précis et sec, sur les photographies, savait qu'il n'était que l'ombre d'un « jumeau sombre » : « Si je n'avais pas existé quelqu'un m'aurait écrit. » Parvenue à cette limite, l'écriture a beaucoup à dire sur l'angoisse génétique et la parenté, sur le hasard des croisements d'acteurs suspendus à l'incurable. Faulkner, dit Malraux, « s'enfouit dans l'irrémédiable ». Cet irrémédiable est le cri de Benjy, dans *Le Bruit et la Fureur*, comme il était déjà la crise soudaine de *L'Idiot*. Au commencement, il y a un monde où les feuilles, l'herbe, les pans de murs, les allées et venues, les objets passent sans avoir besoin de faire partie d'un même univers. La phrase doit surgir de là, se couler tout de suite là, être chaque particule d'énergie à la fois. Elle doit être « comme les négresses dans les prés les fossés les bois sombres ardentes cachées furieuses dans les bois sombres ». Et si cela donne une absence de ponctuation, c'est que le battement l'exige, celui des tympans, du sang, du son qui est déjà sens avant d'être coupé de son fond. Un reflet, un tournant, une odeur, un éclat de voix, la trace d'un moment trouant son espace, c'est cela l'anti-monde où l'on ne vit que pour être dit. « Un vivant vaut toujours mieux qu'un mort mais un vivant et un mort ne valent jamais mieux qu'un autre vivant et un autre mort. » Dans la confusion des morts-vivants noués par le mensonge et la haine, seuls les enfants, comme les Noirs, évoquent la sévérité du jeu dans l'étonnement. Voyez le petit garçon de *Pylône*. La fillette qui suit silencieusement Quentin dans *Le Bruit et la Fureur*. Comme tous les écrivains, Faulkner ne cesse d'être révulsé par la religion naturaliste sexuelle de l'humanité : écrire, c'est justement aborder au détachement de ce commandement de sauvagerie crispé sur lui-même. C'est accéder à une autre jouissance bien plus sexuelle, et que la sexualité ne peut tolérer. « Ce n'est pas de n'en pas avoir, c'est de n'en avoir jamais eu je pourrais dire oh ça c'est du chinois je ne comprends pas le chinois. » Il n'y a ni pureté, ni virginité, ni organe à gagner ou à perdre, et « une fois que nous sommes arrivés à nous rendre compte de cela la tragédie passe au second plan ». Faulkner misogyne pour avoir écrit des femmes qu'elles sont un « délicat équilibre d'ordure périodique entre deux lunes qui se contrebalancent » ? Si vous voulez. Et pas seulement misogyne, mais misanthrope, farouchement non humain comme la littérature ne manque jamais de l'être, ou alors soyons des moutons. C'est toujours le *mal* qui écrit (Bataille) et ce qu'on croit être la politique d'un écrivain n'est jamais qu'à des moments donnés celles du moindre mal, par rapport à un mal absolu et physiquement métaphysique. « Le champ de bataille ne fait que révéler à l'homme sa folie et son désespoir, et la victoire n'est jamais que l'illusion des philosophes et des sots. » Etrange moment « sacré » de la décision d'écrire et de l'instant sans limites où l'échec est réussi *en tant qu'échec*, dans un retrait d'enfer où l'on est *dicté* : « Un jour il me sembla qu'en silence et à jamais, une porte s'était fermée entre moi et toutes les adresses et les catalogues d'éditeurs. Alors je me dis : maintenant, je vais pouvoir écrire. Maintenant, je vais pouvoir ne faire qu'écrire. » Ou encore : « C'était pendant l'été de 1929. Je trouvai un emploi de porteur de charbon dans une petite centrale électrique. J'étais dans l'équipe de nuit... Je m'étais inventé une table en renversant une brouette dans la soute, juste de l'autre côté du mur derrière lequel se trouvait une dynamo, qui faisait un ronflement sourd et continu. Il n'y avait plus de suée à prendre jusqu'à environ quatre heures du matin, heure à laquelle il nous fallait raviver les feux et faire remonter la vapeur. C'est au cours de ces nuits, entre minuit et quatre heures, qu'en six semaines j'écrivis *Tandis que j'agonise*, sans changer un mot. J'envoyai le manuscrit à Smith, et je lui écrivis que sur ce livre je m'engageais tout entier. »

C'est comme ça que ça se raconte, sans ordre et sans précaution, avec un ordre latent, et la plus grande minutie de composition, dans le temps et hors du temps, de l'autre côté de la « dynamo », dans la transversalité du temps, dans la logique sans cesse plus profonde du traumatisme. « La mémoire n'existe pas : le cerveau ne reproduit que ce que les muscles cherchent en tâtonnant : ni plus ni moins ; et le total qui en résulte est, d'ordinaire, incorrect et faux, et ne mérite que le nom de rêve » *(Absalon ! Absalon !)*. Faulkner, avec Joyce, est l'un des grands inventeurs modernes du langage, du temps *dans* le langage. Ce temps, si l'on peut dire, entre et sort de lui-même, ne s'écoule pas, est sans cesse en avance de son retard. Il se répète et prolifère autour de son vide, peut-être pour désigner sans fin une absence blanche qui perturbe les généalogies, les filiations, le désir hystérique d'histoire. Ecoutez, dans *Sanctuaire*, Temple, dans son lit, avec son sang entre les jambes : « De nouveau le temps avait rejoint le geste mort de l'aiguille derrière le verre de l'horloge. » Temps de la recherche perdue du père, « à l'ombre absente de qui ce qu'il y avait de posthume dans mon esprit n'a jamais échappé » ? Quel père ? A travers quelle mère et quelle fille ? Quel fils ? Sous quel soleil, quel ressort ? Le chapitre « 2 juin 1910 » du *Bruit et la Fureur* est, de ce point de vue, le chef-d'œuvre de Faulkner, celui de ses plus lointaines limites : le suicide, le temps. « Le Christ n'a pas été crucifié : il a été rongé par un menu tic-tac de petites roues. » Une histoire de montre. Un événement sidéral, sidérant. L'histoire de quelqu'un qui va se tuer pour avoir couché avec sa sœur. Et si le tabou sur l'inceste *était* celui sur l'écrit ? Bien sûr... C'est risqué d'avoir fait ça dans la langue non loin de sa mère, de sa sœur... On connaît alors de trop près leur secret, à elles, leur « instinct du mal le talent qu'elles ont de suppléer au mal ce qui lui manque de s'en enrouler instinctivement comme on s'enroule la nuit dans ses couvertures fertilisant leur esprit à cet effet jusqu'à ce que le mal ait accompli son but qu'il existe ou non »... Cela ne dépend d'ailleurs pas d'eux, ni d'elles, c'est plus fort que tout calcul, que toute volonté, ils sont possédés et elles sont possédées par la profondeur exigeante de l'espèce, cette profondeur que la civilisation prétend aplatir et combler. Une vérité du Sud ? Une vérité limitée, singulière ? Mais ce que Faulkner écrit, c'est que vous disparaîtrez, vous, les « blancs », quand l'écriture aura noirci toutes ses pages et qu'alors tout sera dit et fini dans la nuit remplie. « Le temps était beau mais froid, et on a dû se servir de pioches afin de briser la terre pour creuser la fosse, mais dans une des mottes plus compactes, j'ai aperçu un ver de terre sans doute vivant lorsqu'on a enlevé la motte, bien que, au cours de l'après-midi, il ait recommencé à geler[1]. »

1978.

1. *Absalon ! Absalon !*

Le rire de Céline

Pour finir, dans l'ombre mortelle que notre société ne pouvait qu'imposer à son génie, Céline, dont l'art était parvenu à son comble (il le commente de manière savamment grotesque dans l'*Entretien avec le professeur Y* : s'il écrit, dit-il, c'est pour rendre les autres illisibles, c'est le « style émotif », direct, le « crawl » surpassant la brasse), Céline a réussi des chefs-d'œuvre comme *D'un château l'autre* et *Nord*, bien supérieurs, je crois, au *Voyage* et à *Mort à crédit*. Le cauchemar historique que nous vivons a trouvé en lui son seul chroniqueur exact. Qu'il ait eu des opinions plutôt folles (et rétroactivement « impardonnables »), c'est évident. C'est même tellement évident qu'on peut soupçonner une entreprise délibérée, trop voyante pour ne pas cacher une cible secrète : « Imaginez un homme s'implantant et se cultivant des verrues sur le visage. » (Rimbaud.) Malheureusement pour lui, il était doué.

Céline n'a pas craint de faire du bruit avec des paradoxes équivalents à notre sommeil. L'avantage imprévu de sa voix – qui n'a pas peur de l'obscénité, et, par conséquent, l'annule – est de couvrir désormais par l'absurde celle des mégalomanes qui ont essayé – essaieront – de nous intimider. Lui, détestait les hommes, leur cruauté, leur fadeur (celle-là même du sang qu'ils font couler). Avec eux, et leur monde de « branlettes mécaniques », c'était de toutes façons le malentendu. Ils n'ont pas reculé, bien sûr. Lui non plus.

D'où, chez lui, ce piétinement un peu accablant, ce refus de toute dialectique (justification immorale par excellence). D'où ce défi lancé à l'intelligence moyenne, rassurante, dont les bons sentiments alimentent, en feignant de le contester, chaque crime. Quelle force pour repousser cette intelligence-là.

Qu'on ne dise pas qu'il a soutenu un parti contre un autre : ses tableaux sont automatiquement implacables. Il était contre tout ce qui *incarne*. Se prend pour. Merveilleux démystificateur. Bouffon précis. Clinicien. Expert. Désintéressé. Personne n'a mieux inventorié, avec une plus superbe mauvaise foi, les sournoiseries de la pose. Caricature ? Sans doute. Mais que paraissons-nous, qui rencontrons-nous sinon des caricatures ? Comment ne pas penser ici au fameux : « Tics, tics et tics », et à son symétrique dans le temps : « Words, words, words » ?

Le rire de Céline servira encore contre beaucoup de faiseurs. Il est là, chœur syncopé, sur le devant de la scène : rien de ce qui s'agite, affirme, s'arrête, ne lui échappe. Aucune maladie. Aucune excroissance. Prose antibiotique, qui défend, comme les dragons des contes, l'entrée de la poésie.

Certainement, ces livres resteront, dans un futur qui dépassera l'imagination, les seules marques profondes, hagardes, de l'horreur moderne. Isolé, moins coupable que d'autres aujourd'hui couronnés ou en place (on sait toujours s'y prendre pour sabrer le véritable talent), Céline n'a pas cessé de crier une vérité dont nous mourrons tous. Il n'a pas cédé aux commandes tièdes ; il a refusé d'être l'homme pseudo-moral dont la dégradation béate a fini de nous amuser. Peut-être, d'ailleurs, s'est-il borné volontairement l'esprit pour attirer l'attention sur sa syntaxe. Son coup d'œil est infaillible, d'une pénétration qu'il refuse à sa raison. Il a inventé, en français, une rythmique inouïe. N'est-ce rien ? On peut saluer en lui (comme en Artaud ou Joyce) un courage irréductible. Plaignons ses imitateurs.

1963.

L'Auguste Comte

(Lautréamont)

« Si vous considérez mes paroles plutôt comme une simple forme impérative que comme un ordre formel qui n'est pas à sa place, vous montrerez de l'esprit, et du meilleur. »

FRANS DE HAES : *Je commencerai cet entretien par une autocritique. Je suis venu vous voir, il y a bien des années, en 1971 je crois, pour vous parler de Lautréamont. Un an après je vous ai vu à Cerisy et nous avons parlé de Bataille ; on a parlé à ce moment-là de façon tout à fait différente d'ailleurs, de façon déjà un peu moins académique... Alors, je me suis rendu compte qu'on vous interroge finalement toujours sur* autre chose... *Comment cela se fait-il ?*

PHILIPPE SOLLERS : Ce n'est pas sûr, après tout, qu'on m'interroge sur autre chose... Ce n'est pas sûr que le fait de demander à quelqu'un de s'expliquer sur un nom qui fait problème, sur une signature qui reste énigmatique, sur le cas d'un individu ou d'un sujet par rapport auquel on recommence sans cesse le commentaire, l'interprétation, ne soit pas au fond une façon de convoquer une vacillation de l'identité ; qu'il s'agisse de moi en train de parler de Lautréamont ou de

Bataille ou de n'importe qui d'autre, de Dante, de Sade, de Virgile, d'Homère, de Lucrèce, de Shakespeare, d'Artaud, de Kafka, de Joyce, ou qu'il s'agisse de quelqu'un d'autre, peu importe, ce qui est intéressant c'est de savoir si, dans ce frottement des noms les uns par rapport aux autres, va se dire quelque chose tout à coup à travers une voix singulière, qui va nous faire apparaître que ces signatures, ces noms, composent un drôle d'espace, un drôle de... paradis ou d'enfer, où ces différents noms rentreraient sans fin les uns dans les autres ; si un nom résiste, en général c'est quand il s'agit de littérature que la chose apparaît de la façon la plus massive parce qu'on ne sait jamais *qui* est derrière cette signature et ce nom, et on aimerait bien saisir, on aimerait bien capter enfin, c'est-à-dire tuer, l'identité qui s'énonce derrière non seulement cette signature et ce nom mais tout le discours qui sort et qui rentre dans ce nom et qui semble pouvoir en sortir et y rentrer sans cesse à nouveau et sans cesse d'une nouvelle façon qui reste aiguë... qui fait interrogation... qui fait meurtre par conséquent pour la communauté parlante. Alors, ça ne me gêne pas du tout, parce que pourquoi ne pas passer à une limite mégalomaniaque minimale, froidement et ironiquement, et dire tout simplement : eh bien, Lautréamont c'est moi... Artaud, c'est moi...

F.D.H. : *Une question à laquelle je songeais l'autre jour c'est que la forme de publication de* Paradis *m'a fait penser notamment à celle qu'avait choisie Isidore Ducasse à la fin de sa vie – parlons de lui encore une fois ! – lorsqu'il a commencé à publier cette chose étrange qui s'intitule* Poésies *et qu'il présente comme des sortes de « livraisons » dont il serait « le gérant »...*

PH. S. : C'est un point clé. Quand je dis « c'est

moi » à propos de Lautréamont ou d'Artaud ou de qui vous voudrez, finalement c'est une proposition qui, immédiatement, provoque, j'en suis très conscient, une répulsion ou un geste d'accablement de la part de qui l'entend, mais ça n'est pas plus fou, ça l'est même beaucoup moins – et je voudrais insister deux secondes là-dessus – que la fameuse formule de Nietzsche : tous les noms de l'Histoire, au fond, c'est moi... ou encore la formulation très sérieuse d'Artaud : « Prévenu d'être dieu... », etc.

F.D.H. : ... *mais « laissons là M. Nietzsche »*...

PH. S. : ... Peut-être que Nietzsche n'a pas pu laisser si gaiement que ça M. Nietzsche, puisqu'il y a eu bel et bien en effet un Nietzsche prostré, un Nietzsche obligé de se limiter finalement à deux noms, c'est-à-dire « Dionysos » et « le Crucifié ». Il semble qu'il ait tourné dans cette ellipse à deux foyers alors que c'est très intéressant de voir qu'il a été amené, tout en pensant que tous les noms de l'Histoire c'était lui, ce qui est en effet beaucoup trop, à finir par tourner autour de ces deux noms, n'est-ce pas, Dionysos et le Crucifié. Je crois que penser que tous les noms de l'Histoire c'est soi, relève en effet d'un délire – cela dit sans aucune intention péjorative, bien au contraire, parce que le délire c'est toujours d'une certaine façon la vérité – mais que ça peut amener, si on croit que tous les noms de l'Histoire c'est soi-même, à restreindre les foyers de noms autour desquels on va tourner, par exemple à ne plus en prendre que deux : d'un côté c'est trop et de l'autre pas assez. Pour en revenir à Lautréamont, il a en effet inauguré un geste très bizarre, de bien des points de vue à la fois, avec ses *Poésies* qu'il s'était résigné à appeler « publication permanente » dont il aurait été le seul... non seulement écrivain, mais éditeur, distributeur... « Cette publication permanente n'a pas de prix »... Il est probable qu'avant de mourir de cet acte – et probablement de nul autre –, Ducasse s'aperçoit très bien de l'extraordinaire falsification de la circulation des discours, des textes imprimés, de la façon dont ils sont disposés, socialement et historiquement – il s'aperçoit qu'il y a là comme une sorte de théâtre très bizarre, c'est-à-dire qu'évidemment les auteurs sont assignés à des tombeaux, autrement dit à des livres, à des œuvres, et que cette circulation passe par un enjeu de pouvoir qui est découpé et qui est distribué selon des stratégies qui ne sont pas du tout innocentes ; il essaie donc de renverser cela au terme probablement d'une crise très profonde telle que la lucidité occidentale, quand elle écrit, n'en a pas connu de plus grande, puisque rien ne nous permet de penser qu'il ait été fou, bien au contraire, n'est-ce pas. La procédure qui consiste pour lui, dans les *Poésies*, à réintégrer tous les noms non pas de l'Histoire, mais de la formulation en discours de cette histoire, pour les co-signer et les re-signer, est une opération particulièrement insolite qui est du même ordre que celle d'instaurer une publication permanente qui n'aurait pas de *prix*, opération qui est particulièrement exorbitante de plusieurs points de vue ; c'est le moment où celui que nous continuons à appeler, stupidement et scolairement, Lautréamont reprend son nom d'Isidore Ducasse pour faire cette opération. Il abandonne le pseudonyme qu'il s'était donné pour retrouver son nom qui donc n'allait pas de soi (alors que pour la plupart des gens il semblerait que leur nom aille de soi). Lautréamont, c'est quelqu'un qui a besoin de passer par une opération pseudonymique particulièrement complexe pour re-trouver son nom et quand il signe les

Poésies (publication permanente qui n'aurait pas de *prix*) qu'il interrompt très vite par la mort, comme une signature de l'époque, il reprend son nom. Ce nom c'est Isidore Ducasse. J'ai eu la curiosité – je ne sais pas si vous avez fait attention à ça, je ne sais même pas si je l'ai écrit – j'ai eu la curiosité de me poser la question de savoir un petit peu ce qui se passait autour de cette question du nom d'Isidore Ducasse. L'Histoire du pseudonyme est bien connue : Lautréamont – Latréaumont – Eugène Sue – etc. Mais il ne semble pas qu'on se soit posé la question de ce qui pouvait faire nœud pour Ducasse, fils de François Ducasse, autour de son prénom d'Isidore. Il se trouve qu'un matin en me réveillant, tout à fait par hasard, j'ai eu l'idée de regarder quels étaient les prénoms d'Auguste Comte. Vous savez que François Ducasse, le père d'Isidore, était un fervent admirateur d'Auguste Comte ; il faisait des conférences sur le comtisme en Amérique latine, il s'intéressait beaucoup à ça. Le comtisme et toute la philosophie positiviste imprègnent d'ailleurs la question des *Poésies* d'une façon sous-jacente mais très subvertie et... je trouve qu'Auguste Comte ne s'appelait pas simplement Auguste Comte. Son premier prénom qu'il a laissé tomber dans la publication de ses livres ensuite, c'était ISIDORE. On a donc, écrit sur la page, si on se soucie du dictionnaire : ISIDORE AUGUSTE COMTE[1]. Vous voyez tout de suite qu'on peut mettre une virgule après Isidore et qu'Isidore devient un auguste comte ; pourquoi pas un auguste comte de Lautréamont ?

1. *Isidore*-Auguste-*François*-Marie Comte est mort à Paris en 1857. De l'Ecole polytechnique au « culte de l'Humanité », etc. Isidore Ducasse vient en principe à Paris pour préparer Polytechnique... Et, en effet, s'agissant de littérature, il est polytechnicien.

Ce qui ensuite... lorsqu'on va pouvoir dans l'opération d'écriture qui est en même temps une opération de pensée, de subversion philosophique des principes mêmes du rationalisme et de sa religion, lorsqu'on va... quand on est Lautréamont... se persuader qu'on a enfin traversé toute cette mythologie paternelle, laïcisée, on va pouvoir traverser l'auguste comte et retrouver Isidore et Ducasse ; le nom n'a plus aucune importance parce que du même coup il revient à écrire que tous les noms qui ont écrit se sont quelque part trompés sur une opération de renversement, de retournement et de critique interne de ce qu'ils auraient écrit ; et que ce soit Pascal, Vauvenargues, La Rochefoucauld, finalement la loi qui est découverte est extensible à l'infini... – Isidore Ducasse, qui n'a pas plus d'importance alors que l'un des noms que vous trouvez dans le Bottin, peut à ce moment-là affirmer en toute connaissance de cause, c'est-à-dire en toute logique de l'écriture qu'il met en place, que tous les noms qui ont dit quelque chose, en effet, c'est lui...

F.D.H. : *Je reprends une formule que vous avez employée tout à l'heure : « la formulation en discours de cette histoire... » Il y a quelque chose de cela, et de très fort, qui se joue dans* Paradis ; Paradis *qui se présente comme une espèce de batterie, comme une série de coupes, de prélèvements, de radiographies... Radiographies de quoi ? Des langues qui nous consolident, qui, je dirais, extorquent notre consentement sur fond de 2000 ans de christianisme très mal digérés. En lisant* Paradis, *en se laissant emporter, on retrouve, on ré-écoute, les langues « littéraires », les langues « philosophiques », toutes les langues « psycho » qui foisonnent, les langues « politiques », les langues « porno » et les langues « religieuses », les langues « scientifiques », etc. Ce texte charrie, c'est le moins qu'on puisse dire, une énorme érudition. Alors ma question serait : comment s'opèrent ces coupes, prélèvements... car il est évident que ce ne sont pas des prélèvements simples, des collages, mais la mise en action, avec prélèvements entre autres moyens, d'une langue et d'une rationalité nouvelles ?*

PH. S. : Après Lautréamont, qui en effet est un événement que nous pouvons prendre pour aussi important que Galilée, dans l'ordre de la transformation de ce qui se produit comme sujet dans la parole et dans l'écriture, il est venu un autre individu très étrange qui s'appelle James Joyce, qui a commencé à travailler d'un tout autre point de vue. Parce que toutes ces expériences sont *très différentes* les unes des autres et c'est parce qu'elles sont très différentes les unes des autres que c'est *la même*. C'est la difficulté que nous avons à éclairer. Il n'y a rien de plus différent que Mallarmé ou que Joyce ou que Lautréamont ; ce n'est que lorsqu'on s'aperçoit à quel point ils sont singuliers qu'on s'aperçoit qu'ils font tous, rigoureusement, la même opération, dans un espace qui reste à définir, parce que c'est un espace qui ne fait pas communauté d'une façon égalisante... Joyce, lui – je réponds à votre question indirectement parce que je suis obligé de passer par mes différentes incarnations pour arriver jusqu'à un moi qui n'existe pas et qui s'incarnera par conséquent d'une autre façon plus tard –, Joyce s'est mis à faire une opération très significative en utilisant quelque chose comme dix-sept langues... Il les fait miroiter en anglais... et bien entendu s'appuyant mythologiquement sur une théorie de l'Histoire, si on peut appeler ça une théorie, qui est celle de Vico, il découvre l'évidence, à savoir que tout ce qui peut se dire, voire se passer, ou plutôt tout ce qui peut se dire déjà d'un certain point de vue qui explique que rien ne se passe sans se dire, puisqu'au commencement était le Verbe et que tout a été fait avec lui et par lui, il s'aperçoit donc, en s'appuyant sur Vico, que l'Histoire est une éternelle répétition – intuition de Nietzsche par ailleurs –, éternelle répétition simplement déplacée dans des boucles rhétoriques et dans des effets de discours qui sont superposables exactement mais d'une tout autre façon comme au Moyen Age où on avait, avec cette magnifique théorie des quatre sens superposés, trouvé la clef qui permettait – à Dante, par exemple – de se déplacer dans n'importe quel événement historique, n'importe quel événement philosophique, n'importe quel événement « scientifique » pour en composer une sorte de tissu qui à chaque instant dise au moins quatre choses à la fois... Voilà. Alors... je prends un fragment de *Finnegans Wake* qui est une phrase comme ça, n'importe laquelle, pas tout à fait n'importe laquelle, mais mettons celle-là, voilà : « The seim anew ». Le mot anew (a-n-e-w) n'existe pas en anglais, s-e-i-m non plus. Alors, si je demande à quelqu'un qui connaît un peu l'anglais ce qu'il voit ou entend là-dedans (the seim anew ! the seim anew !) il entend « the same a-new », c'est-à-dire « le même de nouveau », « l'éternel retour du même », « le retour de l'identique ». En même temps, puisque « anew » s'écrit en un seul mot, on sent très bien que c'est en effet « à nouveau », mais on peut très bien entendre le a comme a « privatif »... « a-new » : ce qui n'est pas nouveau, ou « a new » : « l'un nouveau », et puis bon, voilà, blocage. Qu'est-ce qu'il y a d'autre dans the seim anew ! the seim anew !... alors là il faudrait tout à coup entendre quelque chose qui serait comme du français prononcé avec un fort accent anglais : the seim anew ! the seim anew ! anew... anew... aniouw... c'est *l'agneau*, bien sûr... Et ça fait immédiatement surgir que dans « seim » il y a « sem » (sémite, semence), « Sem » le nom, etc. Toujours le même agneau sémite, l'agneau mystique, toujours le même agneau, c'est peut-être toujours du même agneau qu'il s'agit autrement dit : derrière toute cette question des noms, il s'agit peut-être toujours d'un seul qui est nouveau et pas nouveau mais qui se répète indéfiniment comme étant le même. Il s'agirait peut-être tout simplement du Christ, mais d'un drôle de Christ, puisqu'il serait comme ça dispersé dans chaque initiative verbale, autrement dit dans chaque initiative d'un sujet à l'intérieur *des* langues. Donc : the seim anew ! the seim anew ! simenew... simenew... Voilà, il y a tout ça, et autre chose, qui permet d'évoquer furtivement non pas l'éternel retour du même mais l'éternel non-retour du différent[1]... Chez Joyce le procédé est constant et ça donne lieu à cette espèce de surface qui doit se voir mais qui doit en même temps s'entendre comme si l'œil et l'oreille étaient en train de déraper sur quelque chose qui à la fois insiste constamment, se répète, et s'étend, s'étend... à quoi ? A n'importe quoi, voilà tout. Ça ne veut pas dire que ça dise n'importe quoi. Non. Ça dit quelque chose de très *constant*, très insistant, mais qui se transforme incessamment... La plupart des gens que ça rend vite complètement aveugles ou sourds – parce que nous ne sommes pas faits pour fonctionner de cette façon-là, nous *ruminons*

1. Et aussi l'homme de la mer (sea-man) devenu nouveau (Simon) et sans cesse à nouveau (Simon Pierre : « tu es Pierre, et sur cette pierre », etc.). C'est aussi ce qui *semble* (seem) nouveau et n'est pas si nouveau, etc.

une position du sujet tout à fait *pauvre*, qui se déplace circulairement autour de quelque chose qui est à évoquer sous forme de *conjuration* dans la pensée ; nous ne fonctionnons pas du tout de cette façon *effervescente* et en même temps sans cesse transformée, non, nous fonctionnons comme les criminels que nous sommes virtuellement, par rapport à un nom ou à deux noms sur lesquels nous venons buter : le nôtre d'abord, celui de notre père ensuite parce que nous essayons de penser que c'est le même – nous venons buter sur cette volonté de meurtre. Evidemment, chaque sujet se retient, il est éduqué pour avoir à se retenir, de ne pas passer à l'acte dans ce meurtre, mais de temps en temps l'ensemble de ces rétentions, de ces hésitations à passer au meurtre fait que l'Histoire se charge de charniers, c'est-à-dire qu'on fait communauté pour tuer ensemble... Alors, dans cette affaire, il faut dire la chose suivante, n'est-ce pas : l'inconscient est structuré comme un lynchage... c'est-à-dire que le langage qui s'y déplace est constamment imprégné de cette nécessité de conjurer ce qui pourrait surgir comme subversion du nom pour celui qui est en train de parler. Ça a l'air compliqué ce que je vous dis là, obscur, mais pas du tout : c'est ça qui fait que les êtres humains se mélangent et tournent... Alors, de temps en temps, il y a quelqu'un qui perce, qui fait cette percée dans *son* nom, le sien, le sien absolument... et Joyce fait ça. Il est certain qu'il passe à travers son nom, qui est l'opération la plus invraisemblable qu'on puisse accomplir et c'est pour ça que cette affaire a de temps en temps, dans ce qu'on appelle la littérature, une conséquence, un effet, un relief tout à fait singuliers... En même temps que de passer à travers son nom... il s'agit d'avoir à sa disposition quelque chose qui n'arrête pas de dire la même chose dans toutes les langues et, quoi qu'on dise – c'est-à-dire le contraire même du n'importe quoi dont nous nous habillons pour répéter la rumination du lynchage primordial dont nous sommes habités comme les criminels que nous sommes et qu'évidemment nous n'acceptons à aucun moment de nous avouer que nous sommes –, il est bien clair que toute la culture est construite pour nous donner la bonne conscience que l'inconscient n'est pas nous.

F.D.H. : *Kafka aussi rumine son nom : Kavka, en tchèque, c'est le choucas... Et c'est vous qui avez rappelé cette phrase de Kafka : écrire serait « faire un bond hors du rang des meurtriers », ce qui rejoint cette question du lynchage primordial...*

PH. S. : Absolument. L'inconscient est structuré comme un lynchage. Ecrire, c'est tenter de sauter hors de ça, de se mettre à part.

F.D.H. : *Ce qui me frappe également, à travers la forme de publication de* Paradis, *son côté « feuilleton » de longueur très inégale, c'est la répétition des « thèmes » – mot pauvre mais je n'en trouve pas d'autres –, thèmes qui seraient par exemple « l'incarnation », « l'accouchement » et puis cette façon bizarre dont s'intercale en langue la Raison et cela au moment de... ou en dessous ou au-dessus de cette « incarnation »... Pourquoi cette répétition ?*

PH. S. : La question serait plutôt : pourquoi avons-nous si peu conscience de la répétition ? Pourquoi sommes-nous tellement persuadés que quelque chose d'autre que la répétition a lieu ? Pourquoi repérons-nous de temps en temps, dans une sorte de somnambulisme, que quelque chose se répète ? C'est assez rare. La plupart des gens – voyez Kierkegaard qui tourne autour de ça – tout le monde tourne autour de ça... Nietzsche, ça lui procure tout à coup une extase en pleine nature et puis il rentre en lui-même et il en a un frisson qu'il communique par chuchotements à ses interlocuteurs... c'est très étrange de penser que la plupart des individus, des animaux parlants, vont passer leur vie en ayant repéré peut-être... quelques *faits* de répétition... quelque chose qui... et puis ils vont mourir, voilà. Et ils auront cru avoir une vie où peut-être à un certain moment ils auront senti que quelque chose s'était répété, mais ce n'est pas sûr. C'est *très* étrange, c'est *extrêmement* étrange. Parce que la répétition c'est notre lot, c'est notre constitution, c'est notre loi, c'est notre damnation... qui, si nous la ressentions comme telle, serait tellement intolérable, tellement insoutenable que nous exploserions sur place... dans l'image que nous nous faisons d'être un corps individué qui *va*... d'un point à un autre. Le miroir que nous sommes volerait en éclats. Donc, si ça se répète, ça veut dire tout simplement que ça approche de la vérité du réel... puisque la vérité du réel et le réel de la vérité ce n'est que ça... ce n'est que ça parce qu'il se trouve que les thèmes dont vous parliez, eh bien, ils sont en effet tellement nucléaires au sens d'une émanation radioactive constante qu'il n'y a pas moyen de dire autre chose, non pas que... non pas *une chose*... l'incarnation, l'accouchement, disiez-vous... qu'est-ce que ça peut bien vouloir dire ?... Donc ce qui se répète c'est ce qui est évident, tout près de ce qui passe pour « sacré » aux yeux de l'humanité. Et qu'est-ce qui passe pour « sacré » aux yeux de l'humanité ? C'est cette histoire-là : la vie, la mort, la reproduction, et puis c'est tout. Avec ça on fabrique tout : la mythologie, la religion – la philosophie finalement qui, si on y regarde, n'est que l'approximation de cette insistance du *passage* d'un corps, de l'apparition du corps spatio-temporel jusqu'à un évanouissement dont on se demande bien ce qu'il peut vouloir dire... Prenez l'être, le non-être, le néant : immédiatement, derrière toutes ces spéculations philosophiques, même en lisant Heidegger, vous allez voir qu'on peut très bien entendre que la philosophie elle-même ne parle que de quelque chose qu'elle ne peut pas parler autrement, qu'elle parle comme elle peut, avec ses instruments, c'est l'histoire de la métaphysique... Le *néant*, par exemple, eh bien, disons que c'est une façon qu'a le participe passé du verbe « naître » de fréquenter une certaine inquiétude du participe présent ; et quant à ce passé dans le participe présent, le fait d'être né et d'être en même temps en train de naître, eh bien, tout ça se néantise... et puis tout ce que vous voudrez... on peut jouer à l'infini sur le fait que tous les concepts, toutes les images, toutes les représentations, toutes les obsessions, toutes les inquiétudes, toutes les interpellations et tous les symboles de l'humanité tournent incessamment, rituellement autour de cette... *affaire*, d'où émergent, si vous voulez, des « thèmes » que chacun gère, que chaque civilisation gère à sa façon, que ce soit Lascaux, ou l'Egypte, ou la Chine, ou l'Inde... autour de cette *affaire*... : qu'est-ce que c'est que les morts, les rites funéraires, les tombeaux, d'où viennent les mythologies, d'où viennent les enfants, etc. Bien. Alors, ce qui est nouveau, c'est que l'accélération de la ci-vi-li-sa-tion (comme on dit) pla-né-taire restreint de plus en plus les rodomontades balivernes bavardages qu'on peut fabriquer autour de cette *affaire*... Il y aurait comme qui dirait le fait que le cercle se circularise et se rétrécisse en s'étendant, ce qui fait que nous sommes là, c'est clair, en train d'avoir parfaitement la conscience *ef-frayée* que cette petite planète est ronde et qu'aucun de ses points ne nous échappe plus, puisque toutes les informations sont en train de circuler dans tous les sens au moment même où je parle, par satellite et par tout ce que vous voudrez... depuis le fin fond de la pré-HIS-toire jusqu'à ce qu'on appelle encore HIS-toire mais qui n'est déjà plus une Histoire, puisqu'il est bien difficile de savoir à quel point d'une prétendue Histoire nous sommes situés au moment où cela a lieu... Alors, *dernière résistance* : chaque un, chaque petite famille, chaque petit clan, chaque petit *banquet* va essayer de penser qu'il est en train de suivre une Histoire, qu'il y a quelque chose qui est en train d'évoluer, d'arriver, mais enfin vous voyez bien que la tenaille de l'espèce est en train de se refermer – pour peu qu'elle ait d'ailleurs jamais été ouverte (drôle d'illusion) – sur une sorte d'unicité de cette aventure ; et finalement, si la littérature ne parle pas de *ça*, à quoi sert-elle ?

F.D.H. : *Une autre question qui a à voir avec tout ce que vous avez dit jusqu'à présent : ce qui me touche à la lecture de* Paradis, *c'est – pourquoi ne pas le dire ? – le courage et la légèreté sans respect qu'il faut pour faire et écrire ça. Je crois qu'on vous enterre chaque jour et je remarque, dans les quelques lieux que je fréquente, qu'on ne désire qu'une chose : que vous y mettiez fin, qu'on ne parle plus de Sollers et de ses vestes retournées, et puis merde. En attendant on vous plagie. On continue à faire de l'illisible contre « l'indélisable ». Et vous, « le monsieur qui écrit tout ça », « le piégé fou du murmure » comme vous l'écrivez, vous ne cessez d'intégrer à votre texte les commentaires, les réactions que ce texte provoque... Ça doit être angoissant parfois ?*

PH. S. : Alors là... Si vous produisez cette dimension de langue, de langage, de discours, d'écriture, de mouvement dans le langage et dans l'écriture, tournant autour d'une répétition, qui elle-même tend à dire non pas quelque chose d'imaginaire, non pas quelque chose de littéraire, non pas quelque chose de fictionnel, mais tout simplement ce qu'il en est du vrai et du réel *à chaque instant*, cette expérience-là n'a rien à attendre de la reconnaissance communautaire. Elle n'a à en attendre que plus ou moins de haine. Car c'est finalement – et là je fais référence au dernier livre de René Girard qui montre très bien que la position d'une parole vivante est en fait toujours aux environs de ce qui se passe dans la position du bouc émissaire, de la victime émissaire... –, c'est le point de fuite de toute l'activité humaine, n'est-ce pas, de boucher sous la forme d'un lynchage, structure de l'inconscient, toute éventuelle sortie du manège humain. On ne peut donc atteindre qu'un plus ou moins grand coefficient de haine... *Le moins possible* ça permet de survivre... avec *le plus*, le risque serait en effet plus grand... et je ne plaisante nullement : la notion de risque n'est pas du tout aussi grossièrement physique que nous l'imaginons... le risque n'est pas seulement un risque mental, bien entendu, mais c'est un risque de chaque instant de voir implacablement et logiquement quelque chose qui se produit sous forme d'affirmation unique déclencher – et c'est fatal – la crise mimétique des doubles. Le double se met à proliférer partout où la question même du double est traitée. La doublure est quelque chose qui, comme sommeil incarné de l'espèce, la *possède* (au sens de Dostoïevski), la possède intégralement, de façon tout à fait immanente ; je ne pose aucune causalité transcendante dans cette affaire ; en fait, poser des causalités transcendantes – Dieu, le Diable – n'est qu'une façon de ne pas vouloir voir à quel point c'est encore beaucoup plus terrible qu'on ne croit.

F.D.H. : *Autre chose qui m'a frappé à la lecture de* Paradis, *c'est le traitement des voyelles (i et é par exemple) qui se répètent, encore une fois, de façon très obsédante, aux rimes – et je mettrai ça en rapport avec le traitement, l'emploi excessif des participes passés, dont on a déjà parlé... participes passés qui, en fait, dans le traitement que vous leur infligez, ne sont peut-être pas tout à fait « passés » et on se demande bien à quoi ils participent... « sucrés salés somatés... poulœufés... » etc. Comment est-ce que ça fonctionne ?*

PH. S. : Il y a des rimes... Il n'y a même que ça. S'il n'y a que ça, c'est même qu'il n'y en a plus à la limite. Parce que là encore : ponctuation, rimes, autant de béquilles que les cerveaux mettent sur quelque chose qu'ils ne veulent savoir que très modérément sur la répétition. Il y a des rimes parce qu'il y a du crime... Le crime se fait autour de cette question de la répétition à laquelle je pense que nous sommes... absolument condamnés. Du fait d'être là, du fait justement d'être des participes passés... Quand il y a cette espèce de flux des voyelles ou des participes ou des mots qui sont en fait toujours des syllabes... évidemment ça ressemble beaucoup à des histoires qu'on trouve dans la technique indienne... mantras... tantras... Ce qu'il faut attraper dans cette espèce de rotation, c'est quelque chose qui est *atomique* et d'où après on tire des phrases, des paragraphes, des ensembles ; donc c'est quelque chose qui vient atomiser, bomber atomiquement ce que nous prenons pour les grosses particules macroscopiques que nous sommes, les *grosses* et *lourdes* particules qui sont toujours en train de vouloir donner à leur nom une « particule » justement imaginaire : parce que le fantasme fondamental d'aristocratie n'est jamais plus virulent que lorsqu'il n'y en a plus – c'est ça et rien d'autre. Ça se passe dans cette région-là qui est que nous sommes vraiment les animaux lourds et laboureurs de notre langage qui nous possède d'une façon beaucoup plus fine, beaucoup plus virevoltante, beaucoup plus explosive que nous ne nous permettons de le penser, parce que si nous nous permettons de le penser, il est très plausible que nous allons devenir fous, et il est encore plus plausible – et c'est encore pire – que nous allons découvrir le fond de débilité qui nous constitue, c'est-à-dire vraiment l'espèce de... l'espèce de... l'espèce de... *(dégoût et rires)* de... eh oui... l'espèce de drôle pas drôle... vous comprenez... de coma drôle pas drôle... qui fait que nous nous ébrouons comme de lourds animaux dans des jeux de mots très *pauvres*, de *pauvres* calembours... et que par rapport à tout ça nous sommes comme de *pauvres* mendiants, et puis : il y a une légèreté que nous ne connaîtrons jamais, incarnés-incarnassiers comme nous sommes...

F.D.H. : *Il y a dix ans vous n'auriez pas mis, je crois, Dostoïevski parmi ceux (Lautréamont, Mallarmé...) qui « ouvrent l'espace de la modernité ». J'ai depuis des années l'impression que Dostoïevski, trop « métaphysique », trop « religieux », « réactionnaire », etc., a été complètement occulté en France. J'ai donc été surpris, agréablement surpris, de vous entendre parler, de façon aussi neuve, de Dostoïevski, de la « possession », de l'épilepsie. D'où vient le retour de Dostoïevski chez l'écrivain Philippe Sollers ?*

PH. S. : Ah ! Ça c'est une drôle d'histoire. Comment est-ce que c'est venu ? J'étais en train de souffrir et de réfléchir... enfin, j'étais en train de réfléchir comme tous les jours à... notre matrice, au fait qu'on soit là, j'étais en train d'essayer de penser finalement à l'hystérie, qui me paraît de plus en plus un phénomène encore plus digne d'attention que même les psychanalystes ne se permettent de le croire. Il y en a quand même un qui a plutôt bien tenu, qui a fait son possible par rapport à ça, c'est Freud. Ça lui est apparu sous la forme de cette fameuse grossesse nerveuse, d'où est née la psychanalyse, c'est-à-dire de cette fonction qu'a le corps féminin de repousser à ce point le langage qu'il s'en trouve affecté d'un engendrement imaginaire. Entre parenthèses : ça prouve à quel point cette histoire de Vierge et d'engendrement symbolique n'est pas du tout une chose idiote. Ça recoupe le fond dont nous venons...

F.D.H. : *La Vierge et l'Agneau*...

PH. S. : C'est ça : le fait qu'au commencement était l'hystérie et c'est pour ça qu'on croit qu'il y a une HYS-toire. Réfléchissant là-dessus, je me suis dit que Freud avait fait une communication, assez tardive d'ailleurs, sur Dostoïevski, et je l'ai lue. Et puis j'ai relu Dostoïevski : je ne me rappelais nettement que *Crime et Châtiment*, lu en une nuit à quinze ans... C'est vous dire... Je viens de trouver ça dans les carnets des *Démons* : « L'Esprit-Saint est la compréhension directe de la beauté, la conscience prophétique de l'harmonie, et par conséquent sa poursuite incessante. » Voilà.

1978.

La Fornarina

(Raphaël)

Voici une des stars des siècles. L'habitante invisible des chambres et des loges du Vatican, celle qui est à la fois derrière l'Ecole d'Athènes, les scènes de la Genèse, la Dispute du Saint-Sacrement : Margharita Luti, la belle Siennoise, la femme au voile et à la perle, la *donna velata,* la fille du boulanger, la Fornarina, la maîtresse de l'archange Raphaël venu d'Urbino. Vous lisez le bracelet-ruban bleu au bras gauche ? RAPHAEL URBINAS ? Elle est devenue reine de Rome. Du temps de Jules II et de Léon X, quand Léonard de Vinci et Michel-Ange, de l'autre côté, faisaient trembler ciel et terre. Nous sommes en 1518 ou 1519. Le 6 avril 1520, un vendredi saint, Raphaël va mourir à trente-sept ans.

On raconte qu'il la surprit, celle-là, en train de se baigner les pieds dans le Tibre, et qu'il en tomba aussitôt follement amoureux. Pensez donc, si vous le pouvez, qu'elle trempe ses chevilles dans la rivière du Temps.

Pour transformer un peu les stéréotypes et rendre les rêveries plus *inquiétantes,* je propose qu'on remplace dans l'imaginaire public, pendant cent ans, la Joconde par la Fornarina. Le tableau n'est pas entièrement de Raphaël ? Giulio Romano y a mis la main ? Encore mieux. Son nom nous oblige à voir en elle le reflet du feu, la transformation de la pâte en pain, une sorte de machine eucharistique secrète. Regardez comme elle est sombre et claire, comme elle vient de l'humidité vénéneuse (les cheveux, les feuillages) ; voyez comme son regard innocent oblique signifie la science empoisonnée du serpent. Un, deux, trois, quatre. La tête, les épaules et la gorge, le ventre, le reste. Fourneau à quatre étages. En haut, suspendu comme une goutte, conséquence de cette huître sublime, le joyau, troisième œil de la cornée-nacre. La semence exposée de Raphaël lui-même. *« Une élégance,* dit Delacroix, *dont le modèle n'est nulle part. »*

Comment dites-vous ? L'auteur de tant de madones n'était donc pas innocent ? Il savait la même chose que Goya, Manet ou Picasso ? Bien sûr. Faut-il vous souligner ce que disent les doigts ? Le nombril ? Le voile transparent sur le bassin, envers du visage ? La calme perversité de cette Olympia du dedans ?

Une femme coiffée du python d'or. Son oreille à l'écoute de l'ombre végétative. La perle de jouissance entre l'audition et la vue. Prunelles et boutons des seins. Voilette indécente sur le lieu de reproduction. Geste désignant la nourriture lactée comme la cavité nocturne au creux du rouge. La joue et les lèvres, échos du brasier. L'air retenu, ironique. Proportions fatales. Connaître un peintre, *ce peintre,* c'était donc très bien. Elle est ici pour témoigner en personne du fameux hommage de Vasari : *« Quand Raphaël ferma les yeux, la peinture devint aveugle. » Raphaël,* on le sait, veut dire en hébreu : *Dieu guérit.*

1983.

Le Cavalier

(Bernin)

« Les contradictions, les incartades, la méfiance joyeuse, la moquerie sont toujours signes de santé. »

NIETZSCHE.

Bernin, c'est la mise à feu de la contradiction catholique, l'artiste de la troisième dimension de la Trinité, le messager de l'embrasement apocalyptique conçu non pas comme une destruction mais comme une élévation torsadée finale, on a vu tout ça, les corps, les muscles, les intériorités torturées, les extases locales, les renversements, hommes, femmes, serpents, chevaux et tritons, rochers, bulbes et vasques, vous avez l'eau permanente vous aurez la flamme, c'est sûr, c'est entendu, point.

Point de vide à l'horizon d'or. Il fallait prendre Rome, c'est-à-dire tous les chemins nerveux à la fois. La ramification. La crinière. Le mat à l'aide du fou[1]. Il fallait prouver, une fois pour toutes, le bien-fondé de la vraie religion comme d'habitude attaquée de partout – vraie en ceci qu'elle ne

1. Le mat du fou et du cavalier est, comme on sait, le mat *« élégant par excellence »* (cf. Raymond Roussel, *Comment j'ai écrit certains de mes livres*, avec l'article de Tartakower).

laisse rien en dehors d'elle, ni l'enfer ni le paradis, ni les dieux ni Dieu, ni l'absence des dieux et de Dieu. Je vous architecte l'espace, mais je vous le troue ; je vous le confirme, mais je vous l'infirme ; je vous introduis au cœur du culte mais je vous ravage l'occulte ; je prends la mise en pleine matière, je vous l'expédie en pneumatique ; je vous fais le coup de l'hélice, mais simplement pour montrer que le souffle plane au-dessus de tout, comme le rien sur le rien qui devrait, en réalité, être. Je vous catapulte le non-être à travers l'être ; la puissance est abolie, la gloire est signée, l'ensemble au galop mais avec une légèreté de plume. Pas d'un, pas de multiple, rien. Mon Dieu, j'en pleure chaque fois que je le revois. Il me rend fou. J'en suis fou.

Montons son espace.

Le *rapt.* Il y a un enfermement, un sérail, un harem louche, une grotte, une caverne, un sacré mensonge. Il faut l'enlever. Qui ça ? Proserpine ? Si vous voulez l'appeler comme ça. Ou la Vierge. Le marbre même. D'un côté, donc, on la prend solidement et délicatement à bras-le-corps (regardez la peau pincée du minéral en train de devenir cuisse) ; on la soulève, elle se débat, elle hurle comme un chien à trois têtes, on la baise en vol) ; mais de l'autre, on la laisse s'élever toute seule (sacristie de Santa Maria Maggiore), on la renvoie par petites vagues, rides, plan froissé infini, comme une esplanade qui s'en va, là-haut, on ne sait plus où, loin des portes. Plan fixe durant le transport : sainte Thérèse, par exemple. Mise là en plus pour fasciner tous les empotés sexuels à travers les temps, qui ne verront que ça, c'est logique.

Testament du mouvement : la vérité révélée par le temps. Elle est inachevée, nue, rieuse. Elle vous démasque à fond le cosmos, les astres parfaitement inutiles, elle se renverse là-dessus, la délicieuse folle en train de jouir, c'était une farce toute la pièce terrible, c'était entre les jambes et pas plus compliqué que ce pied posé sur la boule où vous végétez, voilà le soleil écarté, la lumière elle-même n'était qu'un leurre. Intrigues, manigances et malveillances, crimes, cabales, calomnies, injustices flagrantes mais soigneusement dissimulées par le silence complice, voilà, toute la trame emprisonnante est déchirée déjà, comme elle le sera un jour, par la première venue, qui a toujours été là, d'ailleurs, il suffit de la culbuter sur place.

C'est précisément de quoi Louis XIV a eu peur, raison pour laquelle Paris a été exclu du Bernin. Si vous voulez savoir pourquoi, lisez Saint-Simon, Sévigné. Papotages et radotages autour de sa majesté mise en péril par ce sculpteur envoyé du pape qui, du premier coup d'œil (voir Chantelou)[1], déborde les limites de la comédie royale. Il se prend pour le soleil, ce roi. Ça va coûter cher à sa descendance. Il ne comprend rien aux spirales, aux coupoles, au mouvement qui emporte, autrement dit à sa propre religion. Les maniaques du symbolisme s'activent, ils redoutent de ne plus retrouver leur géométrie étriquée chez ce furieux délicat,

1. Chantelou, *Voyage du Cavalier Bernin en France*, Pandora Editions, 1981.

« A la sortie, nous sommes allés à la chapelle où le Cavalier a demeuré longtemps en prière, et de temps en temps baisait la terre... » « L'on a parlé de différentes choses au sujet de l'expression, qui est l'âme de la peinture. Le Cavalier a dit qu'il s'est servi, pour tâcher d'y réussir, d'un moyen qu'il a trouvé de lui-même, qui est que, quand il veut donner l'expression à une figure qu'il voulait représenter, il se met dans l'acte même qu'il se propose de donner à cette figure, et se fait dessiner dans cet acte par un qui dessine bien. »

ils se croient déjà au retour de l'Egypte en Grèce. Ils ont devant eux un grand architecte, en chair et en os, le plus grand de tous les temps, mais ils en préfèrent l'idée abstraite. Voilà pourquoi vous avez un Louvre caserne. Et pourquoi le Français, enlevé par le cavalier Bernin, est puni, à l'écart, à Versailles. La simplification française, catholicisme à l'envers, crispation de vanité grise, fera le reste. C'est-à-dire l'état où nous en sommes qui fait qu'arrivant à Rome, je cours à Saint-Pierre, et je respire enfin comme on me l'interdit, depuis toujours, dans ma langue pétrifiée par l'organe central de l'orgueil.

La fontaine des Quatre-Fleuves me lave du rite atroce de la Concorde. Le baldaquin, sous lequel se dit la messe des messes, me délivre de l'aplatissement philosophique bavard. QUATRE. Bernin a traité, en extension dynamique, le jeu de mots, tu es pierre, sur lequel est construite l'issue de notre foi. Sa sculpture est le jeu de mots en acte. La Gloire du Saint-Esprit, dans le fond, brise la croyance à un univers bouché par sa source. Lignes et rayons en échec, fracturés, laissent place à l'absence où j'ai toujours été, loin de moi.

Oui, à genoux, prière ! A toi, cavalier de l'Eglise qui ne se plie pas à la mort !

Bien entendu, pour la majorité des humains, nous recommandons Michel-Ange. Il est là pour qu'on en discute à perte de vue. Vous savez pourquoi : La *Pietà*, à droite, en entrant. Le cœur flamboyant, en vérité, c'est plus rare.

1983.

Watteau

Elles sont là, ces femmes, nettes, fragiles, insaisissables, comme sortant d'un rêve et s'apprêtant à rentrer dans ce rêve, penchées, détournées, indiquant la sortie ou le cercle, l'avenir inutile, le passé sans cesse annulé ; elles sont accompagnées de leurs reflets scintillants, elles viennent de surgir, elles vont s'évanouir, comme la brève mélodie qui leur sert d'échelle. Il n'y a plus qu'elles, les hommes ne sont là qu'à titre de gestes en forme de cavaliers. Il n'y a plus, au fond, que le peintre et la naissance des phénomènes. Dieu sourit. C'était son projet.

Prenons *L'Enseigne de Gersaint* comme lever de rideau, puisque l'*American Express* elle-même, on trouve ça dans les avions aujourd'hui, ne craint pas d'en utiliser la reproduction pour sa propre publicité. Shopping ! L'argent va être dépensé *en plus*, rapidement, au dernier moment, dans un état de distraction fébrile et joyeuse. A gauche, une mise en bière : le portrait de Louis XIV glissé dans une boîte-cercueil. On décroche, on déménage, on change d'horloge et d'époque. Le Roi-Soleil se couche dans la mort qui empêchait de voir. Quoi ? Mais la nudité, bien sûr. Non pas la nudité nue, frontale, plutôt le bouillonnement des dessous, l'action, la vérité des métamorphoses. Ils n'en reviennent pas, les clients humains, de changer, comme ça, de miroir. Oui, c'est vous, c'est bien vous, lecteurs, visiteurs, voyeurs placés là par hasard devant la scène des corps. Comme tout est facile, désormais ; comme tout est libre. Ni plus grave ni plus important qu'un petit froissement sur soi d'animal. Allez, achetez-vous, aimez votre image. Le paradis pour deux minutes, on oublie la chute et la loi. C'est entendu : le malheur sera là ce soir. Mais vous êtes certains, dans l'occasion, qu'un monde sans poids existe sans retouches et sans profondeur. Achetez-vous, emportez-vous, fermez les yeux sur le reste. Revenez dans la réalité morose et mécanique avec votre tableau *à vous*.

On apprend à travers Watteau, dans ce frémissement coupé net par la mort, l'espoir fou qui a dû naître à la fin du règne bloqué de Versailles. Au fond, il suffit d'ouvrir son contemporain, Saint-Simon, c'est-à-dire le plus grand romancier des siècles. Voilà la duchesse de Shrewsbury, « grande créature et grosse, hommasse, sur le retour et plus, qui avait été belle et qui prétendait l'être encore ; toute décolletée, coiffée derrière l'oreille, pleine de rouge et de mouches, et de petites façons... Elle trouva bientôt les coiffures de femmes ridicules, et elles l'étaient en effet. C'était un bâtiment de fil d'archal, de rubans, de cheveux et de toutes sortes d'affiquets de plus de deux pieds de haut qui mettait le visage des femmes au milieu de leur corps, et les vieilles étaient de même, mais en gazes noires. Pour peu qu'elles remuassent, le bâtiment tremblait et l'incommodité en était extrême. Le Roi, si maître jusque des plus petites choses, ne les pouvait souffrir. Elles duraient depuis plus de dix ans sans qu'il eût pu les changer, quoi qu'il eût dit ou fait pour en venir à bout. Ce que ce monarque n'avait pu, le goût et l'exemple d'une vieille folle étrangère l'exécuta avec la rapidité la plus surprenante. De l'extrémité du haut, les dames se jetèrent dans l'extrémité du plat, et ces coiffures plus simples, plus commodes et qui siéent bien mieux, durent jusqu'à aujourd'hui. Les gens raisonnables attendent avec impatience quelque autre folle étrangère qui défasse nos dames de ces immenses rondaches de paniers, insupportables en tout à elles-mêmes et aux autres. »

Ce n'est pas une « folle étrangère » qui a dénoué, assoupli, allégé la situation, mais un peintre. On devrait écrire l'Histoire d'une autre façon : ce seraient les hauts et les bas du puritanisme, les percées de la liberté de représentation, les régressions du corsetage mental. En abandonnant l'idée folle d'une évolution en ligne droite, en interrogeant les spirales, les retours en arrière, les tunnels, les parenthèses, les éclaircies brusques et sans lendemain, on se donnerait une chance de comprendre enfin la force fluide et terrible qui nous habite. Il ne se passe rien d'autre. C'est le thermomètre de la durée ; c'est la clé. On assisterait de manière plus intime à la gloire de l'Italie, au triomphe de Venise. On plaindrait ceux qui pensent encore que Fragonard était « frivole et grossier » *(sic)*. On verrait la Révolution mettre un coup d'arrêt à la souplesse des attitudes, des membres, des organes. On frémirait du corridor plein de spectres du XIXe siècle menant à la Reine Victoria. On comprendrait mieux un certain héroïsme français consistant à ramener l'image féminine à elle-même, sans mythologie et sans au-delà, à la présenter simplement comme un compte sensuel direct. Courbet, Manet, Renoir, Matisse... Tout est à refaire de ce point de vue, les livres, l'enseignement, les dictionnaires, les évaluations économiques, les conversations, la politique. Tenez, voilà encore Saint-Simon, voyez la duchesse de Bourgogne : « Sa gaieté, jeune, vive, active, animait tout, et sa légèreté de nymphe la portait partout, comme un tourbillon qui remplit plusieurs lieux à la fois, et qui y donne le mouvement de la vie. » Ou encore : « Elle aimait le jeu, s'amusait au petit jeu, car tout l'amusait ; elle préférait le gros, y était nette, exacte, la plus belle joueuse du monde, et en un instant faisait le jeu de chacun. » Vous sentez la phrase ? Son remue-ménage, ses couleurs, son air, ses *lacets* ? Les « crayons » de Saint-Simon sont des photos des femmes que peint Watteau. *Watteau !* Quel nom, d'ailleurs ! Qu'est-ce qu'un « watt » ? L'unité pratique de puissance (environ un kilogrammètre par seconde). Watteau, le feu et l'eau, l'énergie instantanée devenue liquide, l'invention électrique, le flash minutieux. Quoi ? Quoi ? Vous dites qu'il est nostalgique, mélancolique ? Toujours la propagande romantique ! Quel contresens ! Quelle culpabilité ressassée, quel ennui ! Comme cette erreur d'interprétation en dit long sur la peur de jouir, véritable malédiction des temps dits modernes ! Je pense au contraire qu'on en reviendra inlassablement à Watteau quand l'étouffement sera là, trop grand, insupportable ; quand nous n'en pourrons plus, chaque fois, de l'usure fatale des nerfs. Une date ? Par exemple le 18 décembre 1939. Or qui appelle Watteau ce jour-là ? Qui l'invoque à son secours comme un « messager de nacre », un « avant-courrier de l'Aurore », « moitié faon et moitié oiseau, moitié sensibilité et moitié discours, moitié sensibilité et moitié déjà la détente » ? J'imagine qu'il fait nuit. L'innommable charnier commence. Quelqu'un d'absolument seul, un écrivain à contre-courant des effondrements ambiants, fait signe à l'apparition suprême des parcs. Ce quelqu'un, c'est Claudel. Vous tournez la page de *L'Œil écoute* où figure cette prière à *L'Indifférent*, et vous tombez, le 8 juillet 1941, sur une apologie de Fragonard. C'est ce qui s'appelle mettre les points sur les i. Médicalement. Prophétiquement. Alors, un pas de plus. Et ouvrons le placard des femmes. Je dirai tout de suite ma préférée, depuis toujours : *Femme demi-nue vue de face, assise sur une chaise longue, tenant son pied gauche dans ses mains.* Voilà. Et s'il n'en fallait qu'une, ce serait celle-là. Le fauteuil-canapé l'emporte comme une barque. Sanguine et pierre noire sur papier blanc. Elle est au British Museum. Elle y prend son pied indéfiniment. Elle est formidablement à l'aise. Elle n'a rien à faire. Elle va se promener toute la journée dans une nature de convention travaillée, multiple, musicale, résumée par les cordes de la guitare ou du luth, le souvenir perlé et plumeux du clavecin. Le piano noir n'a pas encore envahi les salles anonymes, tout est fait pour dix ou vingt personnes qui se trient, se choisissent, se mêlent, s'accordent, se dispersent, s'oublient. Il y a des clairières pour tous, l'univers est fait d'îles, de nébuleuses précises, de quarks de charme, de buissons perdus de plaisir. La perspective n'est là que pour nous faire sentir la magie du coin. C'est, pour une éternité discrète et oblique, la récréation italienne. Il faut s'habiller pour ça, être un pli dans des plis pour ça, tenir sa note pour ça, en y rassemblant finement les bras, les mains, les cous, les nez, les oreilles. Corbeilles, roses, fontaines, guirlandes suggérées, voix. Les tissus sont du mercure, on ne les retient pas, ils donnent la température, modérée, mise en clavier, juste en train de se déséquilibrer dans l'instantané. On a déjà joui, bien sûr, on a connu la répétition qui n'ajoute rien, l'amour est une fonction du futur antérieur entièrement dédié au concert. C'est comme si on savait déjà que la mémoire ne retient, effarée, pressée, incrédule, que les moments suspendus, quand elle se célèbre elle-même. C'était tel jour, à tel endroit, avec celui-ci ou celle-là, il faisait beau, il fera toujours beau, ou bien on est seul, moment de toilette, intervalle des préparatifs, repos, retour en arrière, l'événement a eu lieu, il allait avoir lieu, on était prêt pour lui, on n'existe que dans son écho, presque rien, mais pollen de fête. Le moment où une femme croit avoir trouvé son partenaire sorti de la pesanteur est exactement du même ordre que celui où le peintre agit. C'est rare.

En réalité, tranquillement, sans insistance, Watteau a commis un crime étonnant. Que ses femmes soient là *pour rien*, dans la gratuité de la dépense pure ; qu'elles soient à la fois chez elles et pour rien, c'est déjà une insulte à toute religion du pouvoir. Mais son blasphème va plus loin, il touche quelque chose d'essentiel, le péché originel lui-même. Je me rappelle ma fascination enfantine pour *Le Jugement de Pâris*. Ce tableau, véritable testament et révélation globale, toile dans laquelle toutes les autres trouvent leur source et leur fin, signature d'inceste et défi, emblème de tous les dessins, de tous les embarquements, de toutes les « études », n'est ni plus ni moins que le renversement lucide de la scène primitive d'Eve proposant à Adam le fruit que lui a conseillé le Serpent. Comment retourner au Paradis ? C'est très simple.

Vous offrez la pomme à la plus belle, à la beauté immortelle, qui vous garantit, sur terre, la possession, par enlèvement, de l'objet de tous les désirs. Pâris, ou Watteau, choisit Aphrodite. Il sait que la conséquence va en être la fureur d'Héra, d'Athéna. Il ose quand même. Aphrodite, ou celle que vous voudrez, est de dos pour le spectateur qui n'en finira donc pas de détailler sa nuque, ses épaules, ses reins, ses fesses. Le peintre, lui, est de l'autre côté, ainsi qu'Eros. Pour que les choses soient bien claires, Aphrodite, nue, se couvre la tête d'un linge, sa coquille est foutue en l'air, « chut » vous dit la femme du haut. La pomme, la fameuse pomme de discorde, est donc bien tendue *à son sexe*, sous la protection de Mercure. L'épouvante se peint à droite dans le bouclier fuyant d'Athéna. On connaît la suite : le rapt d'Hélène et la guerre de Troie, c'est-à-dire, bien entendu, le secret de toutes les guerres. Voilà pourquoi il y aura des assassinats, des jalousies, des anéantissements, des luttes à n'en plus finir, bref l'épopée du cadavre. Non pas parce qu'Eve, sur le conseil frauduleux du Diable, a entraîné le naïf Adam dans l'exil physique, mais bien parce qu'un homme, les yeux ouverts, décidé à ne pas mentir sur sa jouissance, aura été capable de juger de son origine. C'est interdit. Absolument. On se tue pour que ça reste injugeable. Watteau est, en principe, impossible. Donc, tout cela vaut très cher.

Les femmes de Watteau ? Elles sortent de ce jugement à l'envers. Elles se sont produites par lui et pour lui. Il les emporte avec sa palette. Si vous étiez capables de vivre dans un non-sens positif, au lieu de suivre votre pente envieuse de procréation-décomposition, vous en feriez autant. Le Pâris de Watteau, c'est l'envers du Pari de Pascal. Coup de dés métaphysique dont l'enjeu est la ruine de la Cité tout entière. Pour qu'une ville ou une civilisation subsistent, il faut empêcher à tout prix l'exception sexuelle vivante, quitte à la ranger soigneusement, dans la réprobation admirable d'un musée posthume. Voilà ce que nous dit le mythe à propos du Troyen Pâris, fils de Priam et d'Hécube. Sa mère, pendant qu'elle était enceinte de lui, rêvait qu'elle mettrait au monde une torche flamboyante.

Voilà. Nous y sommes. Comparez avec le même thème traité par Rubens. Aucun rapport. La confession personnelle de Watteau est farouche, dramatique, euphorique, soutenue par une sorte de connaissance prénatale qui fait de lui, simultanément, le spécialiste hors pair et le distanciateur averti de l'élément aphrodisiaque. Aucun rapport non plus, dans l'autre sens, avec David qui, lui, ramène la peinture à la déclamation du marbre antique. La Révolution ? Une destruction « grecque » et philosophique, implacable, de la Troie, ou du Paris, de Watteau, c'est-à-dire de l'éclat féminin révélé, libre, affirmé, diffus. Une reprise en main des femmes dans la lourdeur, l'appropriation mobilière. Une nouvelle vengeance d'Héra, cette nihiliste perpétuelle. Négation de la torche. Non au flamboiement du pinceau.

Watteau, ce carnaval où bien des cœurs illustres,
Comme des papillons, errent en flamboyant,
Décors frais et légers éclairés par des lustres
Qui versent la folie à ce bal tournoyant...

Quelle folie ? Sinon celle qui consiste à être sorti des « décors frais et légers » ? Ceux où tout n'est qu'ordre implicite, beauté diagonale, calme, luxe, volupté, selon la vision toujours plus intemporelle et moderne de Baudelaire ? Ceux de la sorcière, qui est en même temps enfant et sœur ?

Une coïncidence me paraît troublante. Watteau, bien entendu, peint en pleine controverse religieuse. Ce sera bientôt l'histoire des « convulsionnaires ». Il s'agit d'une agitation très particulière autour d'un diacre irréprochable qui, nous dit-on, « fidèle aux principes jansénistes ne communiait qu'avec terreur et seulement une fois l'an ». Il meurt en 1727, six ans après Watteau. Son tombeau, au cimetière Saint-Médard, devient un lieu de pèlerinage populaire. On peut y observer bientôt, outre des « miracles », des scènes d'hystérie et de violence aiguë. En voici la chronique : « Cependant l'indécence et la cruauté se mêlaient au fanatisme. Des femmes se soumettaient à de vrais supplices appelés *secours*, dans leur langage mystique. De jeunes hommes, nommés *secouristes*, les frappaient à coups de bûche et leur labouraient les chairs avec un bâton pointu, désigné sous le nom de *sucre d'orge*. Le *biscuit* était une pierre de cinquante livres, qu'on élevait avec une poulie pour la faire retomber de tout son poids sur la patiente. Plusieurs se firent attacher à des croix ; d'autres recevaient des coups d'épée. Un phénomène apparut, qui alors troubla profondément les esprits, mais qui, maintenant, est connu de tous ceux qui ont étudié les crises d'hystérie : l'*insensibilité*, soit totale, soit partielle, que la plupart de ces infortunées montraient dans leurs tourments. On y voyait, les uns l'action de Dieu, les autres celle du Diable. »

« Il y eut des *figuristes*, des *discernants*, des *margouillistes*. Les cris et les contorsions furent catalogués : on discerna les *aboiements*, les *miaulements*, les *sauts...* » Et voici la conclusion, admirable : « La Révolution mit fin à ces désordres, en détournant les esprits vers d'autres sujets. »

Comment s'appelait ce diacre magnétique dont le cadavre avait été capable de transformer un cimetière en orgie sadienne inconsciente ? *Pâris*. Le diacre Pâris. Bientôt va venir Robespierre, préfet de l'Etre suprême. Inutile de préciser davantage contre qui ou quoi, à l'avance et pour toujours, dessinait et peignait, *finalement*, Watteau. Contre l'hystérie elle-même, et sa volonté féroce, incessante, de trouver un Maître.

Elles sont donc là, nettes, fragiles, insaisissables... En voici une de profil, coiffée d'un petit tricorne, et une autre, de face, les yeux baissés. Encore une, la joue appuyée sur la main gauche. Une autre étendue. Deux autres de dos. Une autre avec éventail. Encore une autre, bacchante allongée sur la droite, tendant son verre de la main gauche. Et encore une, jouant du luth, c'est-à-dire d'elle-même, dans l'espace qu'elle n'occupe que pour faire entendre le rythme du temps. Une autre encore, de profil vers la gauche, assise sur une chaise, les mains jointes : là, tout est dans la gourmandise concentrée du début de double menton, le collier intense de gratuité. Et puis encore une, vue à mi-corps, nue, tournée vers la droite, le bras droit levé. Toutes préparées à devenir le couple dansant, éphémère, qui est le but de l'opération. Il faut en arriver au *faux pas*. *Le Faux Pas ?* Vous pouvez le voir au Louvre. Le *non* va basculer dans le *oui*, l'ensemble des deux corps, des tissus, des feuilles se résume dans la quatrième main, invisible, qui tient le tableau, le nombril de tous les tableaux. Bien. A présent, vous pouvez enfin entrer dans *L'Embarquement pour*

Cythère. Vous qui pénétrez ici, retrouvez l'espérance. L'âge d'or existe, hors d'atteinte. Quelqu'un l'a vu, respiré, entendu, touché, avalé, décrit. Splendide criminel ! Ton nom de sept lettres rayonne dans l'antimatière ! Ta barque est passée, là où tout le monde se noie.

1984.

De la virilité considérée comme un des beaux-arts

(Picasso)

« Je peins comme d'autres écrivent leur autobiographie... Le mouvement de ma pensée m'intéresse plus que ma pensée elle-même. »

« Cuando tengas ganas de joder jode[1]. »

Je crois qu'il faut insister sur la biographie. Autrement dit, sur cet entrelacement de signes volontaires et involontaires, absolument singuliers, qui isole de plus en plus ce qu'on appelle un vivant dans ses rêves et ses cauchemars, dans ses commencements de réveil et ses éclipses, dans ses choix d'espace et d'emploi du temps, dans sa façon de passer ou de ne pas passer à travers l'écran.

Picasso nous y oblige, peut-être plus que tout autre. Sa gloire constante, constamment confirmée, son génie continué dans la durée, sa trop

1. « Quand tu auras envie de baiser, baise » (1902). Cette phrase est écrite par Picasso à l'intérieur d'un graffiti obscène figurant dans une aquarelle de Barcelone, *La Femme au miroir*. Notons que quand il écrira, plus tard, des textes poétiques ce sera toujours sans ponctuation. La projection de sa peinture dans la langue, pour lui, n'en comporte évidemment pas. C'est cela aussi l'après-dimensions cubiste.

grande notoriété elle-même, sont les indices, à mon sens, d'une force profondément refoulée, détournée, honnie, censurée, et pourtant en pleine lumière. Comme si la connaissance relativement précise que nous avons de sa vie nous cachait sa vie... Une exhibition qui obscurcit... Une plénitude désignant un vide... Ce que je ressens, dans son cas, outre une sympathie catégorique, immédiate, me semble avoir la portée de l'énigme historique tout entière, sa tragédie comme sa comédie, sa tragédie comme comédie, énigme qui n'est finalement que le double geste simultané de reconnaissance-méconnaissance du phallus lorsqu'il s'incrit. Comment ? Pas n'importe comment. En inventant les transformations du comment. On appelle ça une révolution formelle. Une déclaration soudaine, en réfutation de toutes les nécessités, des droits de l'indépendance paternelle dans le réel. C'est très rare. Je veux dire qu'il y aura, dans cette affaire, des femmes, encore des femmes, des enfants, de l'argent, des images et des contre-images, des tableaux et des sculptures, une deuxième et une troisième dimension qui, se multipliant l'une l'autre, nous en donneront au moins six, comme les six jours de la création. Le septième, on se repose. On signe. A pic. En haut ou en bas, nettement et lisiblement, avec ce nom de sept lettres comportant deux S, comme Poussin et Matisse. Entre-temps, pendant l'assaut, on a beaucoup dépensé : de l'énergie, du sperme, de la patience, de l'habileté, des visions, des intellections, des ruminations, des passions.

C'est bien à travers ces femmes-là, ces amis-là, ces enfants-là, ces rencontres, ces encombrements, ces brusques accélérations, ces déménagements, ces modèles, ces hasards et ces non-hasards, ces corridas privées quotidiennes, qu'un artiste a une chance non pas seulement de créer mais de triompher de sa création, c'est-à-dire au-delà de l'idéalisation, toujours féminine, qu'il s'agit de retourner en révélation de l'espèce et de ses prétentions. Là-dessus, Picasso nous dit tout ce qu'il y a à dire. Magistralement. Son histoire est bordée de tant de malentendus qu'on n'en signalera que le plus comique : Eluard, Aragon, la colère de Breton, le portrait de l'insignifiant Staline. « La femme est l'avenir de l'homme... » Tu parles ! Son passé, oui, et quel passé de musée ! « S'il avait fallu que je change de domicile chaque fois que des femmes se battaient à cause de moi, je n'aurais guère eu le temps de faire autre chose dans la vie. » C'est pourquoi *Guernica* (regardez-le enfin une bonne fois) est *surtout* le tableau de l'enfer privé, une véritable scène de ménage[1]. De ménades. Le hurlement en son temps d'une castration. Rien ne compte, sinon cette farouche monstration phallique toujours déformante parce qu'elle traverse la forme, les formes, les morcellements hédonistes de formes, la petite monnaie des signes et des formes, les plaisirs de formes, les *rapports*. Quand Picasso dit qu'il recherche des « rapports de grand écart », il faut le comprendre à la lettre. « La réalité doit être transpercée, dans tous les sens du mot. » Ou encore : « L'acte plastique n'est que secondaire... Ce qui compte, c'est le drame de l'acte lui-même, le moment où l'univers s'échappe pour rencontrer sa propre destruction. » Mais reprenons.

1. C'est Marie-Thérèse Walter qui tient la lampe. Picasso a dit lui-même que sa vie, en 1935, était un « enfer ». C'est le moment de la naissance de sa fille Maïa, hors mariage (mariage = Olga + Paulo), dont il sera le « parrain » à son baptême.

Tout commence dans une illumination de bordel. Pas la maison close du 19ᵉ, non, dans laquelle on a essayé d'enfermer l'événement (il n'y a pas de demoiselles, mais des putes, on n'est pas du tout à Avignon mais à Barcelone), pas dans la psychologie bleue ou rose, nostalgie, remords de vice, accablement fin de siècle, mais dans le bordel cru ressuscité de l'espace pour soi et en soi. Il est d'une santé cet espace ! D'une indifférence ! D'un dressé incurvé tiré ! Le marin et l'étudiant en médecine n'ont pas réussi à y entrer. Personne ne peut y entrer. Forcément, on n'est plus dans l'air, sur terre, ni sur mer, mais dans l'appareillage de l'insurrection du volume, et les corps, ou plutôt les mannequins, ou plutôt les masques, ou plutôt les grimaces de la densité que vous voyez là ont beau figurer une nef des folles avec draps, serviettes, rideaux, voiles, salut, cruauté et bonsoir, on sent bien qu'il s'agit d'un départ pour *tout autre chose.* « Derain m'a dit à moi-même qu'on trouverait un jour Picasso pendu derrière son grand tableau tellement cette entreprise paraissait désespérée. » (Kahnweiller, 1961.) Cubisme, d'accord, à condition de préciser qu'il s'agit de la sortie de la sphère, c'est-à-dire de la courbure qui vient faire plat devant l'œil pour faire croire à l'œil. On se met la main sur la tête, hors du corps avec main et tête. Juste avant, Picasso avait pris la précaution africaine de fixer à jamais dans son fauteuil l'Egyptienne elle-même, en l'occurrence Gertrude Stein, dont la méchanceté primordiale, bien au-delà d'elle, éclate dans son portrait. Les femmes ? Voilà, c'est trouvé : « des machines à souffrir ». « Elles sont prises au piège de ces fauteuils comme des oiseaux enfermés dans une cage. Je les ai emprisonnées dans cette absence de geste et dans la répétition de ce motif, parce que je cherche à saisir le mouvement de la chair et du sang à travers le temps. » Le jour se lève, le jour du journal, le jour de l'audition à faire voir. On enfonce le son dans la crise ouverte de l'espace, mandoline, guitare, violon, clarinette – et si l'univers n'était que fumée nous le connaîtrions par le nez, donc pourquoi pas un paquet de tabac ou une pipe ? Voici la fragmentation monumentale, en écailles, comme la tortue divinatoire de l'ère qui vient *(Portrait d'Ambroise Vollard)*. Notre avenir est plutôt dans l'air, mais on lit dans la toile : « notre AVE est dans l'A », tout ça, à ce moment-là, est fait en l'honneur de la nouvelle Eve qui s'appelle Eva. Merveilleuse déclaration du contrat avec Kahnweiller (18 décembre 1912) : « Vous vous en remettrez à moi pour décider si un tableau est terminé. »

En effet, ce qui vient de commencer, c'est à proprement parler l'interminable. Arlequin, seul, est passé de l'autre côté de la comédie de l'art, de la très sérieuse fin de l'art laissant place à l'affirmation de la singularité de pensée : « La peinture n'est pas une question de sensibilité. Il faut usurper le pouvoir ; on doit prendre la place de la nature, et ne pas dépendre des informations qu'elle vous offre. » *L'Arlequin* de la fin 1915 à Paris, et tout est dit[1]. C'est joui, c'est décroché, c'est parti. Inutile d'insister sur le fait que Picasso a toujours eu la générosité de faire comme s'il avait été accompagné ou suivi (Braque a joué ici le rôle malaisé du Français « qui y était » – il fallait bien un Français pour les Français). Mais lui n'a rien à faire dans la nature morte, son projet c'est la

1. Eva (Marcelle Humbert) meurt en 1915. L'*Arlequin* cubiste est peint à ce moment, « c'est la meilleure chose que j'ai faite ». (Lettre à Gertrude Stein, décembre 1915.)

démonstration et la démenstruation de la fabrication de la nature comme mort et de la mort comme nature. Sa grossesse, son tourbillon et sa captation, ses mâchoires nues, son avortation, sa dévoration ; sa *tête*. Sa religion de la MANTE, son mensonge sous le manteau. Son articulation d'illusion, sa duplicité, son charnier. Sa bacchanale intrinsèque. Surtout, bien montrer que l'on sait admirablement dessiner classique, faire sentir que l'acte d'effraction est entièrement voulu, entendu. Olga et Dora d'un côté, Marie-Thérèse de l'autre (gloire à Marie-Thérèse Walter à qui Picasso donne le plus souvent une gaieté, une clarté, une douceur pivotante de reine des tarots veloutée, comme dans *La Femme assise* du 16 janvier 1937, mon tableau préféré). D'un côté les contorsions, les pleurs, la frigidité de la machine-outil ou de la pince à calculer ; de l'autre le bref éclat du sommeil renversé ou de l'accumulation, sous forme de doigts, de pénis de sécurité. C'est transparent, c'est mécanique et hideux ; c'est aussi reposant et ironique. Le Minotaure ne sait plus très bien ce qu'il consume, ou plutôt si, le couteau à la main : les fleurs artificielles du chapeau d'Olga, et de temps en temps une nymphe qui passe. La femme qui se peigne, en juin 1940, à Royan, la monstrueuse vérité hystérique elle-même, est-ce Dora ? Mais oui, l'usine à viande coquette. En plus, lorsque ces incubes de rencontre sont prises dans le négatif, il est automatique qu'elles veuillent devenir Picasso. Olga veut qu'il soit russe orthodoxe ; Dora, qui s'intéresse beaucoup à l'occultisme, expose ses propres toiles ; Françoise Gilot, malgré deux enfants libéralement accordés, voudra peindre *quand même*. Elle n'ouvre la porte de son atelier à son fils que s'il lui dit que sa peinture est meilleure que celle de papa. Jacqueline, elle, acceptera simplement d'être une odalisque. C'est après la mort de Matisse qui, dit Picasso, lui a « légué » le motif.

Et ça repart : femmes d'Alger de Delacroix, déjeuner sur l'herbe de Manet, Ménines de Vélasquez, Bethsabée de Rembrandt, chevalet du Greco, c'est l'accomplissement, on est en 1656 aussi bien qu'en 1957, on a toutes les femmes de tous les peintres, c'est-à-dire toutes les vibrations puisqu'une femme n'est rien d'autre qu'une vibration en attente de son pinceau. On tient l'usine infernale, sa continuité, ses télévisions décalées, son leurre, la muleta du cercueil. Picasso est le taureau non métaphorique payé très cher, le torero, l'excitation du public, la rotation de la scène, la caméra du dedans, celui qui connaît l'absolue laideur et qui n'a pas peur. Pas peur de la beauté, de l'autorité, de la majesté. Au lit ! Au prisme ! A la radio ! Au fourneau ! C'est l'assassin fêté, l'anarchiste couronné, le père impossible au forçage[1]. *Cavalier à la pipe*, 1970. Il a gagné, l'épée au côté. Franco, Pétain, Hitler, Staline, la formidable pression réaliste naturelle a disparu avec ce trou dans la sphère. La sphère va continuer, mais au moins a-t-on démontré qu'elle avait tort. Définitivement tort. Il suffisait de se déplacer en tournant, toujours en tournant, et de représenter le moment tournant deux fois au moins dans le volume du mouvement du volume. En puissance, en acte, en puissance d'acte, en tenant bien le crâne compact. Le saltimbanque fait sauter la banque. Avec un nu dans un fauteuil. Avec un atelier effilé. De soi à soi en passant par elles. Il reste pour finir, tiens, par exemple, le 30 août 1971, cette mère panoramique

1. Picasso se comparait à Chaplin, « qui a comme moi beaucoup souffert des femmes ».

rose et noire et son enfant, nativité jetée dans l'ellipse, bébé détendu avec sa balle de tennis verte à la main, le revoilà, comme en 1907, le revoilà, rose et noir repris dans l'ellipse, si c'était pour en arriver là, je vous dis qu'on n'en finit pas.

Post-Scriptum :

Quelques remarques supplémentaires : Picasso a toujours raillé le « monogamisme » (d'Aragon, par exemple, mais on pourrait aussi bien dire de Dali), critique qui vaut implicitement pour tout le puritanisme communiste ou surréaliste (« amour fou », promotion des « couples », etc.). Sa peinture est toujours ostensiblement sexuelle, dans le sens très précis d'une pénétration déformante des femmes. Quand il parle des hommes, il n'hésite pas à dire qu'il n'a pas d'amis mais seulement des « amants ». Ce qui va, à mes yeux du moins, dans le même sens. Dire de Braque qu'il était sa « femme », c'est tout dire sur l'échec de leur amitié en même temps que sur le simplisme de la peinture de Braque évidemment incapable de dessiner, de portraiturer en acte la torsion féminine en cours de coït (« Braque le patron », c'est toute la légende compensatoire de la pruderie NRF). Comme Chaplin encore (cf. *Le Dictateur*), Picasso a compris tout de suite que les acteurs fascistes jouaient sur l'identification féminine (Franco, comme Hitler, est une « folle », et c'est la signification évidente de la série *Songes et Mensonges de Franco* dans laquelle la tête de Franco est celle d'un des portraits les plus audacieux et ridiculisants de Picasso, *Femme assise avec chapeau*, Mougins, 10 septembre 1938, simple bobine d'osier ou de laine, mais *prétentieuse*). Inutile d'ajouter, donc, que les couplets occultistes du surréalisme (alchimie, androgynie, etc.) lui sont complètement étrangers, et qu'il faut même voir là, à mon sens, la raison de son ralliement bougon au communisme. Complètement étrangers, à cause précisément de son expérience sexuelle, comme ils le seraient à Goya, par exemple (question de connaissance des sabbats concrets). Picasso est un passeur à l'acte sur le corps féminin, un passeur du côté du Père, d'ailleurs, et cela le différencie assez visiblement de la position filiale nettement « contemplative » de Matisse, les deux peintres, d'ailleurs, se rejoignant, bizarrement – et s'épiant mutuellement –, dans ce que j'appellerai la vérité de l'écart. Chapelle extatique ou jeu de l'humour agressif, il n'y a pas, *là,* de contradiction.

1981.

Psaume

(Rothko)

L'arrivée du fond comme surface, de la surface comme fond, le mur du sens. L'événement dans la veine, cela s'appelle l'atelier rouge, red studio, l'ensemble de la peinture antérieure porté au rouge et à l'infrarouge, octobre 1911, Matisse pinxit.

C'est ici qu'il faut sauter, c'est ici qu'on passe le pas. Matisse est passé. Un moment tenu, à l'intense, et la mer des représentations se fend, se creuse, pivote : entre deux parois liquides brusquement dressées, pétrifiées, il s'enfuit, il ne sera pas rejoint, quelque chose les aveugle, eux, derrière lui, le rideau de sang se referme, les engloutissant, eux, dans leur dos, égyptiens, corps, chevaux.

Il étend la main, baguette, pinceau, seul, banlieue, chambre ardente, et l'aventure recommence dans une autre dimension du souffle. Chaise, table, fauteuil, commode, verre, assiette, vase, tableaux esquissés, renvoyés, statues tordues, toiles, cadres transparents, vide, la surexposition a lieu, hallucination débordée, colonne de l'horloge, cadran des chiffres romains sans aiguille, temps fixe, beau fixe, espace décollé du plan fixe, regardez plutôt comme il est assis là, derrière vos paupières, entre la vision et vous, place X dans la durée X, il était là avant vous, il va être là après vous, ça lui est arrivé, c'est tout.

L'atelier rouge, la fenêtre bleue : mais non. Le rouge noyant l'atelier, le bleu acceptant l'hypothèse fenêtre. Le rouge, le bleu ? Mais non : la simple insistante poussée divisée de ce fond qui sent l'enveloppe, et c'est pourquoi la couleur devient tellement couleur, rouge avalant son rouge, bleu sur bleu se lignant de noir dans son bleu. Jaune, gris, vert, noir, rouge, et c'est une leçon de musique, piano, mains invisibles, un œil en moins, un œil en plus, père et fils, œil plus qu'ouvert entendant à l'envers des lettres. Les mains ? Elles sont en bas, au moins quatre en plein mouvement d'hélice dans ce portrait de femme de la même époque, ou enfouies entre les cuisses des deux silhouettes féminines hiératiques de la *Leçon*. Le reste s'ensuit, mortel, et il le traverse.

Deux guerres mondiales, New York, 1954, Mark Rothko : *Hommage à Matisse*. Matisse vient de mourir, laissant ses deux défis de la fin : *Souvenir d'Océanie, Piscine*. Rothko est entré, depuis cinq ans, dans ce qu'on peut appeler son « grand style ». Et Matisse est le seul nom propre cité par Rothko comme titre d'une période qui dure en somme vingt ans (1949-1970) jusqu'à son suicide. Les noms de tableaux ont disparu, il n'y a plus que des chiffres, des noms de couleur sur couleur. L'agrandissement est atteint. Paysages, diront-ils, premiers éléments, air, feu, terre flottante, nuages. Grands rectangles, bandes, épiphanies du tissu. 1950, Barnett Newman : *Vir Heroicus Sublimis*. Et, plus tard : *Qui a peur du rouge, du jaune, du bleu ?* Expansion sans retour en dehors du cadrage d'objet ou de mythe. Plus loin que toute histoire personnelle, inconsciente, privée. Plus loin que tout psychisme rivé dans ses hiéroglyphes. Auparavant, Rothko a fait comme un peu tout le monde, des baigneurs, des nus, des métros, un autoportrait, et puis évidemment les traditionnels ectoplasmes surréalistes, antigone, iphigénie, taureau syrien, tirésias, totems, lilith, bref les rituels sexuels du tunnel, jungeries, ésotérotisme à la mode. Fantaisies archaïques, encore l'égypte, toujours la grèce, avant que lui arrive la mutation de vision, le multiforme intégré, le panneau du fond, la brûlure du tombeau du fond. La voix des couleurs, voyelles. Un spectre hante la peinture : celui de la voix qui pourrait parler derrière les couleurs. La voix du nom et du changement de nom, pour l'Un comme pour l'Autre. Genèse, chapitre 17 : « Comme Abram était âgé de quatre-vingt-dix-neuf ans, Iahvé apparut à Abram et lui dit : "Je suis El-Shaddaï ! Marche en ma présence et sois parfait !... On ne t'appellera plus du nom d'Abram, mais ton nom sera Abraham...". »

Marcher dans la présence du Nom, faire sens muettement vers le Nom : voilà la courbe. Depuis le *caput mortuum* des contorsions sacrificielles archaïques jusqu'à l'assombrissement toujours unitaire final où la mort volontaire, lorsque la force vient à manquer, vaut mieux que le retour aux anciennes divinités. On était dans la mort en train de se ritualiser magique, on passe à l'éblouissement du Nom, on signe de sa disparition comme corps le retrait du nom de ce corps. Les toiles de Rothko, célébrant le Nom, sont de grands versets dilatés par l'impossible limite de ce nom à jamais présent dans les formes. Qui a peur du Nom ? Celui qui a peur d'être dépassé par la couleur. D'être englouti par la levée de son nom auquel il est attaché, noir sur blanc, comme un adjectif. Ce qu'on voit maintenant, ce sont des nombres en échelle, crise du syllogisme, une autre série dans l'accent. Violet, noir, orange, jaune sur blanc et rouge. Magenta, noir, vert sur orange. Vert, rouge sur orange. Centre blanc. Vert, blanc, jaune sur jaune. Noir, rose et jaune sur orange. Brun, bleu, brun sur bleu. Jaune, orange, rouge sur orange. Blanc, jaune, rouge sur jaune. Orange, or et noir. Bleu, jaune, vert sur rouge. Lumière, terre et bleu. Trois rouges. Nuage, bleu, blanc. Quatre rouges. Orange et lilas sur ivoire. Bleu et gris. Noir et gris. Silence. Ça s'est reflué. C'est fini.

Le format est très important, et il y a deux voies. Picasso (Guernica)-Pollock. Et l'Autre. Déchaînement et invocation. L'autre nom du nom est ravage.

Ici, maintenant, ici de nouveau et maintenant de nouveau, c'est l'échelle des vibrations et des pesanteurs. Pas celles qu'on croyait, pas dans l'ordre qu'on pensait. « Jacob... atteignit un certain lieu et y passa la nuit, car le soleil était couché. Il prit une des pierres du lieu, la mit à son chevet et se coucha en ce lieu. Il eut un songe et voici qu'une échelle était dressée par terre, sa tête touchant aux cieux, et voici que des Anges d'Elohim montaient et descendaient sur elle. Et voici que Iahvé se tenait debout près de lui... Jacob se réveilla de son sommeil et dit : "En vérité Iahvé est en ce lieu et je ne le savais pas." Il eut peur et dit : "Que ce lieu est terrible ! Il n'est autre que la Maison d'Elohim et la Porte des cieux..." »

C'est environné de toutes parts, c'est creux et plat et bombé, c'est étiré montant, descendant, colonne et nuée, différences des densités. C'est poids et mesure, compté, pesé, divisé, algèbre ou chimie, ligne déchirure ou au contraire éruption tenue en elle-même, illimitation-implosion. C'est voyelles sorties des consonnes, pas d'image mais la fuite-voix des racines, négatifs tirés de l'intérieur sous rétine. Vue renversée revenue. Je. Suis. Je Suis. Je Serai. Qui Je sera. Je serai.

Les couleurs du Nom. Comme s'il avait parlé.

Quand le Nom se récapitule, il se met en trois pour parler, il s'insiste couleur de voix sur couleur de voix pour dire ce qui va parler.

Psaume 91.

« Qui habite le secret d'Elyôn
passe la nuit à l'ombre de Shaddaï
disant à Iahvé... »

Vert, blanc, jaune sur jaune. Brun, bleu, brun sur bleu. Jaune, orange, rouge sur orange. Trois rouges. Brun sur gris. Vert, rouge sur orange. Blanc, jaune, rouge sur jaune. Noir et gris.

Le sujet n'a pas besoin qu'il y ait un monde.

1979.

Pour De Kooning

Il y a une insurrection de la peinture du Nord tournée vers l'Océan s'en allant au vide, une aventure de l'extrémité de toute forme captée à la fin du geste dans le pays-bas des couleurs.

Bosch, Bruegel, Rubens, Rembrandt, Van Gogh, et même le calcul silencieux pincé de Mondrian, et le passage à l'action de l'acte de De Kooning. Ce ne sera jamais italien, ni latin, ni grec, ni français, ni géométrique d'une façon juridiquement éclairée. Le coup de feu qui met fin à l'explosion de Van Gogh, à ces « paysages qui montrent leur chair hostile/la hargne de leurs replis éventrés/ que l'on ne sait quelle force étrange est, d'autre part, en train de métamorphoser » (Artaud), devait passer de l'autre côté de l'Atlantique, aborder une table d'horizon rase, une multiplication décalée.

Il y a un antagonisme entre d'un côté l'arrangement sublime, éthéré, encadré, vierge, angéliquement frontal et mousseux, musculairement ronflant des icônes méditerranéennes, entre leur platitude arrondie, abstraite, s'idéalisant en vue de plafonds et coupoles, et le soupçon maintenu et continué, préhistorique et moyenâgeux, dérobé et morcelé, des Flamands et des Hollandais qui, eux, n'ont pas voulu ou pu atténuer la coupure ancienne du Testament, et pour cause.

Qu'il s'agisse de tentations, de carnavals, de rondes de nuit ou de fiancées juives, d'autoportraits ou de cavaliers, de jugements de Pilate ou de suicide de Saül, en passant par la parabole des aveugles (cette guirlande de cas cliniques exorbités que De Kooning a précisément retracée) ; qu'on passe de champs de blé à corbeaux au conflit de l'horizontale et de la verticale par-dessus paysages et clochers pour en arriver au boogie-woogie par pastilles en blocs des cités ; qu'on vomisse une toile ou au contraire qu'on l'efface, qu'on fasse transparaître l'allusion hallucinée ligne-toile dans l'excès d'une couleur qui semble se retourner dans son extinction fibrée, c'est toujours la même force convulsive catastrophique qui se profile dans le visible, touchable, saisissable, dessinable, peignable, sculptable, volumable, la même impossibilité affirmée.

Regardez *La Pie sur le gibet*, le tableau que lègue Bruegel mourant à sa femme ; ou *Abraham recevant les anges à sa table*, de Rembrandt, avec ce couteau dans la main face aux garçons ailés qui sont venus le tester ; ou encore cette apocalypse sur place de Rubens, *Le Martyre de saint Liévin*, cafouillis d'armes, de bras, de chevaux cabrés, d'enfants, de surplis, où un forgeron farouche à crête de boucher rouge donne dans des tenailles la langue arrachée du saint à un chien. C'est bien « l'oreiller de chair fraîche » de Baudelaire, « où la vie afflue et s'agite sans cesse, comme l'air dans le ciel et la mer dans la mer ».

En effet, c'est une question de marée.

Marée s'oppose à Marie : que si la vierge ne meurt pas, la mort puisse s'appeler la Vierge, la mère-vierge ou plus sombrement la trônante, sûre de sa loi comme de toute stabilité, c'est une évidence qui a mis du temps à percer. Dans la méditation de la terre par année, sans cesse pleine et sans marées, la grande mère cadre, juge et commémore ce qui doit rester amarré. Les gens du Nord et de l'Atlantique ne s'y sont pas faits. Et comme cette histoire devait déboucher sur des entassements de plus en plus rapprochés de charniers, ils ont été voir ailleurs si l'espace, comme le pressentait Turner, ne pouvait pas comporter de l'inachevé, un coude, un tournant, une aspiration de raté, bref un autre calendrier moins lunaire, fondé non pas sur le retour et le cycle mais sur la répétition maniaque d'un écart spasmé.

Comme s'il y avait une gêne italienne qu'il était très difficile de génitalement démasquer.

Italienne, grecque, égyptienne, espagnole, portugaise ou midi-française. Arabe ou byzantinée. Avec la permanence, là, de la femme comme hyperbole toujours adorée. Sont-ils assommants avec leurs modèles, leurs amours courtoises, le celte repris en Provence, et encore une fois l'ânerie de l'exubérance stéréotypée, c'est-à-dire catalane, comme si le monde était fait pour aboutir à Picasso ou Dali, cornes de taureaux-comédie, au grand peintre et à sa muse tombée en épouse, à l'art pompier pour reproductions et cadres, aux mythologies bassement ruminées. Madame, Bacchus agenouillé, délire de Narbonne, soi-disant catholicisme, communisme ou ésotérisme, tout se tient, tout est navrant de vulgarité. Pauvre Cézanne, pauvre Matisse, comme vous avez été encubés, surréalisés, académisés. Toujours la vieille lune du mythe solaire, baigneurs ou baigneuses, danse, musique, idéal de l'espace-harmonie réconcilié dans la volupté, et on finit dans le chignon de Picasso, face et profil, réinstitution de l'idole, genre manucure ou coiffeuse, tout Picasso est un immense et froid chignon de cheval, ce serait facile à prouver.

Donc, Cézanne en avait assez de la montagne Sainte-Victoire, il commençait à l'aquareller et à l'estomper. Matisse, lui aussi, aurait bien voulu s'exiler : il rêvait d'Océanie, de chapelles. Simplement, ils avaient compris que, de ce côté-ci, c'était fini. Et l'histoire ne les a pas démentis. Comme d'habitude, elle a déplacé les chances de la vérité : pour un moment, bien sûr, car il n'y a pas de raison que l'art pompier ne devienne pas planétaire. Mais suffisamment pour y voir plus clair sur deux ou trois questions clés.

Comment faire crier à la peinture qu'elle ne saura jamais parler ? Comment attraper ce drame du retard de la parole sur elle-même engorgée en matière, sinon en donnant l'illusion que la nature en train de devenir chair ne s'écrit en traits et couleurs que pour signer l'envers où la chair devrait se faire verbe ? En un sens, De Kooning fait comme les autres : il n'arrête pas de signer. Sauf qu'il incorpore sa signature à sa signature (*action-painting*, ça s'appelle) de telle façon qu'il a l'air de s'en traverser. Il commence à se dessiner de très près les muscles du cou devant un miroir : le voilà projeté dans une série infinie de femmes, les plus cruelles que l'on ait jamais découpées. C'est Lilith, dit-il, en riant d'un drôle de rire. On fait ça depuis la Mésopotamie ou la préhistoire. Conjuration de l'idole couverte de crânes, renflement de l'origine qu'on enterrera pour mieux la fixer. Mais les « girlies » de De Kooning, elles, passent vite de haut en bas ou de droite à gauche, avec leurs têtes mutines de mort, leur sourire idiot carnassier, leur harnachement érotique gras montrant le trou du squelette. Elles sont bêtes et irréfutables comme l'idée même de société. Publiques, publicitaires, désacralisées et télévisées, elles partent de la consommation de leur bouche pour se voir rentrées-violées dans l'espace qu'elles appellent à perpétuer. Lèvres tubes, os du crayon muet, voilà les têtes collées à des troncs-poitrails de palette bleue ou jaune, avant qu'elles soient noyées, jambes ouvertes, dans les paysages multipliés où il n'y a que ça à voir : le rien à voir de la gratuité de l'espèce aux bords de son souci de planète, l'éclatement de l'avoir, l'aveu que le voir se fait dans le fait de voir à côté.

De Kooning dessine souvent les yeux fermés : preuve que ce qu'il faut dépasser est aussi bien l'huile-viande-terre-mer-nuages-végétation externe que le fusain psychique intérieur. D'où la proposition : « content is a glimpse », le contenu est un éclat entre deux mondes, un flash, le coup de sens de l'obscurité dégagée.

En même temps que cette immémoriale, terrible et vaudevillesque affaire de la femme (c'est-à-dire de toute cette histoire d'art), il tente des crucifixions. Mais il n'y arrive pas. Question : à partir de quoi, en effet, des peintres ont-ils pu autrefois représenter *cela* à distance ? Etrange capacité pour le compte d'une mère comblée. Quand on va se croiser soi-même sur une surface qui ne dépasse pas votre taille ni les bras écartés, quand on essaie d'y passer en sens inverse comme en remontant sa naissance, quand on essaie ce geste du renversement génitalisé, cette dé-gestion all over *non environnée*, il faut croire qu'on ne saurait prendre facilement la place dans l'imaginaire de celui qui a montré dans le réel à quoi tout ça arrivait. « Beaucoup de tremblement mais pas de peur », dit De Kooning (qui aime Kierkegaard).

Et à propos des Lilith : « je crois qu'elles m'aiment » (silence et rire), « peut-être davantage que je ne les aime ».

La concentration dans le geste, depuis les yeux fermés jusqu'à l'au-delà de l'horizon du cerveau toilé, entraîne une « crucifixion » invisible explosée – fond femme chair sang couleur paysage et passage de l'exposition érotique comique monumentalisée.

Il s'agit de faire tenir un trou où tout se saisit, juste à temps avant sa calcination, son effondrement direct sexuel lâché, débordé.

Le corps tenu à bras-le-corps ressort comme rapt signé. De Kooning a construit son atelier en pleine forêt comme un bateau, quai, cales, docks, pont, passerelles obliques d'où il plonge sur ses chevalets. Il garde sa peinture humide, la recouvre de papier journal qu'il fait parfois glisser sur elle pour la « shifter », lui donner une transversalité faillée. Son utilisation du « liner », pinceau de colleur d'affiches, se tord d'un poids agressif léger. Il montre que c'est difficile à faire tenir, qu'il n'y a de voyable que par acte de la volonté, il cherche à *sculpter* sa peinture c'est-à-dire à la retrouver après son immersion à plat dans les traits. Le signé représente un nom pour un autre nom surincorporé. Il n'est pas comme n'importe qui doublé par son nom, il le redouble. D'ailleurs, il ne signe plus, *en plus*, et, comme l'inconscient, oublie de dater. En mer, les jours, les tableaux, rentrent les uns dans les autres : la répétition qui s'opère n'est pas une répétition *de* peinture (comme chez les autres Américains) mais *dans* la peinture. Ou plus exactement le répété est tellement répété et différent du répété qu'il n'y aura jamais assez de répétition pour ce qui est ici répété ; pas le sujet mais la signature du sujet tirant le sujet, dans tous les états du contre-signé surnommé.

Les sculptures de De Kooning ne sont rien d'autre que son unité de geste-pinceau matérialisée, de même que ses dessins en sont les fractions effritées. Racines, membres, implorations et invocations, appels ou rejets, mandragores boueuses noueuses. Les lithos signifient que l'idéation est *graphée* en dehors d'une idée d'ensemble. Au commencement était le vide : les peintures sont ce qui tombe et reste de la traversée.

Suburb in Havana (1958), *Door to the river* (1960), s'il faut citer deux « chefs-d'œuvre ».

Les touches tassées, compressées, violentes, tranchantes, tâtent le volume à sa source, le répandent, l'emportent dans un sacrifice écrasé. Comme si un bras avait poussé hors du cœur pour aller faire poing dans l'espace ligne en couleur : ce n'est pas la main ni le poignet ni l'épaule, mais le torse entier qui est allé percuter son double à travers seins jambes fesses surmontées d'un rictus de mort alléchante ; pas le souffle non plus mais le choc-tissu du chaos hors-gaines, court-circuit, attaque au fétiche bloqué en miroir.

Le tout avec arbres, rivières, herbe, océan, tempête, soleil, croissance et protestation, tout ce qu'on voudra, la question évidemment n'est pas là.

« L'humour met le souvenir éternel de la faute en connexion avec tout » (Kierkegaard).

Pieuvre, houle pétrifiée de quarks, plans d'incertitudes, chutes, paquets, façades, déluges, Uccello, tableaux sur tableaux. Dies irae. Dreyer.

Taille moyenne, yeux gris-vert nets, cheveux blancs, mobile, souple, inquiet, détendu, bondissant, électrisé, froid, très calme. Gestes pour éloigner, repousser, tirer, rejeter de la main, jeter la main et l'espace au loin, suggérer la tension, la frontalité, les poulies, les cordes, mais aussi la brume, le délicat, les éclaboussures.

Les anges de Tintoret plongeant comme des pierres, à la renverse.

Screams of children come from seagulls (1975), *Whose name was writ in water* (1975), *Untitled X* (1976), *Untitled XX* (1976).

Il pleut sur Long Island et le South Oaks Hospital. Petite chambre, petite peinture cercle zen sur la table offerte par le médecin japonais. Il dessine. « Je regarde le tapis. » Il voudrait faire une fresque. « Deux hommes dans un paysage, deux marins ?... Comme vous deux, là, l'un assis droit, l'autre la tête appuyée... Un homme fendant du bois ?... Un coup de hache... »

Un baiser de la main, en partant.

« Laisse le possible à ceux qui l'aiment[1]. »

Long Island, juillet 1977.

1. Bataille.

Télopéra

La télévision, désormais, révèle l'opéra.

Le *télopéra*, voilà la nouveauté musicale. Inutile d'aller dans une salle faire de la figuration dans le film (plan des loges ou du parterre avant l'ouverture ou pendant l'entracte). Vous entrez dans l'œil mouvant de la caméra, vous détaillez la vie des chanteurs, leur musculature, leurs contractions, la nervure du souffle, la gorge des notes, la couleur des mots. Vous sautez d'un visage à l'autre, d'un geste à l'autre, vous êtes dans la réplique, le duo, le trio. Vous enveloppez la scène, vous planez sur elle, vous sortez de la malédiction dix-neuvièmiste, hurlements, ostentation, simplification mélodique, vous êtes partout et nulle part, c'est-à-dire dans la partition. Mozart étincelle comme jamais, Rameau ressuscite, Monteverdi coule en vous, Vivaldi s'avance, Wagner est enfin audible de l'intérieur, Berg se déploie. La télévision va rendre les interprétations dix mille fois plus subtiles, souples, variées, profondes. Un tri implacable a lieu : celle-ci, pas celle-là ; celui-ci, malheureusement pas celui-là. Vous avez enfin de face le regard allumé du chef d'orchestre en train de faire démarrer une voix. Coup d'œil de côté, décision des doigts, cruauté de l'opération oblique. Adieu poupées, mannequins, lourds épouvantails pour congrès de faux mélomanes ! Bonjour les acrobates, les danseurs verbaux, la distance ironique, le troisième degré général ! La Renaissance de l'opéra est là. Rien d'autre.

Une représentation réussie ? C'est simple. *La télévision est là.* Sinon, pourquoi se fatiguer, donner le meilleur de soi-même ? Travailler les nuances ? Les yeux ? L'érotisme latent de chaque syllabe ? La bouche ? Le cou ? Les bras ? Fiordiligi ? Julia Varady, dans l'enregistrement de *Cosí fan tutte.* Quel jugement dernier, tout à coup, sur l'impasse 19e-20e ! Sur le règne de la *prussie* ! Quelle revanche de l'Italie sous toutes ses formes ! Du baroque interrompu par le culte pétrifié de l'Idole Masse ! Allégez-moi tout ça ! Que la Musique soit délivrée du théâtre, pour retrouver sa fulguration libre, hors sphère, ses diagonales, ses allusions, ses commotions ! La vue comme une pellicule à plat, glissante. L'écran du tympan flottant. La psychologie était devenue tellement primaire qu'il n'avait rien fallu de moins que la psychanalyse pour la dissoudre. Mais on reprend les raffinements. On les courbe. Les hésitations, les volutes, les frôlements, les accents. Plus de perspective. Une lumière nouvelle, un coup de Manet. Une mise à nu du spectacle. La Musique est la nudité même. Elle a l'évidence de l'Olympia. C'est le grand retour de l'Europe. Les Américains n'en reviennent pas.

Tous les enchantements nous attendent. Des centaines d'opéras vont se mettre à vivre, à revivre. Une végétation foisonnante sort des archives. La sensualité s'affirme, se fait plus exigeante. Les siècles 17 et 18 sautent dans le 21 en poussant un soupir apitoyé sur le 19 et le 20. Le télopéra, c'est Venise. Un carnaval permanent. Qu'on me donne un *Don Giovanni* acceptable ! Un *Orfeo* ! Deux *Fairy Queen* ! Je veux les opéras de Haydn ! Un *Didon et Enée* au soufre ! De la farce, de l'endiablement, de l'émotion, des passions ! Et des visages qui chantent, là, en gros plan, comme la Reine de la Nuit dans *La Flûte enchantée* de Bergman (mais en suédois ! Quelle idée ! Quelle prétention Nobel ! A refaire !). Non, je veux *voir* l'italien, l'allemand, l'anglais, le français se fondre et s'inventer sur les lèvres ! Et puis des femmes, bien sûr ! Encore des femmes ! Mélodieuses ! Harmoniques ! Lyriques ! Comiques ! Qu'on les serre de près, *enfin* !

1984.

Webern

J'ai écouté dans la nuit la *Symphonie opus 21* de Webern.

Assis dehors, dans le jardin, marée haute.

Blocs des nuages dans le silence, chaque parcelle du paysage brusquement chargée. Le thème de la méditation était : après la conflagration, méditation dans le vide. Emotion cassée, soutenue, libre. Je *voyais* la combinaison des éléments. Douze sons ? Les quatre éléments au cube. L'air solide, l'eau aérienne, la terre changée en respiration, le liquide en feu. J'ai commencé à pleurer. La musique de Webern exige qu'on pleure. Ça m'est arrivé dès les premières auditions, il y a longtemps, je retrouve chaque fois le même point de rupture. Je peux difficilement en parler. Je suis très gêné de constater que quelqu'un n'est pas bouleversé par Webern. Toujours l'écran psychologie, la sale misère romantique. La concentration morale de W. est tellement haute qu'elle vous prend, debout, à l'extrême limite. La douleur, la joie, la douleur encore. Affirmation quand même ? Oui. Mais de quoi ? De rien. On verra plus tard. Il faut simplement passer.

Il passe. Il est passé. 23 février 1944, lettre à Willi Reich à propos d'Hölderlin. « *Vivre, c'est défendre une forme.* » La création de la beauté, non pas l'impression qu'elle fait. Le geste jusqu'au bout d'Œdipe. Mais oui, les yeux crevés, l'oreille multipliée par le hurlement de la reine, la fille bien découpée dans le secret, le bois où l'on sombre. Il disparaît tout entier. Le son est autour de lui. Anecdote ridicule : « heideggérien » qui ne peut pas écouter Webern. La main d'Höderlin sur l'archet.

Attaque du *Quatuor opus 28.* Message radio dans la nouvelle guerre mondiale. Valeur de signe universel « civilisation ». Comme *La Flûte enchantée.* Vérité Viennoise au temps des missiles. Plus que Schoenberg, mieux que Berg, encore liés au pathos dix-neuvième. Bien mieux que Stravinski ballets russes. Le soir, au Parthénon, Cariatides de l'Erechtéion.

Comme le ciel aime Webern, là, bleu-sombre, attentif.

Quand j'ai commencé *H,* en pleine crise, je l'ai appelé d'abord *Das Augenlicht.* Le Paradis était encore loin, c'était la direction, dans les ténèbres. Je savais que j'y parviendrais.

Sa fille ? Son Antigone ? Hildegard Jone. Seul avec elle, ses mots. Lui ne parle plus, depuis longtemps. Il attend la balle perdue qui le vise. Le hasard dans la mort. Ne dites pas que ce n'est pas écrit dans les notes, cette détonation dont il ne pouvait rien savoir. Vous ne l'entendez pas ? L'artiste meurt dans le chaos sans signification du monde. Pas d'histoire, il signe l'instant.

Cantate n° 2, opus 31 (1943).

« *Bien qu'il soit calme, le monde a toute sa couleur quand tombe le baiser de la lumière...* »

Dessous, dessous, toujours plus dessous, pardessous...

« *Sehr tiefverhalten innerst Leben singt...* »

La charité ? Oui.
« Freundselig ist das Wort... »
Le corps sanglant sur le trottoir.
« Gelockert aus dem Schosse
in Gottes Frühlingsraum... »

Chœur des femmes, tourbillon des feuilles. La basse grave, articulée, désinvolte ; elles apparaissent, là-haut, elles portent le dépouillement.

C'est la guerre. *Notre* guerre.

1983.

Triomphe de Bach

D'où vient ce côté « sans âge » de la musique de Bach ? D'où vient qu'elle semble de plus en plus planer au-dessus du temps et du bruit, des millions d'enregistrements de toutes natures ? D'où lui vient cette fraîcheur séparée ? Cette paternité furieuse et joyeuse ? De Dieu. Du seul vrai Dieu. Qui tient le coup. Qui résiste à tout. Et qui parle.

Dieu n'est pas une idée, ni seulement une loi. C'est un événement musical. Un événement d'une telle simplicité et d'une telle complexité qu'on a l'infini devant soi pour en rendre compte. Un souffle, un rien, une allusion, un frémissement, un silence marqué. Ou, au contraire, une violence, une exubérance soudaine, trompette et tonnerre, grandes orgues et fugue des ailes de la durée fondant sur l'oreille. Mais surtout : une insistance, une persistance. Le rythme fondamental. On porte Bach en soi. On le sent. On le respire. Il va plus loin que votre mémoire, il est votre mémoire en action. Quelle est sa couleur la plus nette ? Le clavecin des nerfs ? Le violoncelle foncier ? Le violon vibrant ? Les chœurs ? Les voix ? Les cuivres souverains ? Les bassons familiers ? Oui, tout ça, emporté par l'ouverture de la Bible. Mais voici peut-être la signature la plus intime, celle qui, pour moi en tout cas, vaut comme une confidence directe de l'âme du musicien lui-même en train de passer dans son tableau impalpable : le hautbois, le hautbois d'amour. Ah, ce hautbois de Bach ! « Je suis là, dit-il, sauvé, indirect, oblique. Je viens des profondeurs de la matière, mais je suis éclairé par le soleil vers lequel se dirigent toutes les notes de la création. Je suis le souffle à peine dégagé des pesanteurs minérales, je monte vers le sommet du crâne, je suis le *nez* de la mélodie. J'emmène toutes les femmes possibles avec moi, je les fais tourner sur mon axe, je les chauffe, je déploie, parallèlement à leurs gorges, le tapis d'herbe dont elles ont besoin pour voler. J'ai tout mon temps, je reviendrai indéfiniment dans le temps, je suis le moyen du temps. Je suis l'auteur vivant de la partition et, voyez, je viens en personne chanter en elle. Réveillez-vous. Suivez-moi. Ne désespérez pas. Marchez avec moi de l'autre côté de la mort vaincue par la parole. Doucement. Fermement. Voilà. »

Radio-Bach : ici la vérité et la liberté. Le moindre éclat capté dans la nuit sur les routes, dans les avions au-dessus de l'océan, et tout à coup le chaos s'ordonne, la verticale est présente, l'angoisse ou la terreur n'étaient rien, la résurrection a eu lieu, on l'avait oubliée, on l'oublie toujours. Bach se répétera autant de fois qu'il faudra. Fabuleuse répétition : encore et encore. Et encore. Et encore de nouveau. Et toujours. Le monde est ennuyeux, il se passera éternellement la même chose, intrigue et passion, complot et pulsion, et vous n'aurez qu'à prier sans fin de la même manière pour conjurer cet accablement, cette souffrance inlassable des phénomènes, cette plaie qu'est la vie, la vie de la mort, la jalousie recommencée de la mort en vie. Bach est, par excellence, le musicien que vous pouvez réécouter indéfiniment. Remettez-moi ce disque. Et puis, tiens, remettez-le-moi une fois de plus. Bach du dimanche matin. Chaque fragment de Bach est dimanche. L'intraitable *oui* de la messe. La messe en si.

Que le christianisme soit *prouvé* par Bach, c'est l'évidence. On a un peu honte pour ceux qui ne s'en sont pas encore aperçus. Le *Credo* médité par lui est le comble de la connaissance théologique. Le Père, le Fils et le Saint-Esprit sont ici chez eux, ils le disent. Ce luthérien a célébré, comme aucun catholique, l'unam sanctam catholicam et apostolicam ecclesiam. Ecoutez-le jouer avec l'AM ! Message codé. Fleur secrète. Une syllabe modulée, l'essentiel. NAM ! CAM ! ZIAM ! Quelle certitude ! Quelle joie !

Bach plane, il descend, il se pose à peine, il repart, il s'élève, tonne, foudroie, chuchote, interpelle, souffre, jouit, s'en va. Il joue à être trois en un, dans les siècles des siècles. Il est dans la passion, il expire, il exulte, il condamne, il pardonne, il se repose, il est en lévitation, il respire encore au fond des neutrons, il se relève dans sa forme humaine, il monte au ciel, il revient donner une fête dans un château baroque, il endort les puissants, il sauve les humbles. *« Deposuit potentes de sede et exaltavit humiles. »* Le cinquième Evangéliste ? Bien sûr. C'est comme ça.

1985.

L'Observatoire

Il y a, dans *Les Vertes Collines d'Afrique*, d'Ernest Hemingway, un passage magique. Il est à la chasse, il s'éloigne seul un moment, s'appuie contre un arbre et se met à lire un livre de Tolstoï, *Sébastopol*. Puis, il rêve un peu, se retrouve à Paris en imagination, revoit le boulevard de Sébastopol, évoque son ancien appartement, rue Notre-Dame-des-Champs, et là, donc, physiquement en pleine chaleur africaine, pense à la fontaine du début des allées de l'Observatoire, « au ruissellement de l'eau sur le bronze de la crinière des chevaux, les épaules et les poitrails de bronze, verts sous le mince filet d'eau ». Il continue par l'anecdote de l'inauguration d'un buste de Flaubert dans le jardin du Luxembourg. Voilà : nous entrons, à travers le Kenya, la Russie, et grâce à un écrivain américain, dans un pays réservé, celui où j'habite, celui que j'aime. Le Luxembourg, les allées de l'Observatoire, l'ancien Port-Royal, l'église du Val-de-Grâce, et, bien sûr, la Coupole, le Dôme, la Closerie des Lilas.

En 1925, auraient pu se rencontrer ici, sur un banc : Hemingway, donc ; Joyce ; Faulkner (dont le roman *Sanctuaire* – on s'en souvient peut-être – s'achève étrangement au Luxembourg : « où, dans de sombres trouées entre les arbres, rêvaient les reines mortes figées dans leur marbre terni, jusque dans le ciel prostré, vaincu par l'étreinte de la saison de pluie et de mort ») ; Fitzgerald ; Picasso. Toute l'explosion du XXe siècle, en somme. Mais, dans la chapelle et le cloître de Port-Royal, voici le spectre de Pascal. Et, dans l'église du Val-de-Grâce, le souvenir de pages fulgurantes de Saint-Simon. Et, rue Cassini, tout près, Balzac. Pour un écrivain, la géographie est une vision d'autres écrivains. Ce sont eux, peut-être, qui ont réellement vécu dans l'espace et le temps ; réellement respiré l'air des saisons, observé les mouvements des corps, les maisons, les fleurs, les couleurs. Un des aimants les plus forts, un des « sanctuaires » les plus magnétiques se trouve ici, dans cet axe. Que ce soit celui de l'Observatoire de Paris a quelque chose d'impeccablement logique. Télescope vers les galaxies. Zodiaque de la baroque fontaine de Carpeaux. On dirait l'aménagement discret d'un temple pour atterrissage d'habitants solaires. Avec, en plus, au carrefour Vavin, le menhir dressé de la statue de Balzac par Rodin, chef-d'œuvre des chefs-d'œuvre, scandale pour son temps et question pour le nôtre. Mais on peut aussi descendre jusqu'à Saint-Sulpice, construction merveilleuse et méconnue, saluer, au-dessus d'une autre fontaine débordante, incessante et fraîche, argentée, Bossuet et Fénelon, adversaires réconciliés dans la pierre ; entrer dans l'église pour imaginer Delacroix peignant sa chapelle pendant les messes. Ici même ont été baptisés Sade et Baudelaire. Mais oui.

Il y a le Paris de la Concorde, des Champs-Elysées, de l'Assemblée nationale, des Tuileries et du Louvre. Et puis celui, antagoniste, du Luxembourg, du Sénat, de l'Observatoire et de Port-Royal. Notre-Dame, elle, est au centre, un Paris à elle seule (avec ses échos architecturaux, tout autour). Mais l'endroit le plus « à part », le plus étrangement calme, le plus enfoncé dans une méditation permanente, est l'avenue de l'Observatoire. La nuit, comme un fleuve divisé de feuillages, y semble plus longue qu'ailleurs. Une heure du matin. Silence agité de vent. Une page de plus. On écrit en continuant dans la nuit, en devenant la nuit qui s'approfondit et s'efface. Le parc et la végétation obscure vous prêtent de nouveaux poumons. La faculté de pharmacie, toute proche, déserte, représente la puissance dangereuse ou bénéfique de la chimie. De temps en temps, de longs hurlements de chiens viennent déchirer l'air : ils sont enfermés là pour des expériences, je suppose. Leurs cris viennent frapper de plein fouet la phrase que j'essaie d'écrire. C'est le rappel de la mort. Vers trois heures du matin, il ne doit plus y avoir qu'eux et moi à planer au-dessus du sommeil. Eux, dans une souffrance insupportable. Et moi, dans des questions d'adjectifs.

Les allées au petit matin : massifs et statues, tunnel vert des marronniers touffus. Deux Chinois sont là, gestes lents, tournants ; gymnastique portant directement, semble-t-il, sur la circulation du sang. Je me retrouve à Shanghai, sur les quais, où ils sont des milliers, comme ça, tous les jours, en train de pénétrer, par une nage ultra-décomposée, dans l'interminable silence de l'espace. Je m'assois près de la fontaine. Je vois celle de Bernini, sur la Piazza Navona, à Rome. L'idée est la même : « les quatre parties du monde ». Sauf que Bernini, lui, avait du génie. Mais la sphère est là, pourtant. Elle tourne. L'eau fait un bruit de Venise. Au fond, les coupoles blanches rappellent le temps sidéral.

1984.

Bordeaux

Il me semble qu'il y a deux moments clés dans la perception moderne de Bordeaux et de sa région. La première, dans le célèbre poème d'Hölderlin, *Andenken*, qui décrit, avec une exactitude intérieure stupéfiante, la révélation lumineuse, aérée, que le plus grand poète allemand a eue en découvrant le Sud-Ouest. La seconde, en 1828, dans *Les Mémoires d'un touriste*, de Stendhal, où ce dernier écrit : « Bordeaux est, sans contredit, la plus belle ville de France. » Ces deux événements, après la tourmente révolutionnaire et la fin de l'ancien monde, ont une valeur discrètement prophétique. L'Aquitaine, l'ancienne Guyenne, Bordeaux, deviennent le point d'aimantation, à la fois marginal et central, de toute une mythologie de l'art de vivre en train de disparaître rapidement en Europe et dans le monde entier. Bordeaux est un signe de ralliement « sudiste ».

Me voici dans une chambre du *Grand Hôtel*. La vue donne directement sur le théâtre construit par l'architecte Louis en 1780. Louis a été l'architecte du Palais-Royal, à Paris. C'est le printemps. Le ciel est vif, bleu, découpé ; il va faire très chaud. Devant moi, donc, la façade des douze colonnes corinthiennes avec, bien plantées sur la balustrade, tout en haut, les douze Muses alignées. Elles semblent juger l'espace ; elles résument et ramassent, comme à l'arrière d'une frégate, le fleuve et les quais, les levées d'ancre et les appareillages dressés d'autrefois, quand il y avait des mâts, des cordes, des cris et des voiles, vers l'Angleterre, l'Amérique, les Indes, de l'autre côté du temps.

L'impression d'être « ailleurs » est immédiate. Ailleurs qu'en France, en tout cas, loin, très loin de Paris, plutôt en Italie (comme le remarque d'ailleurs Stendhal, qui compare la courbe du fleuve avec un quai de Venise), quelque part entre l'Angleterre et l'Italie (la ville a sa mémoire politique anglaise) avec, tout autour et en dessous, dans les caves, la note puissante et subtile du vin. Bordeaux est une couleur, c'est aussi la capitale de ce qui peut se boire de plus fin sur la planète. Au fond de son estuaire, semblable à une gorge protégée, profonde, Bordeaux représente la bouche et la langue, le *palais*, qui sait goûter et juger.

Les femmes brunes
Sur le sol de soie...

Je vais faire un tour. Cours de l'Intendance, rue Sainte-Catherine, cours Victor-Hugo avec le lycée Montaigne. Et puis, retour par les quais, la place de la Bourse (ex-place Royale), remontée vers le jardin public, la rue Judaïque, les larges allées de Tourny... Et voici la pompeuse colonne blanche surmontée de sa statue de la Liberté, verte, ailée ; l'obélisque du lieu, l'énigme en plein jour :

« Le monument aux Girondins fut installé entre 1894 et 1902. Il a cinquante mètres de hauteur. Le bassin côté Grand Théâtre symbolise le Triomphe de la République, et côté jardin public le Triomphe de la Concorde.

L'ensemble des bronzes a été déboulonné le 14 août 1943.

La remise en place des fontaines qui pèsent cinquante-deux tonnes de bronze, des trente-cinq personnages et de près de soixante-dix pièces a été terminée en 1984. »

Ces dates sont autant de symptômes. On ne comprend rien à Bordeaux et à l'Aquitaine si on ne se rappelle pas que la région a toujours été en état de dissidence, de révolte, ouverte ou sourde, par rapport au continent français et à Paris. Cela commence avec l'Angleterre (et le gouvernement du fameux « Prince Noir »). Cela continue avec la Fronde contre Louis XIV. Et puis, sous la Révolution, les girondins. L'opposition jacobins/girondins traverse, depuis cette époque, toute la vie politique française. Etre girondin ? C'est simple. Il suffit d'ouvrir les œuvres des trois penseurs du lieu : La Boétie, Montaigne, Montesquieu. La « philosophie » fondamentale de la France a été élaborée ici, sur ce sol, dans cette lumière, dans ce climat. Comme si la vérité du vin s'était peu à peu transmise aux corps eux-mêmes et à la pensée qui s'y forme. L'essence de la Gironde en une phrase ? Oui. Montaigne : « Quand je danse, je danse ; quand je dors, je dors. »

Je suis né là, juste avant la guerre, tout près des vignes du château-haut-brion. Je me souviens de mon enfance à Bordeaux comme de la formation lente, inexplicable, constante d'un silence de fond. Je retrouve ce silence particulier quand je veux et où je veux. Le vin s'adresse à l'intimité de votre mémoire et de vos cellules, il sait, mieux que n'importe quelle drogue, vous envelopper en douceur, vous accompagner, dormir avec vous, préparer votre réveil, explorer vos oublis. Rien de spectaculaire, c'est une musique sans bruit.

Les vignes, le port. Bordeaux est « le port de la lune ». Croissant sur l'eau. On sent l'Océan au loin, mais tamisé, filtré. Les quais, aujourd'hui presque déserts, sont pleins de fantômes. Entrez dans les magnifiques entrepôts Lainé, transformés depuis peu en Musée d'art moderne. Vous avez l'impression de sentir encore, comme sortant doucement des murs, des odeurs de gingembre ou de cannelle, toute la magie des épices d'autrefois portant, par exemple, les tableaux de Twombly, lesquels évoquent, une fois encore, la Grèce et Dionysos. Passé et futur viennent se télescoper devant vous. Après un long sommeil (celui du pénible XIXe siècle et de l'hallucinant XXe), Bordeaux semble s'étirer, ouvrir les yeux. Une autre histoire était, et demeure, possible. Une autre Europe. Une autre civilisation en train de redécouvrir, peu à peu, sa physiologie et ses droits.

A l'automne 1802, alors qu'il s'achemine vers la déraison qui va consacrer son génie, Hölderlin, dans une lettre à Casimir Ulrich Böhlendorff, se souvient une dernière fois de son passage en Aquitaine :

> « ... J'ai été intéressé par l'élément sauvage, guerrier, le pur viril à qui la lumière de la vie est donnée immédiatement dans les yeux et les membres, et qui éprouve le sentiment de la mort comme une virtuosité où s'assouvit sa soif de savoir. »

On ne saurait mieux dire, je pense.

Hambourg, 1985.

Ré

En général, je suis plutôt malheureux en France : impression de fermeture ou de stagnation. Sauf Ré.

L'arrivée à Ré est une petite opération magique. Comme un embarquement dans un satellite en train de quitter le système du manège en rond. On parle couramment, désormais, des « univers-îlots » répandus dans l'ouverture d'une expansion continue. Eh bien, j'affirme qu'après Niort il y a une sorte de couloir magnétique vers une autre terre. On traverse La Rochelle, on prend le bac, les voitures se balancent légèrement sur l'eau, on voit apparaître une dune sur l'Atlantique, on est enfin sur une île, sur l'île en soi.

L'île en soi, c'est le plan. Le plat. Le pont de navire. Le lieu intermédiaire. Le tapis volant posé là par hasard. La platitude de Ré est insolente. Pas le moindre pittoresque, un endroit de méditation pure. Je suppose que c'est la raison pour laquelle on y a installé un pénitencier. Prison, comme par hasard, à la place même qui évoque le maximum de liberté possible.

Du port de Saint-Martin, principale ville de l'île, on embarquait autrefois les bagnards (notamment les communards) pour Cayenne. Rituel sinistre dont quelques photos témoignent. Ils sont là, les prisonniers, dans la forteresse de Vauban, impeccable chef-d'œuvre géométrique. Ré a été un enjeu militaire, comme une sorte de porte-avions mouillé au large du continent. Moins durables que les fortifications du Roi, destinées aux Anglais comme aux protestants de La Rochelle, les débris du Mur de l'Atlantique s'effondrent lentement dans le sable des grandes plages comme La Conche. Pour assurer leur surveillance d'artillerie du large, les troupes allemandes ont parfois rasé des maisons. Celle de ma famille, par exemple. Nous avons été « reconstruits » dans les années 50. C'était une ferme classique à plusieurs bâtiments, sans fenêtres vers la mer (ouvrir des baies pour regarder l'eau est une idée moderne), repliée sur un vaste jardin avec des arbres rapportés d'un peu partout par un arrière-grand-oncle navigateur. J'ai vu ma mère pleurer devant la disparition de ces arbres. Un arbre est ici une valeur rare : tout est à ras du sol, le vent ne laisse rien pousser en hauteur, les vignes s'accrochent à la terre pour donner un vin blanc sec, cru, sauvage, délicieux, qui se boit avec les palourdes et les huîtres.

Cet arrière-grand-oncle est venu dans l'île de Ré pour trouver un lieu de pêche et de chasse. D'où la maison. C'était bien avant l'invention des vacances, les bains, la voile pour le plaisir. Il arrivait de Bordeaux, s'asseyait sur un banc devant l'un des petits lacs intérieurs, près des marais salants, et tirait directement les canards en vol. Je pense à lui souvent, j'imagine ses voyages, je lui dois cette parcelle de soleil et d'air.

Les noms des villages eux-mêmes ont une couleur de nulle part : Sablanceaux, La Flotte, Le Bois, La Couarde, La Passe, Loix, Les Portes. Et celui-ci, énigmatique : Saint-Clément-des-Baleines. Les baleines ! Tout un programme de rêverie. Lisez Melville, pensez que vous êtes, de l'autre côté de l'Océan, au point symétrique de Nantucket. Là est le phare qui envoie, toute la nuit, son battement lumineux aux navires. On voit tout dans la perspective, à Ré : les lumières des côtes, les signaux, l'horizon vivant. Le jour peut être aussi éclatant, aveuglant et vide que la nuit discrète et vivante. Melville ? Ou encore Shakespeare :

> « N'aie pas peur. L'île est pleine de bruits, de sons, de doux airs qui donnent du plaisir et ne font pas de mal. Parfois, mille instruments vibrants bourdonnent à mon oreille ; parfois des voix, si je m'éveille d'un long sommeil, m'endorment à nouveau. Alors, dans mes rêves, je crois voir les nuages s'ouvrir et montrer des richesses prêtes à tomber sur moi, si bien qu'en m'éveillant je pleure du désir de rêver encore » (*La Tempête*, acte III, scène 2).

A quelle île s'appliquent mieux ces paroles qu'à celle qui porte le nom d'une note de musique ? Est-ce qu'on peut imaginer un village qu'on appellerait plus fantastiquement qu'Ars-en-Ré ? L'art de la fugue immobile, c'est ici. Le petit port ouvrant sur le « fier », grand fjord plat où se multiplient les voiliers, avec ses digues bordées de cupressus et ses rives de pins parasols. Et l'église Saint-Etienne, avec son clocher peint en blanc et noir, souvenir du temps où il servait de point de repère, d'amer, aux bateaux... Un clocher-fusée futuriste... La nuit, donc : vous ouvrez la radio, vous captez presque mieux Londres et Saint-Sébastien que Paris. Vous allez vous allonger sous le phare pour observer sa roue dans le ciel. Vous êtes à la surface d'un planétarium lancé dans l'espace : en haut, à ma gauche, la Grande Ourse, qui va basculer peu à peu dans l'Océan, avec la montée du jour. Une nuit de travail : une nuit avec la Grande Ourse. Et les satellites que vous voyez se balader calmement, étoiles supplémentaires, sans parler des filantes, traits de feu devant lesquels il faut immédiatement, sans réfléchir, prononcer un vœu. « Que mon livre soit bon ! » Hop, télégramme stellaire ! La distance entre extérieur et intérieur est abolie. Je rêve souvent, la nuit, que l'île dérive, s'en va très loin, et revient s'ancrer au petit matin. Le vent souffle, les vagues déferlent ou, au contraire, un silence insinuant, supraterrestre, enveloppe chaque feuille, chaque aiguille de pin. Le sable réfléchit, les fleurs prennent une densité d'aimant. Quelque chose de non humain, d'aérien n'arrête pas d'arriver, et il faut savoir le respirer, l'écouter, sans cesse.

C'est un problème d'évaporation. Chimique, alchimique. Et les marais salants sont là pour en donner l'image. Toute l'île du Nord (la mienne) est quadrillée par eux. Le sel : voilà, finalement, ce qui devrait rester de la terre. Le sel est à l'intersection du ciel et de l'eau, du feu et des marées, de l'air et du monde minéral. Il est comme le sperme d'un coït permanent entre le souffle et le mouvement liquide inspiré par la lune. Il se dépose là, peu à peu, imperceptiblement, sur les coins que des silhouettes perdues dans la trop vive luminosité entretiennent. Regardez-les ratisser, comme des moines bouddhistes, la surface chauffée, sourdement expressive, comme un miroir producteur de grains. Regardez ces tas blancs, vibrants, monter avec le temps. La main dans le sel, l'odeur : un étrange parfum de violette. La langue dans le sel frais. A ce moment-là, c'est comme si tout le corps se rappelait une autre vie que la sienne, une existence plus énergique, plus fine, un flash d'immortalité. On dit : l'écume des choses. Mais l'écume est cent mille fois plus essentielle que les choses : c'est elle qui, calmée, retenue, apprivoisée, se laisse transformer dans cette matière des matières dont vous allez éclairer, tout à l'heure, votre nourriture. La bave de la nature vous permet d'avoir du goût. L'île de Ré travaille lentement au cœur des muqueuses.

Le sel, les « fruits de mer ». Les huîtres, bien sûr, qu'on sait ou qu'on ne sait pas ouvrir, strictement, au point sensible. A la lumière nacrée, réflexion de perle sous masque rugueux. Mais surtout : la palourde, nom parfait. Pour une forme parfaite. La palourde, équivalent de la sole pour les coquillages, est un compromis entre le sable, la vase et la tiédeur mouvante de l'eau transpercée de soleil. Il faut savoir la chasser. Deux petits trous, à peine visibles, pour sa respiration. Les doigts s'enfoncent, creusent, vous l'avez, grise et bleu marine au creux de la main. Et quelle saveur ! A la fois fade et raffinée. C'est le poète Francis Ponge, je crois, qui a appelé l'abricot : « palourde des vergers ». Mais l'abricot a quelque chose de naïf, alors que la palourde a une consistance logique imparable. Un plat de crevettes grises et de palourdes, deux verres de vin blanc : vous avez assez déjeuné.

Les îles grecques, la Méditerranée en général, c'est le sublime sans issue, la verticalité fixe, et, pour moi, un sentiment oppressant de tragédie inutile. Tandis que l'Océan... « Vieil océan aux vagues de cristal », comme l'écrit Lautréamont venant de Montevideo à Bordeaux. L'Océan, au masculin, comprend ses marées féminines. Illusion et désillusion. L'absence de relief à Ré, qui permet de voir le soleil se coucher et se relever comme aux extrémités d'une ligne droite, qui donne à la lumière ce côté toujours argenté de microclimat, permet aussi d'observer la façon dont l'eau couvre et découvre son fond. Rien de rocailleux, aucun effet romantique, pas la moindre trace de mythologie. Pas de Bretagne, de druides ni de Celtes. Pas de traces préhistoriques. Rien. Comparaisons ? Alors, oui, souvent la Chine, très souvent, ou alors Torcello, près de Venise. Canaux, marais miroitants, cloisonnements, paysages comme un papier en train d'être peint. Assis à ma table, je peux rester toute une journée à regarder le vent rider l'eau, la danse cruelle des mouettes, tout en sentant la grande scansion des marées. L'eau s'enfuit dans le lointain, s'arrête à un point neutre, revient peu à peu et, soudain, à toute allure.

Je ne crois pas qu'il y ait beaucoup d'endroits aussi peu propices au drame, à la psychologie, aux passions. Les corps humains eux-mêmes disparaissent. Ils donnent l'échelle, simplement. Ils sont annulés. La vague des vacanciers a l'air aussi incongrue qu'un eczéma provisoire. L'île ne s'abîme pas, elle n'enregistre pas la présence humaine. Une nudité interne, une relativité intense vous habite. Je voudrais bien qu'on me montre ici quelqu'un qui croirait à quoi que ce soit. Le caractère des habitants est empreint à la fois de sagesse et d'ironie. Pas de mots inutiles, pas de fantômes, pas de héros, pas de dieux, pas de cris. Autant en emporte le mélange permanent air-liquide. Ré : la brièveté même. Le réalisme, c'est la nature poussée à bout, réduite à ses particules de base. Une évacuation.

Alors, tout peut s'éclairer de façon plurielle. Pas de jugement, mais des rouages. Pas de sentiments, mais l'audace des géométries. Pas de profusion ou d'excès, mais une leçon sur la fragilité d'une rose ou la délicatesse infinie des papillons blancs de l'été. Ils tournent, là, à deux ou trois, sans passé, sans avenir. Table rase : chaque détail prend une ampleur monumentale. Et c'est pour cela qu'il me semble pouvoir mieux dire ici la vie de l'autre monde, celui du marché, du calcul, des rapports de forces, des désirs, des agitations. Il est loin, cet autre monde, et pourtant tout proche. On en est sorti, mais on peut l'avoir sous microscope. On le cadre enfin. On le voit. A l'envers. On peut en écrire le roman.

Où que je me trouve, dans le monde de notre géographie, je pense brusquement à Ré. C'est ma note fondamentale. Mon *la*. Ma corde sensible où je retrouve, en résumé, des milliers de sensations. Ma fenêtre m'attend, près de laquelle est planté un laurier. Le soleil traverse la pièce et va rougir la fenêtre opposée : une journée a eu lieu. Un air de Hollande, mais chauffé par le Sud. Nous sommes au nord du Sud, à la frontière du mélange. D'où la nacre, l'argenté des couleurs. J'entre, là-bas, dans mon silence. Une plage à cent mètres, les plans d'eau, je ne quitte pratiquement plus la maison, le jardin. Il ne s'agit pas, comme en Grèce, de retrouver une « nature » sans modernité. Pourquoi pas le téléphone, qu'on branche ou débranche ; pourquoi pas la télévision posée par terre, le son en moins, comme un écran de contrôle sur ce qui se passe « là-bas », disons à la Bourse. Regarder la télévision française avec le son de la B.B.C. anglaise est aussi un amusement.

Voilà Ré, signal de l'Ouest, bateau tourné vers l'Amérique. De l'autre côté de la nappe atlantique, c'est Long Island dont l'éclairage et le dessin ne sont pas très différents.

Voilà Ré, île de partout et de nulle part, comme l'embarcation de la fiction même.

1983.

Vers la notion de Paradis

L'écriture percurrente[1] qui apparaît avec *H* se continue et s'approfondit avec *Paradis*, se fonde non pas sur une « technique » – mais sur une autre approche du *sens* en train de faire interprétation dans l'écrit.

Ici l'œil s'efface dans ce dont se *souvient* l'oreille. La bouche muette qui a parlé, parle, parlera et reparlera dans les lettres vient se coller au tympan de l'intérieur, directement. Parler à l'oreille, de bouche à oreille, d'une bouche qui n'existe pas à une oreille qui n'existe pas, amène les traces écrites à « fleurir » brièvement et à couler, glisser, s'éloigner, comme si elles étaient poussées par le souffle. Il faut mimer la fuite des idées pour faire fuir les idées devant la pensée.

Aucun procédé mécanique : ni automatisme, ni collage, ni coupures, pouvant laisser imaginer que le matériau pré-existe à l'acte. Bien entendu, tout ce qui s'est écrit ou se dit, s'imprime, se projette, se diffuse, se joue, se monte, se danse, se récite, s'enseigne, peut « passer » ici. La seule forme identifiable comporte deux principes simples :

1. Courir à travers : *per omnes civitates percurrit oratio mea* ; parcourir : *omnium pectora metu percurrente* (la crainte se glissant dans tous les cœurs).

1. l'absence de toute ponctuation *visible*

2. une métrique rigoureusement répétitive avec rimes.

C'est une façon d'insister sur le *son.* D'abord, encore et toujours le son. L'expérience continue de la répétition et du rythme est une tentative avouée de produire un corps en train d'*éjecter* tout corps. Conséquence clinique immédiate : il s'agit de « voir » à travers les corps la manière dont ces corps s'empêchent de se voir comme corps, comment ils sont assis sur leur pensée empêtrée de corps, l'ironie terrible qui les enterre dans leur sexe auquel ils tiennent comme au principe de toute mystification. Ça ne parle pas plus loin que le sexe en corps l'interdit au corps qui tient à son sexe : hommes d'un côté, femmes de l'autre. Ils sont là, ils croient se percevoir chacun sur son bord, ils se haïssent mortellement, ils appellent vie, pensée, histoire, politique, événement, amour, la circulation de cette mort dans la mort. La planète consomme beaucoup, idem pour la langue qu'elle ne peut pas s'empêcher de parler à travers ses langues. Pas besoin de mixer les langues, il suffit d'attraper leurs *gestes* : les vivants parlent pour déguiser leur pensée, mais comme leur pensée les déguise avant même qu'ils l'aient pensée, on peut arriver très vite à la vision nette de ce qu'ils pensent être leur secret, d'où le comique.

Le pouvoir se fait à coup de secret, c'est pourquoi il est « tourbillon d'hilarité et d'horreur ». Le sujet de l'expérience peut passer sans transition et constamment de l'une à l'autre sensation, là où en général ne règne qu'une reconduction du malaise. Ça hésite en bavardant du malaise : purgatoire quotidien. Mais Sade, lui, en écrivant, trouve la formule même : « tout est paradis dans cet enfer ». Il faut entendre *paradis*, comme on dit « tragédie », « comédie ».

Le *fond*, eh bien le fond, le fond, le fond, que voulez-vous, le fond, le problème, c'est toujours le même, depuis que Nietzsche l'a nommé par son nom : le nihilisme. On ne peut pas ne pas constater qu'il fait rage, philosophiquement, socialement et psychanalytiquement rage, et littéralement rage, journalistiquement, radiophoniquement et télépathiquement. Donc, il y a un délire à traverser (Artaud, Céline), un détachement à trouver (Joyce). C'est un jeu d'enfant, en cours de route, de se substituer aux substituteurs, d'imiter les imitateurs, de plagier les plagieurs, de renévroser les névroses, de psychotiser les psychoses, et surtout, surtout, de déféticher les féticheurs, de réensorceler les sorcières et les envoûteurs *inconscients*, bien sûr, peu importe. Bref, il faut relire *La Tempête*, et tout de même faire un pas de plus, par exemple en jetant de temps en temps un coup d'œil sur la Bible, le recueil qui fait le plus peur à tous les modernes, celui qui les scandalise le plus et choque le plus intimement leur incroyable pudeur. Incroyable, parce que cette pudeur se croit affranchie alors qu'elle barbote dans une obscénité élémentaire qui va de l'obsession du cadavre à l'opaque misère de leurs organes chauffés, réchauffés, glacés en contre-plaqué, avec le cortège habituel de culte en occulte, et tous ces mythes, dieu, toutes ces rêveries sur fond-mythe, éternel retour d'un phénomène qui se prendrait pour le retour éternel, lequel reste difficile, très difficile, très abrupt, très dur. Et en même temps si facile. *Facile*.

« Il y a dans l'homme un vice fondamental ; il est indispensable de le dépasser. Essaye ! ».

Ou encore : « dès que l'homme s'est parfaitement identifié à l'humanité, il commence à mouvoir la nature entière ».

On peut d'ailleurs laisser tomber ici la nature et « l'homme », mais il est clair que lorsqu'on parle de la « folie » de Nietzsche disant « tous les noms de l'histoire, au fond, c'est moi », on se dérobe au sens d'une expérience qui invente à travers cette traversée des noms à la fois une autre histoire et une autre énonciation. Voix derrière la voix, intervalles vides martelant la voix, voix rassemblant des voix dans les accents de leurs traces, table rase et cylindre, roue et infini du volume remis à plat, sortie du cadre, de tous les cadres-séquences, fantasmes cadrés, *frontalement* encadrés pour l'écran d'on ne sait quel cinéma. C'est à l'écoute que ça va se jouer, et de plus en plus vers une *quatrième* oreille, la troisième se bouchant et se rebouchant entre fauteuil et divan. Tout ce qui s'écrit, se publie, relève du coup de ciseau de l'analyse, et l'inflation actuelle comme exhibition et sursaturation montre bien que l'époque le *sait* confusément. Mais que l'interprétation analytique soit vraie à cent pour cent, laisse intact le problème du nihilisme, dont les trois têtes s'appellent politique, philosophie, religion. Forcer l'écriture à être *au-delà* de ces trois impasses, et à être le sens percutant montrant ces impasses, et un sens qui ne dit pas ni oui ni non mais oui complètement dans le non, pourrait alors entamer deux mille ans d'histoire et transformer le vieux genre apocalyptique en féerie d'un rire comme il n'en a pas été ri.

1976.

La Coupole

1° Pourquoi ce titre ? Pourquoi *Paradis* ? Il y a plusieurs niveaux... et d'abord un niveau très apparent qui est le renvoi à une tradition culturelle occidentale. La première chose qui m'est apparue massivement, c'est qu'il n'y avait pas eu traitement de ce mot en français. Il y a *La Divine Comédie* de Dante où il y a un *Paradiso*, il y a un *Paradiso* de l'écrivain hispano-cubain Lezama Lima (c'est curieux qu'il n'ait pas dit *Paraiso*) ; il y a en anglais le poème de Milton, *Paradise Lost*, mais il n'y a pas eu l'utilisation du mot paradis en français pour un titre. Première question : pourquoi le français n'a-t-il pas produit un « paradis » ? Est-ce qu'il y a là une question religieuse, théologique ? Pourquoi le français n'a-t-il pas traité de l'entrée dans le monde d'avant la chute, de la faute, ou dans celui d'après la chute et la faute – de la Rédemption ? Ce qui pose tout de suite la question de savoir comment le français se débrouille avec les stratifications religieuses. Et de savoir ce qui a été écrit en ce sens en français. Par exemple, si j'ouvre la bibliothèque française au chapitre « tentative de donner une dimension théologique au langage poétique », je vais tomber presque automatiquement sur Victor Hugo, je vais jeter un œil sur *Dieu* ou *La Fin de Satan* ou *La Légende des siècles* et je vais m'ennuyer très vite dans le traitement de l'alexandrin qui va essayer de me donner la condensation de l'histoire des religions, etc. Mais en tout cas rien qui pourra m'indiquer qu'a été vécue une tentative de paradis. Deuxièmement, il y a une signification extra-occidentale si on peut dire, et ça renvoie finalement à une tradition kabbalistique puisque le paradis c'est le *pardès* de la Kabbale, c'est-à-dire, si on prend les lettres p, r, d, s, les quatre niveaux d'interprétation, qui renvoient aux quatre niveaux du Moyen Age, du sens historique, littéral, jusqu'au sens anagogique. Ça veut dire que le titre indique un certain état du langage qui lui-même, tel qu'il est traité là, serait dans un état paradisiaque à la fois rythmiquement et au niveau du flux des significations. Ce sont là deux aspects du titre, dans lequel on peut mettre l'accent sur *dis*, vas-y, dis-le, dis-le-nous ce auprès de quoi ça se dit. Le préfixe *para* veut dire à la fois *le long de* et *contre*. (Vous savez qu'on l'emploie aussi en chimie.) La lettre *i* est, là, pour moi, impérative.

2° La suite des titres auxquels je tiens est la suivante : *Drame, Nombres, Lois, H* et *Paradis.* Le titre qui précède *Paradis,* c'est *H,* une lettre, une lettre divine. C'est le brouillon de *Paradis.* C'est un livre qui a eu une destinée assez curieuse, qui a agité le paysage rythmique, c'est en tout cas le premier où je mets au point une métrique intégrée, c'est-à-dire l'absence de ponctuation systématique qui intervient comme le commencement (je n'ai pas de meilleure métaphore) de la construction d'un micro-processeur, comme on dit dans la construction des ordinateurs. Avec *Paradis,* je construis un des premiers micro-processeurs précis de la langue, apparemment française, ce qui veut dire la possibilité de construire un computer qui va traiter des zones de mémoire très étendues de la culture et de l'histoire du langage humain et de ses significations, parce que le travail que je fais est un travail qui ne porte pas seulement sur les signifiants ou la langue, thème traditionnel des avant-gardes (bien entendu je me sens aussi solidaire de cette implication), mais aussi bien sur les signifiés, c'est-à-dire sur l'étendue des données informatiques portant sur tous les problèmes à la fois, qu'ils soient scientifiques, religieux, psychologiques, sexuels, etc. J'essaye de construire un ordinateur qui, à une question donnée, peut répondre par séries de réponses selon les situations du sujet dans l'histoire ou, plus exactement, de l'histoire dans le sujet. Pour construire un maximum d'informations, il faut se munir de ce très curieux appareil, de ce micro-processeur (vous savez qu'en France on ne fabrique pas de micro-processeurs, c'est IBM qui les fabrique)... Il est évident que pour moi la question est de coller autant que possible à l'imaginaire télématique de l'époque, tel que nous sommes en train d'en vivre la mutation. *Nombres* (1968) est déjà un titre biblique, c'est le titre d'un des livres de la Bible. Très tôt, ce qui m'a paru curieux était l'absence de traitement de la Bible dans la littérature française. Je donne un exemple : prenons l'avant-garde à des époques qui ne paraissent pas comporter ce concept, comme le XVIIe siècle. Qu'est-ce qui est d'avant-garde au XVIIe siècle ? C'est tout à fait évident au niveau de la construction d'un ordinateur embryonnaire de l'époque entreprise par Pascal. Pascal est un homme qui fait de la mathématique, il s'intéresse à la roulette, il effectue des calculs mathématiques sur les cycloïdes. A un moment donné, pris par le désir de tout mettre en rationalité spéculative, il se pose la question – on appelle ça l'expérience subjective et vertigineuse du pari de Pascal – de savoir comment traiter la question religieuse. Il essaye de construire un ordinateur (on appelle ça les *Pensées* de Pascal), un ordinateur qui sera repris par Lautréamont à la fin du XIXe siècle (raison pour laquelle Lautréamont est aussi un grand inventeur dans la possibilité de créer un micro-processeur de langage). Pascal s'aperçoit que la culture de son temps n'a pas vraiment traité la référence biblique. Et c'est la seconde partie des *Pensées* sur laquelle on n'insistera jamais assez, parce qu'elle est peu lue, où l'on voit Pascal se mettre à faire des tentatives très systématiques pour résumer l'Ancien Testament, le Nouveau Testament, en donner les formules les plus courtes possibles, comme s'il voulait faire sortir ce refoulé-là et en traiter la logique. On peut très bien imaginer qu'on prenne le corpus mystique et qu'on essaye d'en saisir les articulations majeures pour éventuellement les introduire dans un ordinateur, par exemple toute la théologie, ou la seule *Somme théologique* de saint Thomas... Dans *Lois* (1972), je m'étais amusé à prendre toute la grande *Logique* de Hegel pour voir comment elle pourrait se traiter en termes de littérature. Ce sont des strates qu'on peut envisager... Tout ça pour dire que je crois qu'en insistant sur le titre de *Paradis*, je marque quelque chose qui est de l'ordre d'un refoulement, qui est spécifiquement l'absence de traitement par la langue poétique française des données théologiques et bibliques.

3° Ce refoulement tient probablement à la chose suivante : ce qui a été historiquement oublié c'est la considérable importance de Paris et de la France (mais comme ça se traitait en latin, ça ne touche pas la langue française) pour la discussion de la théologie. Maître Eckhart habitait rue Saint-Jacques. Le français s'est produit très rapidement sur une longueur d'onde qui s'est coupée du texte théologique. Finalement, on va toujours trouver la même histoire, c'est-à-dire, en gros, Montaigne comme constitution du français. Cela se produit sur une longueur d'onde tout à fait différente, la Renaissance, et la constitution de ce qu'on appelle l'humanisme européen. Les théologiens, ou les gens qui ont saisi l'occasion de prendre la question religieuse de plein fouet comme Pascal ou Bossuet, se sont retrouvés dans des aventures très singulières, très isolées, très originales. Et je crois que jusqu'à la fin du XIXe siècle, jusqu'à la grande tentative de syncrétisme, mais barbante, de Hugo, parce qu'elle est prise de façon déisto-alexandrine, c'est-à-dire comme une sorte de synthèse ronronnante, la crise qui a lieu brusquement est une crise d'invention de logique avec Lautréamont par exemple. La question est posée de façon plus intense hors de France. Pourquoi ? Parce que peut-être qu'en France, aux XVIe, XVIIe, XVIIIe siècles, on a vécu une aventure plus radicale que dans les autres pays, que la culture française a vécu le fantasme de la décapitation de la référence théologique d'une façon tout à fait fondamentale (c'est la grande portée de Sade).

4° Il me fallait trouver une forme susceptible de traiter quasiment en direct, au coup par coup, constamment, l'information telle qu'elle est en train de se faire. Donc il faut trouver le point de vue qui soit le plus aigu et le plus vaste possible, le plus restreint – c'est-à-dire qui donne à chaque instant l'information la plus fondamentale, ça je crois que c'est le point de vue sexuel à ce moment-là, ce qui revient aussi à dire que ce que je fais n'est pas pensable sans Freud, sans la mise au point de Freud. Si on prend Freud au sérieux, on s'aperçoit que toutes les mythologies se présentent pour se faire déchiffrer et démystifier ; si on prend Freud au sérieux, on est obligé de constater que non seulement tous les personnages dits humains se présentent pour se faire démystifier et déchiffrer jusqu'à leur impasse sexuelle, mais que toutes nos constructions culturelles viennent se faire déchiffrer sur une véritable table d'opération, que ce soit la culture grecque ou la culture latine et les différents systèmes religieux. On revient à la même impasse, répétitive. Ce que montre Freud, c'est une certaine constante de la répétition. Il me fallait cette répétition ou la clef de cette répétition pour construire une narration qui, tout en répétant tout le temps la même chose, balaierait de grandes zones de mythologie. Il y a aussi dans *Paradis* le traitement au jour le jour de l'information qui arrive au moment où j'écris, c'est l'Iran, l'élection du pape, la crise économique, les différentes petites anecdotes politiques. Trouver le point le plus aigu, je crois que c'est la question sexuelle et religieuse, et Freud – à la fin de sa vie, que fait-il ? Sinon s'interroger sur le monothéisme ? Mourir en 1939 quand on s'appelle Freud, avec un livre qui s'appelle *Moïse et le Monothéisme*, n'est évidement pas le fait du hasard. Depuis 1939, il s'est passé beaucoup de choses qui vont dans le sens de la question posée par Freud qui est la question cruciale du déchiffrement symbolique de l'humanité. Deuxième raison, il y a eu, à la fin du XIXe siècle, une certaine resacralisation de la littérature, telle qu'elle s'est présentée chez Breton et dans le surréalisme, avec l'intérêt pour l'occultisme, l'ésotérisme et les choses de ce genre, mais avec le même blanc, le même silence très insistant sur la question judéo-chrétienne qui est repoussée comme étant l'ennemie. A ce moment, on a dans la construction de Breton une sorte de blanc sur deux mille ans de culture humaine. Ce qui est quand même spectaculaire. Il y a retour du sacré, mais pas du tout démystification du sacré. Le rendez-vous avec Freud est manqué... Avec les avant-gardes qui ont suivi, on a pu constater un soulèvement sexuel de plus en plus intense. Sade commence à être connu vers 30-35 et ne cesse pas depuis de produire son effet. C'est diamétralement opposé à la resacralisation de l'expérience. Mais en même temps, cet impact sexuel est quelque chose qui peut rester trop centré, organicisé, ne pas permettre le déchiffrement. Je crois que, pour la construction de l'ordinateur de déchiffrement, il faut à la fois la question sexuelle de désacralisation, la dimension historique et la dimension mystique. La langue n'est qu'un des aspects de la question (il n'y a aucune raison de la fétichiser). Donc : Sade, la Bible, Freud, l'ordinateur. Sade, parce que c'est le comble de la déclaration des droits de la vérité sexuelle, la Bible parce qu'elle dit la vérité de cette illusion, Freud parce qu'il permet d'en comprendre la répétition, l'ordinateur parce qu'il représente ce qu'on pourrait appeler la technique de l'inconscient lui-même (accumuler, transformer, calculer). Enfin, l'essentiel : la longueur d'onde humoristique. Montrer que, dans ce qui s'écrit, quelque chose, sans fin, rit.

En réalité, je me sens plus proche, dans ma rêverie, de ce qui s'est passé entre le XIIe et le XIVe siècle, y compris avec sa composante islamique, que des trois derniers siècles. Si la fiction est nécessaire et va plus loin que la philosophie c'est qu'il faut que le sujet qui s'exprime soit à la première personne et vive une expérience qui soit précisément physique de la chose, parce qu'on ne peut pas passer par un autre moyen pour traiter l'ordinateur du présent. Il faut que le sujet s'implique dans son corps, dans sa sexualité, dans son inconscient, dans sa dérive, dans toutes les variantes possibles où il peut prendre la forme de la première personne, même si ce n'est pas la sienne. Il faut prendre tous les énoncés comme pouvant être repris à la première personne dans une expérience subjective en train de se raconter le roman que le sujet est en train de vivre. C'est la forme la plus juste de l'histoire en train de se faire en tant qu'elle est forcée de calculer comment elle émerge de toutes les stratifications mortes qui ont eu lieu avant. Par conséquent, *La Divine Comédie* n'est pensable que si elle prend cette forme subjective. *Paradis,* en tant que micro-processeur, ne peut se penser qu'à travers un filtre rythmique tout à fait fondamental pour moi : la reprise du décasyllabe. Le décasyllabe m'est tombé dessus à partir de *Lois.* Je l'ai caché un peu avec *H* (1973), mais dans *Paradis* c'est très évident par-dessous. C'est écrit comme un flux sans ponctuation, mais si on regarde bien, il s'agit d'une rythmique très particulière qui procède presque tout le temps par des répétitions et des parallélismes de dix pieds. C'est un martelage avec rime interne. C'est une tentative de fusion entre poésie et prose, et ça donne finalement une épopée qui n'est rien que l'ordinateur qui raconte ce qui se passe dans le langage depuis qu'on peut en repérer les articulations.

5° C'est donc un roman. C'est aussi bien un long poème. C'est une épopée. C'est un télex, un computer métaphysique. Enfin, bref, ça voudrait présenter le plus de niveaux possibles de ce à quoi on peut arriver en faisant jouer le langage. Il y a de grands ensembles de narration qui font que c'est une série de romans à l'intérieur de ce tissu épique, mais c'est aussi bien la dimension poétique qui peut apparaître, sous la forme d'un travail très rigoureux sur la syllabe. Je voudrais qu'on entende tout sortir et rentrer dans la syllabe. Je voudrais que tout soit compris de la syllabe à la grande unité qu'on aurait pu appeler chapitre autrefois, c'est-à-dire qui raconte telle et telle histoire à tel moment. Je voudrais qu'à chaque instant on ait tout ensemble, c'est-à-dire la petite percussion de la syllabe qui court comme une bille, comme un roulement à billes sans cesse, comme un flux électronique, ensuite, au-dessus de ça, la dimension poétique – on va reconnaître des octosyllabes et des décasyllabes qui passent rapidement, comme des flèches –, jamais, au grand jamais d'alexandrins sinon comme ironisation parce que l'alexandrin est comme une sorte de travesti de la rythmique fondamentale... Le vers de dix pieds, c'est *La Chanson de Roland*, la chanson de geste, c'est Shakespeare, tout ce qui veut faire en sorte qu'à la fois on dit quelque chose et qu'on l'agit. C'est le mètre du physique en acte. L'alexandrin est déjà la représentation travestie du fait qu'il y a eu une action antérieure. Le livre étant très performatif, très performant, très versé au père, il doit à chaque instant être en état d'action. Il y a le paragraphe, la courte séquence narrative qui peut être sexuelle, mythique, psychologique, etc., et au-dessus encore il y a encore une grande unité disons le chapitre repris immédiatement dans le roulement de la syllabe, qui est reprise dans le vers, lequel est repris dans le paragraphe qui est repris lui-même dans le paragraphe, etc. Ce qui fait que je ne peux pas indiquer de blanc ; le blanc ne serait là que comme une sorte de faiblesse de la machinerie, qui doit représenter simultanément tous les niveaux et les reprendre dans sa nappe. Il n'y a pas de majuscules, pas de ponctuation, encore que ce soit très ponctué de l'intérieur, il y a énormément de noms propres qui sont les noms de l'Histoire aussi bien, il y a des prénoms pour ce qui se passe dans la vie courante, dans la vie courante des lits ou des scènes privées, c'est aussi fait à coup de dictionnaire selon les postures historiques, et puis il y a les dates, il y a beaucoup de chiffres, que ce soit 1610, 1040, 840 – 1240, 1979, 1980 ou l'an 3480 qui se produira un jour peut-être, ce n'est pas sûr. Les chiffres sont là pour indiquer encore une fois une sorte de roulement, c'est-à-dire que nous sommes au moment où une Apocalypse à l'envers est possible. Il s'agit de faire sentir que le temps va se poursuivre, que l'histoire va se dérouler, mais que tout ça est terminé. L'accroissement est donc un pur accroissement logique, tout cela ne va nulle part mais réclame de s'autodéchiffrer en permanence. Donc c'est un coup d'arrêt à ce que serait une vision linéaire de l'histoire allant vers un but, et c'est le commencement d'un tourbillon plus planétaire qui consiste à faire apparaître des dates, simples chiffres en train de rouler comme combinaisons d'un coffre-fort qui serait le sens. C'est pourquoi ça s'appelle *Paradis*. La sublimation elle-même.

6° La première phrase est sortie directement de la fin de *H*; j'avais déjà cette idée d'enchaîner les livres les uns aux autres depuis des années et des années, comme s'il s'agissait d'un seul grand livre en états successifs. Je fais ça au moins depuis *Nombres*. *Nombres* et *H* s'enchaînent, et la fin de *H* était justement sur la Bible. Dans le dernier tiers du livre, ce qui s'est mis à parler dans la narration vers la fin, ce sont les Prophètes. Je me rappelle très bien ce moment qui a été très violent pour moi, c'était pendant l'été 1972, je ne m'attendais pas du tout à avoir besoin de ça et, brusquement, l'intonation de la profération de la prophétie biblique s'est imposée à moi avec une force rythmique. J'ai été obligé de rouvrir une Bible et de regarder comment parlaient Isaïe, Jérémie, Ezéchiel... Ça s'est imposé. J'ai enchaîné immédiatement là-dessus. Ce qui fait que *Paradis* débute immédiatement par l'intonation prophétique qui tourne aussi immédiatement à la parodie, c'est un peu le modèle prophétique qui, en gros, commence par une élection, par le fait que le prophète se trouve au milieu de gens qui méconnaissent la vérité, qui se livrent à la prostitution, à l'idolâtrie et qui par conséquent oublient la loi, c'est-à-dire la jouissance. Le personnage énonciateur fondamental qu'on appelle Dieu ou l'inconscient est obligé de se choisir un récitant, peut-être particulièrement névrosé, fou, malade, ou particulièrement souple ou particulièrement rusé ou obtus, en tout cas, particulièrement doué pour la parole, encore qu'il en doute le personnage qui est malgré lui élu. – Dieu choisit donc quelqu'un qui est très effrayé par cette élection, qui commence souvent par refuser (le cas de Jonas) ou par avoir une vision terrifiante, après quoi il est chargé d'accomplir un certain nombre de choses : parler, faire l'abruti d'une certaine façon, épouser une prostituée, prophétiser sur les malheurs de la cité, etc. Ce récitant commence d'une part à célébrer sa vision, à célébrer la loi telle qu'il la voit et telle qu'elle lui est imposée par ce grand énonciateur qui a fondu sur lui du fond de son inconscient et à décrire cet état de dégénérescence, de décadence, de leurre, de semblant, dans lequel est tombée l'histoire dans laquelle il se trouve. Il y a dans le livre prophétique tout ce qu'il faut pour un romancier : la situation d'exception, la situation visionnaire, avec tout ce que vous voulez comme possibilités d'apparitions violentes, de situations dramatiques, entre le sujet et un univers en état de décomposition. Ce sujet se trouve immédiatement dans une position très critique et il peut décrire, en partant toujours d'un point de vue très sexuel (le prophète va droit aux choses – il va droit au fait qu'il y a quelque chose en train de se trafiquer). Chez les Grecs vous avez la peste, mais dans la Bible c'est autre chose, car on sait d'avance ce qui est en train de se passer, c'est-à-dire un trafic sur l'impasse sexuelle, l'idole.

Paradis commence très exactement comme ça. Il y a une vision qui est dans le style prophétique et qui accumule tout de suite des symboles dans le sens de la voix et de la lumière – il y a la voix et la lumière, qui viennent ensemble, la voix étant affirmée, mise en avant, et ça revient comme un leitmotiv qui passe entre syllabe et narration. La voix est absolument déterminante pour l'écriture, c'est vraiment à l'intérieur de la voix que ça se fait : la vision, tout ce qui est image, tout ce qui va apparaître comme déferlement imagé est secondaire par rapport à une voix quasi silencieuse ou proférratrice qui est là constamment en action derrière. Bref, le début, ici, est centré sur le Symbole de Nicée (toute la théologie arrive).

7° Je viens d'écrire la dernière phase de *Paradis* tout récemment. La dernière phase ne peut être qu'une conclusion provisoire, par exemple la fin d'un premier volume, fin que j'ai construite de la façon suivante. Il y a deux fins. La première consiste sur le mode parodique, comique, dans le fait que toutes les bandes *enregistrées* jusqu'à présent sont transmises à une secrétaire qui s'appelle Marie et qui est une gracieuse secrétaire (salut Marie pleine de grâce !) chargée de les mettre dans un ordinateur pour transformer tout ce qui a été enregistré jusqu'à présent en petite annonce chiffrée. Le narrateur se dit en train d'attendre le résultat de cette opération. La seconde fin consiste à terminer le premier volume dans le style du roman noir, dans un style réaliste, mais toujours sans ponctuation, où on voit un personnage accomplir une action symbolique dans une ville, avec un petit paquet qu'il dépose dans un endroit particulier. C'est le premier volume lui-même qui est déposé dans l'attente. Au moment même où on achève le premier volume, la narration dit que ce livre est en train de continuer ailleurs. Il a beau s'achever là, ça ne s'achève pas – ça n'a pas commencé et ça ne peut pas s'achever. L'accent est donc mis sur toutes les opérations qui ont pu se dérouler entre.

Juste avant le fait qu'on demande à une secrétaire de déchiffrer toutes les bandes enregistrées pour en tirer une petite annonce chiffrée et avant la séquence où se déroule un acte que je ne dévoile pas, mais qui est religieux, c'est la forme roman policier qui domine... Juste avant ça, il y a une grande séquence érotique où le narrateur s'enferme avec douze femmes qui sont ses douze apôtres en disant qu'il va charger chacune d'elles de *ne pas* comprendre à sa façon ce qu'il a écrit, c'est-à-dire que les douze femmes seront envoyées de par le monde pour incarner une censure, et non pas pour incarner la transmission d'un message. Chacune aura à cœur de représenter, évidemment après un acte sexuel consommé sur place, une certaine forme de censure. Il y aura donc au moins douze thèses contradictoires de censure qui seront émises sur ce qui a été écrit, c'est beaucoup plus intéressant que de faire transmettre par douze personnes un enseignement identique. Ce qui se transmet, c'est la censure, *d'une certaine façon.* Il y a à la fois un élément mystique, un élément sexuel et un élément parodique entre les deux... C'est ainsi que se termine le premier volume de *Paradis* : le narrateur est en train de boire à la terrasse d'un café après avoir accompli un dernier geste, et il renverse la tête au soleil.

La forme que j'ai adoptée qui est celle du feuilleton est entièrement due à la contrainte sociale. Le premier à la manifester clairement est Joyce dans *Finnegans Wake.* Cela s'est imposé à moi. Lautréamont annonçait une publication permanente qui n'aurait pas de prix, ce qui veut dire une publication de forme telle qu'elle ne pourrait pas être prise pour un objet fermé qui soit immédiatement porteur de son prix. C'est donc une façon de différer le prix. En différant le prix, puisque ce n'est pas vendable immédiatement sous une forme achevée, on diffère la mort même de la lettre. Le fait de réinventer le feuilleton comme je l'ai fait avec *Paradis* est une façon de prendre à revers tout ce qui fait semblant de se passer pendant le temps où ça s'écrit. Ça vise à démontrer qu'il ne se passe rien. Ça tend à prouver en acte que si on atteint un certain point d'écriture fondamental en cours de fonctionnement, tout ce qui se donne comme histoire, spectacle, affaires privées, publiques, soi-disant naturelles, nationales, internationales, tout cela revient toujours à quelque chose qui n'a pas lieu. Il n'y a pas de monde ! Quelle joie ! C'est donc une façon de mettre aussi radicalement en cause ce qui se donne comme étant société, drame, aventure de l'espèce humaine, etc. C'est une façon de dire qu'on est dans l'infaillible non-être. Joyce faisait semblant de recourir aux cycles de Vico : ce n'est pas du tout mon intervention, car je ne crois pas qu'il y ait de cycles, rien ne revient à la même place, il n'y a pas de déchiffrement cyclique. *Paradis* est un livre violemment anti-linéaire et anti-cyclique. De là l'introduction de la Bible. On ne peut pas dire que la Bible impose ni un temps linéaire ni un temps cyclique : c'est un temps prophétique. Un temps à éclipses. On peut imaginer un prophète qui prophétiserait comme un feuilletoniste. C'est un temps d'énonciation qui vise la constitution de la plus grande mémoire possible, et la plus grande mémoire possible se montre sous un travail très insistant d'accumulation et d'interruption. Une continuité d'interruption. C'est ainsi que cette forme m'a été imposée. *Finnegans Wake* se propose encore comme étant à déchiffrer. *Paradis*, pas du tout. Ça ne dissimule rien, aucun secret. La grande nouveauté de ce livre est peut-être d'être entièrement clair. Vous verrez, on va se plaindre de son manque d'obscurité, de sa *trop grande* lisibilité !

Montparnasse, la Coupole,
6 décembre 1979, 15 h-17 h.
Texte établi à partir d'un entretien
avec Gérard-Georges Lemaire.

Gloria

(Journal de *Paradis*)

Inlassablement, il le répète, Monteverdi, ce Gloria de base, dans les *Selva Morale,* du début à la fin. Chaque voix seule, et les chœurs du haut, ceux du bas, ils en viennent tous là, dans la perte du sens en simple vibration d'après l'orgue. Donc :

GLORIA PATRI ET FILIO ET SPIRITUI SANCTO
SICUT ERAT IN PRINCIPIO ET NUNC ET SEMPER
ET IN SAECULA SAECULORUM AMEN

Chaque mot, ici, est une bibliothèque. Qu'est-ce que la gloire, le père, le fils, le Saint-Esprit, le commencement, le maintenant, le toujours, les siècles des siècles, le puisque-c'est-ainsi-ainsi-soit-il ? Qu'est-ce que tout cela veut dire ?

Trois et trois six et trois neuf. Gloria, sicut, amen. On s'occupe de la génération et du temps. On énonce la clé de l'anti-matière. Compte tenu que ça matrice indéfiniment, et de mère en fille, de serrure en serrure, d'ovule en bouture, et qu'il s'agit là du grand silence, de l'énorme tabou-réticence à propos duquel l'humanité entière ne peut que mentir, on chantonne seulement en passant le tour et le chiffre de la sortie hors du monde. L'infini étant dans l'espace comme dans le temps, encore faut-il en trouver le trou sous forme d'un nœud à l'envers.

Malheur à la mère à la fille et au matriciat
Ça n'arrive même pas à commencer ni maintenant ni jamais
Et voilà le reste traînant en dehors des siècles et des siècles
Pas ça !

La grande déesse et ses aides, c'est-à-dire finalement tout le monde, en reste baba. Elle n'a plus, quel ennui, qu'à gérer la circulation répétitive de la malveillance (téléphone, contorsions diverses, pubication et pubicité, confidences).

Adieu Jocaste et Laïus ! Adieu la Loi, adieu la Grèce ! Adieu Moïse et Isis ! Adieu théories, adieu critiques, adieu minuits et momies ! Adieu, adieu philosophie ! Adieu psychisme ! Adieu sexisme ! Adieu fanimisme engourdi ! Adieu fascisme et socialisme ! Adieu complots, adieu l'ourdi !

« Wo es war, soll ich werden », dit Freud. Là où c'était, je dois advenir. Vous remarquez que *c'était* est le seul temps qui se décline dans l'énoncé du principe du temps. C'était ainsi au commencement, c'était maintenant, c'était toujours, c'était dans les siècles des siècles. L'imparfait nous vient du futur. Le présent instantané, langage, verbe, se donne dans une trinité glorieuse qui coïncide avec sa célébration. Vous avez ce trois interne et externe, et la violation temporelle s'effritant, s'évanouissant sur ses bords. Soll : je dois. Je suis qui je suis, en trois personnes, précède et suit la péripétie du *c'était*. Je tombe de qui je suis dans le temps, je rentre dans qui je suis en comprenant l'imparfait du temps. ICH, je suis. J'adviens hors du *c'était*, lequel ne peut pas faire autrement que d'accoucher de moi si je me conçois.

Quelle histoire.

Nous ne sommes que des lettres détournées, freinées, en souffrance. Peur de jouir, culpabilité d'avoir joui, terreur de passer à une jouissance infinie.

Ecoutez le *nunc* : comme un coup de poinçon de la voix, comme le point de fuite inscrit sous la voûte.

La jeune Anglaise déposant son bouquet sur la dalle de la chapelle de gauche, à Santa Maria dei Frari. Monteverdi. J'embrasse la pierre.

1981.

Le Pape

« C'est la persévérance qui nous transmet à la gloire. »

BOSSUET.

Je parlerai du franchissement de la séduction.

Je suppose que le monde est une illusion, un mensonge et que, bien entendu, toute science serait inutile si l'apparence et l'essence des choses ou des phénomènes se confondaient.

La séduction dit le contraire. Elle dit que l'apparence ne renvoie qu'à elle-même, ou encore que, l'essence n'ayant aucun rapport logique avec l'apparence, chacun des deux univers peut développer sa propre logique sans vraiment mettre l'autre en question.

On voit tout de suite se poser la question de la vérité et celle de la perversion. Il est immédiatement fatal qu'à ce croisement très précis se produise l'effet dit « femme ». L'imbroglio de la croyance à l'existence de « la femme » a pour fonction de rabattre la vérité dans la perversion.

La Genèse met ça bien en scène : s'il y a un père de la vérité, il y en a aussi un du mensonge. « Père du mensonge », c'est une formule évangélique qui insiste sur le fait qu'il y a de l'homicide au commencement. Un certain coup de sexe, via la séduction féminine, promet l'immortalité pour faire advenir la mort.

En disant fortement le contraire, en se déployant dans la promesse du contraire, la séduction n'a pour but que la reproduction.

Le séducteur, s'il existe, le sait. Il s'ensuit, entre la non-existence reproductrice parce que séductrice et lui, ce qu'on peut logiquement appeler une lutte à mort. Regardez la mort de Socrate dans le *Phédon*. Le dernier acte se joue sur l'immortalité de l'âme, Socrate ne peut pas faire mieux, en menant son discours jusqu'au bout, que de représenter son corps mourant sous la forme ultime d'un coq qu'il demande à ses disciples d'égorger pour régler une dernière dette à Esculape, le dieu de la médecine. Manière de dire en effet que la vie est une maladie et que la parole qu'il a tenue, qui l'a soutenu, ne disparaît pas pour autant avec lui en tant que corps. D'où parle donc Socrate ? Lui, si laid, pourquoi est-il si séduisant ? Parce qu'il expose l'art de séduire la séduction elle-même. C'est tout simple : il suffit de se refuser au sexe. Autrement dit à l'homicide. Ou, encore mieux dit, à l'homisexualité. On peut désigner par là le fait de se faire un nom irréductible, hors ensemble. C'est rare.

Se refuser au sexe demande qu'on en soit informé. C'est pourquoi, à la séduction qui tisse le filet en apparence sans profondeur de la prise reproductrice, s'oppose le savoir de la sexduction. La sexduction peut être positive ou négative : sainteté ou débauche, pure mystique ou obscénité. Inutile de se demander pourquoi Don Juan peut passer au couvent : c'est dans l'ordre. Contrairement à la séduction qui est toujours une logique de l'homogène, et par conséquent de l'homosexe, la sexduction est hétérogène, elle sépare nettement, dans l'extase ou l'abjection, le sujet de son corps entier qui, à ce moment-là, n'a plus que la consistance de chute du déchet. Le déchet originel est ici vécu comme tel.

C'est pourquoi il faut distinguer entre perversion dure et perversion mousse. L'élaboration de la perversion dure suppose un drame transcendantal (de ce point de vue, Sade ou la Théologie relèvent de la même logique). Dans la réalité, la perversion dure est toujours « libérale », au sens d'opposée, par exemple, à la peine de mort.

Au contraire, la perversion mousse, idéalisante, est très naturellement criminelle, à la limite sans pouvoir le savoir. On devrait d'ailleurs l'appeler perversation généralisée, de la même façon qu'on parle de malversation. Impossibilité de poser la version du père, la perversation, d'essence maternelle, débouche sur l'horizon androgynal, sur l'in-différence des sexes. On pourrait même dire qu'il s'agit là d'une simple pervexation (cela revient simplement à vexer le père, comme Proust, par exemple, l'a bien compris dans la scène de Mlle de Vinteuil et de son amie : on crache sur une photographie, ça suffit pour jouir).

La perversation, c'est quand tout le monde se prend pour la femme. La perversion, c'est à l'inverse venir y buter comme répétition. La perversation relève de l'idéalisation d'objet, la perversion de la pulsion. C'est la raison pour laquelle toute sublimation (au sens de Freud) suppose un au-delà de la perversion (son franchissement) comme de la psychose. Il faut relire *Pour introduire le narcissisme* (1914), qui signe, au fond, la rupture de Freud avec Jung. Le théoricien de la perversation, c'est bien Jung, en effet, et c'est même pour cette raison qu'il en vient à faire sa bouillie entre mystique et schizophrénie. Ce que Freud détecte, dès cette époque, en lui reprochant de ne rien comprendre au processus de sublimation. Rigueur de Freud : c'est lui qui a trouvé la technique qui consiste à « tourner » la séduction (hystérique). Elles lui sautaient au cou : il les allonge, et passe derrière elles pour les écouter. Fin de l'hypnose, comme de la fascination fusionnelle. Acte de vérité, parce que de séparation hétérogène. C'est Jung qui tentera de sauver le « sacré », pas Freud. Lui marque bien, en effet, les limites de l'analyse : perversion dure, sublimation mystique. C'est l'entre-deux de la perversation qui est « sacré ». Région par définition hostile à l'effet monothéiste (qui est la négation radicale du sacré). On en revient donc au Nom du Père. Ce que nous vivons aujourd'hui est bel et bien une ébullition du sacré sous la pression du retour de la question du Nom du Père.

Perversation, séduction ; perversion, sexduction. Reste toujours la même énigme : celle de la sublimation. Un écrivain un peu au fait des choses, s'il insiste, s'apercevra peu à peu que la seule demande qu'il reçoit, sous tous les déguisements charmants ou menaçants qui ne manqueront pas de l'entourer, se résume à l'injonction de ne plus écrire. Ce qui se dit, et même parfois ouvertement, c'est : baise ! ne parle pas ! Ou encore : sexe ! n'écris pas ! Ou encore : écris sexe ! et tais-toi ! C'est pourquoi, au fond, il se retrouve dans la position vaguement comique de Socrate obligé de justifier sans cesse son abstention, ou dans une ronde quasi hallucinatoire style tentation de saint Antoine (Flaubert en a tiré les effets que l'on sait).

Comme si l'écriture avait en elle-même ce pouvoir d'accélérer la convulsion séductrice, transformant le délice en horreur, l'appel souriant en grimace, l'invite chaleureuse en ricanement mortel. L'écriture met en échec la possession : trouée dans le narcissisme primaire, elle risque à chaque instant de déréaliser l'apparence séductrice et d'en révéler le calcul reproducteur. Car, contrairement à ce que l'on croit naïvement, l'homosexation elle-même est une danse reproductrice : elle s'interdit en un sens « trop » la reproduction pour ne pas faire son jeu et renforcer son pouvoir. C'est pourquoi l'homisexualité est en quelque sorte générique de l'espèce, et universelle : y compris en ceci qu'elle omet la sexualité, ou la différence des sexes, dans un but toujours plus poussé d'asexuation. En quoi la société, comme on dit, c'est en effet l'efféminatìon en acte. La cause de la société n'est rien d'autre que le refoulement originaire ancré dans l'« homicide » qui est aussi une fonction-père (le « Père du mensonge »). Pour trouver la vérité sous forme de Père, de Père du Nom, il faut donc en passer par l'Ecriture. Et toute écriture se déploie par rapport à cette majuscule qui la contraint comme Loi et transgression de la Loi.

Qui est-ce que *ça* veut séduire, par-dessus tout ? Autrefois, Socrate ou le saint ; puis le curé ou la religieuse ; puis l'analyste ; et disons, aujourd'hui, peut-être plus que jamais, celui qui relève le défi de la fonction immémoriale d'écriture. Pour écrire, il *doit* se laisser séduire : *mais* il n'écrit qu'à partir du point où la situation se renverse, et il est logique qu'il en paye le prix. C'est l'écriture qui trahit le secret séducteur pour qui sait la lire. C'est-à-dire pour presque personne, après tout.

...

Et le Pape, dites-vous ? Pourquoi avoir appelé cette élucubration : Le Pape ?

Le Pape ?

Il va bien ces temps-ci, merci.

1980.

L'Assomption

Je ne me lasse pas de m'émerveiller de la logique que comporte la manie théologique. Je ne m'en lasse pas parce que, contrairement à ce que tout le monde pense, il ne s'agit pas d'affirmer dans cette logique quoi que ce soit mais de se livrer, à travers ce raisonnement, à une négation radicale. C'est pourquoi, contrairement à la fausse évidence commune, la seule preuve que l'on est *rigoureusement* athée doit passer par la démonstration théologique. Je le répète, au cas où il y aurait la moindre ambiguïté là-dessus, et les réactions à l'égard de cette preuve d'*a*théisme sont révélatrices de l'épouvantable religiosité qui sévit, plus que jamais, aujourd'hui, partout. Pour aller droit, une fois de plus, au maximum de connerie, afin, sans aucune illusion d'être suivi, d'en tracer la limite, je dirai qu'il faut revenir sur *l'effet* B.V.M., c'est-à-dire la Bienheureuse Vierge Marie.

Duns Scot, ça commence à peine à être un nom que l'on interroge à nouveau. Ne pas oublier que c'est contre Duns Scot principalement que Luther a cru pouvoir réformer la religion, c'est-à-dire la faire continuer alors qu'il est dans la logique théologique d'arriver à sa négation complète. On a bien raison de se méfier du catholicisme : il est la négation même de toutes les religions. Si j'arrive un jour à vraiment m'expliquer là-dessus et que ce soit admis par tout le monde, on aura fait un grand pas en avant... L'Immaculée Conception, c'est un effort de négation particulier qui porte du côté de la procréation. Il y a une autre négation très importante qui porte du côté de l'intérieur de la mort et, comme c'est le dernier dogme qui ait été promulgué par l'Eglise catholique, c'est de lui que je parlerai aujourd'hui, dans la mesure où, affirmée il y a à peine trente ans, cette négation, qui aura mis un très long temps avant de se formuler comme dogme, m'intéresse particulièrement. J'insiste sur le fait qu'un dogme est posé lorsque les conditions logiques d'une négation certaine sont remplies. C'est le contraire d'une dénégation. Ou d'une forclusion. Ou d'un désaveu pervers. C'est même le comble de la perlaboration et du dépassement de toute psychose et de toute perversion (raison pour laquelle les psychotiques et pervers en seront toujours épatés dans les siècles des siècles). Il aura fallu six siècles pour que l'Immaculée Conception, pourtant admirablement définie par Duns Scot, prenne la forme d'un dogme ; il aura fallu un siècle de plus pour que l'Assomption, qui découle logiquement de l'Immaculée Conception, prenne son envol définitif. Comme si tout ce long temps de la culture occidentale avait été une sorte de cure particulièrement sévère avant qu'on puisse arriver à la formulation de cette négation. J'essaierai de montrer que ce n'est pas, bien entendu, sans Freud, et je dirai même sans l'aveuglement de Freud qui vaut mieux que n'importe quelle croyance, qu'on peut arriver à y comprendre quoi que ce soit.

L'Assomption... Je rêve bien sûr que mon intervention soit illustrée par *le* tableau qui convient,

L'Assomption de Titien qui se trouve à Venise. Je rêve qu'un jour il devienne clair que c'est à travers l'art que la logique théologique a eu sa force irrépressible de démonstration. Je rêve qu'à l'opposé de la négation philosophique faible, la négation théologique fasse mieux voir l'enjeu de l'art. En tout cas, en partant de ce Titien empourpré, j'affirme qu'à faire tourner en profondeur le langage, on en vient toujours à anticiper sur la logique de la théologie, c'est-à-dire sur ce qui met fin au fantasme de l'existence. Assomption, dans le dictionnaire français, se situe exactement entre le mot *assommoir* et le mot *assonance*. Pour une fois, ce qui arrive d'ailleurs assez souvent, le dictionnaire fait assez bien les choses, car pas moyen d'échapper à l'assommant et de comprendre ce qu'il en est de l'assonance sans passer par l'assomption. Assonance, ça veut dire faire écho. L'effet B.V.M. est un effet d'écho, de résonance. L'assomption répond à l'ascension de la résurrection. C'est un effet de doublure de l'effet majeur qui est l'effet *P.F.S.E.*, Père, Fils et Saint-Esprit, lequel sans cet effet de doublure n'est pas audible. D'où l'enjeu brûlant dans l'histoire et dans la pensée de cet effet B.V.M. Sans écho, on ne peut pas être sûr d'un son. C'est le mérite, esthétique, de la folie catholique d'avoir voulu, je dirai acoustiquement, maintenir la possibilité de démonstration de l'écho... Assomption : du latin *adsumere*. Si je dis *adsum*, je dis que je suis là, présent. Mais *adsumere* c'est *prendre pour soi, avec soi, user d'un bien pris à autrui et qui ne vous appartient pas en propre*. Cicéron, par exemple, dit : « Sacra Cereris adsumpta de Graecia » : le culte de Cérès emprunté à la Grèce. Second sens : *adsumere* c'est *s'approprier, se réserver*. Tacite : « conservatoris sibi nomen adsumpsit », il se fit appeler Sauveur. *Adsumere* c'est aussi *prétendre à, revendiquer,* « quod est oratoris proprium, si id mihi adsumo », dit encore Cicéron : ce qui est le propre de l'orateur, si je me le réserve. Il y a un troisième sens : *prendre en plus, joindre, adjoindre à ce qu'on avait* ; et un quatrième sens : *poser la mineure* d'un syllogisme (entre parenthèses, s'il y a une *mineure* qui a fait du bruit c'est bien *celle-là,* la B.V.M.). Poser la mineure d'un syllogisme, c'est crucial, on appelle ça une assomption. Tous les hommes sont mortels, or Socrate est un homme... « Or Socrate est un homme », c'est ce qu'on appelle l'assomption. Vous voyez le côté fragile de cet exemple fameux puisqu'il s'agit toujours de prouver que l'*un* est comme les autres. On ne peut ici que recourir à la mort, c'est-à-dire à la religion fondamentale, pour l'établir, et le nom propre intervient dans la mineure (l'assomption), pour lier ce nom à un ensemble qui n'en a pas. Tous les hommes sont mortels, or Socrate est un homme... voilà un coup de force logique absolument fou si l'on veut bien y songer. Cinquième sens : c'est un terme de rhétorique qui définit *la façon de prendre les mots dans un sens métaphorique* ; « verba quae adsumpta sunt » (Quintilien), les mots qui sont pris métaphoriquement. Pour essayer de définir ce qu'est l'assomption, il faut comprendre que c'est une façon de juger de la force de la métaphore. L'énorme majorité des êtres parlants, vous le savez, sont enclins à juger tout à la lettre et c'est Freud lui-même qui nous dit que l'hystérie ça consiste à ne pas comprendre la dimension métaphorique d'un énoncé. Son érectibilité, en somme.

Donc, vous voyez que cette façon de prendre, d'emprunter, de dire en plus et de donner au discours sa fonction métaphorique ultime, passe par le mécanisme logique de l'assomption. Pourquoi mettre sous ce nom d'assomption l'effet B.V.M. ? On ne va pas dire que Socrate est un homme pour le ramener à la mort, on dit, en *théologique*, qu'une femme au moins n'en est pas une comme les autres parce qu'elle a donné la vie triomphant de la mort. Disons les choses : un dogme c'est ce que tout le monde est tenu de croire pour n'avoir pas à réfléchir. Mais il n'est pas interdit de réfléchir, d'autant plus que si on réfléchit on s'aperçoit de la justesse des dogmes. Ceux qui y adhèrent comme ceux qui les rejettent sont l'objet d'une même paresse, pas tout à fait la même cependant : ceux qui y adhèrent reconnaissent par là même qu'ils sont incapables ou qu'ils n'ont pas le temps de réfléchir, prouvant par là une humilité estimable. Tandis que ceux qui les rejettent se supposent savoir de quoi il s'agit, et finissent d'habitude dans une vanité atroce qui les condamne à l'enfer de leur propre proximité. On ne dit pas que Socrate est un homme, on pose qu'il y en a *une*, et une seule, qui ne meurt pas. Que l'on renvoie. Dans le Nom. Subversion ! non seulement du syllogisme en tant que tel, mais de la religion humaine. La théologie n'est rien d'autre que la logique qui consiste : 1) à rappeler qu'il n'y a pas d'espèce humaine sans religion, la pire étant bien entendu celle qui ne se reconnaît pas comme telle ; 2) à montrer comment on peut arriver à la nier, cette religion. Pour la nier jusqu'au bout, il faut donc étrangement poser qu'il y en aurait *une*, et pas *la*, une qu'on nomme, Marie, conçue sans péché et qui, donc, ne meurt pas. Je parlais tout à l'heure de l'aveuglement de Freud..., cet aveuglement, ai-je dit, est bien préférable à toute voyance. Il vaut mieux s'aveugler sur quelque chose qui reste provisoirement incompréhensible que de prétendre y voir quoi que ce soit quand il fait noir.

Freud préfère souvent fermer les yeux. Ça glose et ça va gloser encore longtemps sur l'affaire Jung-Freud, la Jungfraude, comme disait Joyce. Le stéréotype du méchant Jung et du bon Freud est déjà bien ancré dans les consciences mais la conscience ne nous sert pas à grand-chose, surtout pas la bonne, pour comprendre de quoi il s'agit vraiment. Il y a un livre qui vient de sortir qui s'appelle *Sabina Spielrein entre Jung et Freud*[1], et c'est une fois de plus le témoignage de la passion entre Jung et Freud, entre Freud et Jung, passion dont nous devrions depuis longtemps être sortis de tous côtés... On voit dans ce témoignage de Sabina Spielrein, qui bien entendu est juive, son rêve d'obtenir de Jung, qui s'est laissé aller à la tripoter, un enfant représentant pour elle le comble du désirable : la mythologie germanique. Tout ça sur fond de Wagner et, bien entendu, l'enfant s'appellera Siegfried. Pour cela, elle n'hésite pas à entrer dans le vif du sujet, pas seulement dans Jung mais intellectuellement dans Freud, suivant en cela l'admirable stratégie hystérique qui consiste à adopter une plasticité indéfinie selon la conjoncture concrète. On aura fait un grand pas aussi le jour où on commencera à se douter que l'effet-femme doit sa plasticité extraordinaire au fait que cet effet repose sur une non-existence répétitive. Le fait qu'on tienne une femme pour existante n'étant dû qu'à l'extrême niaiserie qui consiste dans le fait qu'elle arrive à vous faire croire à sa mère. Ce à quoi, pourtant, rien ne vous oblige puisque, à y regarder de près, la mère il n'y en a jamais eu autrement que sous la forme d'une fille qui cherchait sa mère et qui ne la trouvait pas. Houhou ! Ce qui n'empêche pas l'effort for-

1. Aubier, 1981.

cené de faire consister de la mère-en-soi. Eh bien, Spielrein, par exemple, réussit au fond à faire écrire sa mère à Jung pour lui reprocher de pervertir sa fille. Le dérapage de Jung à ce moment-là est savoureux ; il écrit à la mère que si elle souhaite qu'il reprenne son activité d'analyste par rapport à sa fille, il faudra qu'elle, la mère, le paye, lui Jung (alors que la fille jusqu'alors ne le payait pas). Là-dessus tempête dans les bénitiers ! Jung proxénète du divan, dit-on. Soit, soit... N'empêche que la réponse de Jung n'est pas si bête, pourquoi serait-il tout le temps bête, ce Jung ?, ce n'est pas bête qu'il est, c'est trop *physique*. La preuve : il y touchait. C'est même ce qui intéressait Freud : qu'il y touchât. Qu'il fût en train d'engendrer. C'est la raison pour laquelle Freud, devant ce corps dit Jung, va jusqu'à s'évanouir. Le désir de Freud est là très émouvant, désir sexuel évident. Vous vous rappelez la petite anecdote de Freud demandant à Jung de lui promettre de ne jamais abandonner la théorie sexuelle et, dit Jung, « Freud avait alors le ton d'un père qui demande à son fils d'aller au Temple », et « pourquoi demande Jung ne faut-il pas abandonner la théorie sexuelle ? ». « Parce que, dit Freud, il faut éviter la marée noire de l'occultisme. » Très bien. Eviter la marée noire de l'occultisme..., ça consiste simplement à savoir quand on baise et à ne pas broder là-dessus. Freud s'évanouit, Jung brode. Sabina Spielrein a écrit un texte très intéressant, « La destruction comme cause du devenir ». On la donne comme l'inspiratrice de la pulsion de mort, disons plutôt qu'elle commence à faire sentir au champ analytique quelque chose qui ne va pas forcément de soi et qui est qu'en effet donner la vie, eh bien c'est donner la mort. Il est spectaculaire que cette évidence, qu'un poil de théologie suffit à établir, paraisse si obscure à l'être humain. Ce n'est pas en gérant le contracept qu'on pourra avoir devant les yeux que le fait de naître et de mourir c'est strictement équivalent du point de vue logique. Freud, que dit-il à cette Spielrein que Jung hésite à engrosser d'un Siegfried ? Il lui dit : assez de farfadaiseries ! (Elle se marie entre-temps...) Bien entendu, stratégiquement, elle prend parti pour Freud contre Jung, tout en aimant Jung quand même. Freud donc lui dit : très bien de vous être mariée, vous allez avoir un enfant, j'espère qu'*il* (car il est sûr que ce sera un garçon) sera brun et sera un sioniste inébranlable. Voilà comment Freud tranche ! Racialement ! Autrement dit : revenez à vous, à vous Spielrein, vous Juive, et mettez-vous un peu dans la Loi, et c'est tout, là ! L'enlèvement de Sabine ! Manque de chance : elle a une fille... et après elle disparaît tragiquement en... Russie, en 1937, au cours des purges staliniennes... Tout cela est en effet tragique. Si on fait un peu l'histoire du XXe siècle : on part ici de 1904-1905, Freud et Jung sont aux Etats-Unis en 1909 alors que l'affaire Spielrein est en train de se dénouer, et on arrive en Russie en 37, en passant par l'épisode wagnérien déchaîné. Puis, de nouveau, la guerre..., etc. Dès le début du siècle, tout est là. L'hébraïsme de Freud est sa bonne façon de fermer les yeux. Cela peut-il nous suffire ? Je ne pense pas, parce que ça ne nous donne pas vraiment l'issue de la non-existence ; ça consiste en effet à dire que, s'il y a lieu d'exister, il vaut mieux exister par cette façon-là de fermer les yeux, mais ça ne nous permet pas d'aller plus loin que le fait de maintenir une mère à sa place. Une mère qui se tient à sa place, c'est la Loi. Inutile de dire que Spielrein, dans son article, cite Nietzsche abondamment et va même jusqu'à s'intéresser à ce qui a pu se passer au

Paradis, notamment au fait que, dans les mythologies s'y rapportant, Seth aurait rapporté une branche de l'arbre de vie et un anneau avec trois mots hébreux gravés dessus qui serait le même que l'anneau des Nibelungen... et tout, et tout... Elle est là pour ça : manifester la consistance occulte de la religion.

Mais revenons à Freud et à un de ses textes fameux qui s'appelle *Grande est la Diane des Ephésiens,* où il s'est posé la question du culte fondamental, celui de la Grande Déesse. Pourquoi d'ailleurs parler de religion sans parler de celle-là ? Elle est partout, c'est elle qui a le plus d'adhérents... Alors Freud ouvre un moment les yeux et se demande comment la déesse de l'amour qui se présente à la place de la déesse de la mort lui était autrefois identique. Il s'intéresse donc à ce culte fameux de la ville d'Ephèse. Ce n'est d'ailleurs pas loin de là qu'est née la famille maternelle d'Artaud... La mère d'Artaud s'appelait Euphrasie[1]... L'œuf rassis de cette Euphrasie a produit un très grand poète français qui a bien fait sentir (parce que, quand un poète français est grand, il fait vraiment sentir, voyez Villon, Baudelaire, Artaud, les mieux quoi !) ce qu'il en est de la religion primordiale. Artaud, cet œuf rassis qui n'arrêtait pas d'ovuler, de faire des fausses couches, ça l'a suivi dans son génie, au point que tout ce qu'il a écrit de façon fulgurante, bien en avance sur son temps, sur la marmite à faire de la religion, disons en passant qu'il a quelques petites affaires avec l'effet B.V.M., au point, dis-je, que, jusqu'à sa mort et longtemps après, Euphrasie ne va pas le lâcher

1. Antoine Roi Artaud et Euphrasie-Marie-Lucie Nalpas (famille originaire de Smyrne) eurent huit enfants après Antonin ; dont deux seulement survécurent.

comme ça. Euphrasie est toujours parmi nous, je l'ai rencontrée. Freud, donc, s'intéressant à ce culte antique qui lui aussi est toujours parmi nous – ce n'est pas à Ephèse que je suis, là, en ce moment, et pourtant de l'Ephèse j'en ai vraiment plein les poches ! –, Freud qui constate qu'avant le culte de Diane ou d'Artémis, il y avait le culte d'une antique déesse-mère, car il s'agit de faire croire qu'il y aurait une mère alors qu'il n'y en a jamais eu, enfin... c'était une certaine Oupis, qu'adoraient les peuplades asiatiques..., Freud se rend compte qu'il y a là une énormité. Pourquoi pas Isis avec l'effet I.V.G. ? Certes, il y a eu l'effort de Moïse : la Loi qui est là pour faire tenir tranquille la place de la mère. Un bon coup de Loi, personnellement je ne suis pas contre. J'ai dit que ça ne me suffisait pas. Freud, qui ouvre un peu les yeux, les referme aussitôt. Lui, il pense que la prolongation du culte de la déesse à Ephèse a été le fait de saint Jean. « L'église fondée par Paul à Ephèse ne lui resta pas longtemps fidèle, dit-il, elle passa sous l'influence d'un homme appelé Jean, dont la personnalité a posé à la critique de difficiles problèmes. Il était peut-être l'auteur de l'Apocalypse qui déborde d'invectives contre l'apôtre Paul... » Entre parenthèses : n'exagérons rien, l'Apocalypse n'est tout de même pas ça, voilà où nous surprenons Freud en pleine hystérie littéraliste-renaniste. « La tradition l'identifie avec l'apôtre Jean qui a écrit le quatrième Evangile » (oui, cet Evangile en effet est bien curieux, qui commence par la formulation : « Au commencement était le Verbe », autrement dit : l'origine n'a rien à voir avec une matrice). Pour Freud, Jean et Marie, à Ephèse, ça donnerait la relance du culte de Diane et d'Artémis. Voilà une erreur fabuleuse. Stupéfiante. Quelle ignorance ! Quel contresens !

C'est comme trop forcer sur le Père : Lacan, variant d'Arius... L'édition française du texte précise que Freud ne parle qu'une autre fois de la Vierge Marie, et c'est dans *La Technique psychanalytique*. En effet, on peut vérifier dans ce livre que, pour lui, l'effet B.V.M., selon son réflexe littéralisant, c'est Lourdes. C'est-à-dire des apparitions à des jeunes filles, qui s'accompagnent ensuite d'un certain marché local de superstitions. Freud à juste titre dit que, en se montrant très vigilant sur les garanties de ces apparitions, on finit par voir qu'elles disparaissent. En somme, la technique psychanalytique doit permettre de ne pas mettre de l'effet B.V.M. partout. C'est vrai qu'une petite fille, en train d'avoir à l'horizon quelque chose de l'ordre de la menstruation, peut se précipiter sur l'effet B.V.M. Bah, vous savez, moi, ce n'est pas parce qu'il y aurait eu des apparitions de la Vierge que je vais commencer à douter de sa non-existence. Je dirai même : au contraire. Pour ma part, je considère que l'effet B.V.M. il n'y a rien de plus génial pour traiter la religion fondamentale, celle de la Grande Déesse ; grattez, grattez le moindre rationalisme et vous la trouverez. Eh bien, il faut l'*adsumer*, l'emprunter, la retourner, s'en servir, la mettre non pas à sa place mais *en plus* ; il faut s'en débarrasser. Comment ? En la rendant à sa métaphore fondamentale, en la faisant disparaître, non pas mourir (elle ne meurt pas), mais en l'*assomptant*. C'est-à-dire quoi ? Qu'elle jouisse ! Ce qui devrait attirer notre attention, c'est qu'une femme qui jouit n'est pas du tout celle qui est en train de vivre. Elle n'est pas ce qu'elle était avant, ni ce qu'elle va redevenir tout de suite après. Cette *une*-là, Marie, faisant date dans le calendrier, n'est pas un lieu de fécondité (mais elle a engendré une fois « à l'envers » si l'on peut dire) ; elle n'est pas non plus la mère conçue par la Loi, c'est-à-dire celle qui doit perpétuer le fait qu'un jour une totalité sera touchée (judaïsme). C'est pour cela que le forçage qu'elle représente est un effet de trou. Coup dur pour la nature comme pour la lettre. Logique que cela vienne de la voix. Logique aussi que ça entraîne un « Ars Magna » pour reprendre ce titre au *Doctor Illuminatus*, Raymond Lulle. Poésie, chant, peinture, musique ; la musique, ici, comme par hasard occupant une fonction clé (pour ce qui est de l'écho, Monteverdi a la palme, il est d'ailleurs enterré pratiquement sous *L'Assomption* du Titien). Le jour où on me dira qu'une jeune personne dans une grotte a vu un trou, j'irai. D'ici là, ça peut attendre. D'ailleurs l'Eglise, avec subtilité, utilise les apparitions modérément. Ce n'est pas non plus qu'il faut refuser l'apparition, ce serait brutal. Il n'y a pas lieu de ne pas tenir compte du délire des gens : ils ont le droit d'entrer dans la vérité par le délire, ils ont droit à l'hallucination, il ne s'agit pas de leur dire aussitôt « allez vous faire voir ailleurs ». Tout ça se traite, c'est la cure, et la cure, je suis pour. Rendons-nous donc à cette évidence : du trou s'est produit *là*. Autrement dit : si vous proposez de la représentation des corps le maximum de consistance métaphorique, vous aboutissez au trou. La Bienheureuse Vierge Marie – c'est pourquoi, arrivé en ce point de mon discours, je la salue – est cet effet indispensable de trou dont on comprend bien pourquoi il a fallu si longtemps avant de le distinguer d'une conception naturelle et comment il a fallu encore un peu plus de temps pour que ce trou aille se faire couronner par la Trinité. Dans *Le Paradis* du Tintoret (issu, comme des tas de merveilles, du Concile de Trente), vous avez, dans le point de fuite lumineux en haut, le Père, le Fils et le Saint-Esprit couronnant ce quatrième terme si décisif. En effet, si vous n'avez pas ce quatrième terme en écho, en doublure, comme médiatrice, pour parler comme les théologiens, comme corédemptrice, si vous n'avez pas cet effet de réverbération, votre Trinité ne tiendra pas le coup. Sans le trou, vous n'aurez pas les Trois qui ne sont pas de ce monde. Il est à remarquer que, dans l'Histoire, ceux qui ont le mieux compris ça sont ceux qui sont partis dans le sens franciscain, celui de la stigmatisation séraphique. On s'aperçoit aussi que, dans cette longue cure pour faire aboutir la meilleure définition du trou comme tel, et surtout pas de corps comprenant un trou, les franciscains ont toujours trouvé appui, bien entendu, chez les jésuites. Les fils de saint François et les fils de saint Ignace ont toujours été alliés face, disons, à la lourdeur parfois papale, parce que le papal est pris souvent dans des compromis multiples, quelque chose comme la pression euphrasique se trouve là parfois dominant. Les franciscains et les jésuites, eux, deux catégories d'existants transitoires bien méconnus, ont tenu bon dans cette affaire, les uns à coups d'extase comme on dit, et surtout à coups d'art, et les autres à coups de mathématique et de subtilités dialectiques. Il est de fait que l'effet B.V.M. a fondé l'ampleur du phénomène esthétique occidental. C'est une banalité, mais précisons que nous ne sommes pas du tout à Ephèse, pas du tout dans le registre de l'art de la grande déesse (même si on l'emprunte), on est dans celui qui doit prouver comment tout ce qui est palpable est susceptible d'aller vers une disparition. C'est trop simple de penser que tout se reproduit dans le palpable ou que l'essentiel est, à jamais, invisible. La vérité est que c'est les deux à la fois. Il n'y a pas lieu de se rouler seulement dans les phénomènes, mais il n'y a pas lieu non plus de se reposer dans un principe qui les surplomberait à jamais.

Je parlais de jouissance... Pas de « la jouissance féminine » ! Dernier leurre... Que le trou jouisse, comme tel, la soi-disant jouissance féminine serait plutôt là pour le cacher. Quant aux hommes, on ne peut pas leur demander grand-chose sur la question, vu qu'ils se satisfont de presque rien. Ils ne voient pas plus loin que le bout de leur gros nez-nez, ils vont le mettre ici ou là, dans des faux trous, et le drôle c'est qu'ils se suspectent les uns les autres de ne pas savoir de quel bon faux trou il s'agit, alors ça fait des histoires d'envers et d'endroit, et la mécanique marche ! C'est précisément ce que la grande déesse indélogeable attend ; car, à gigoter dans les faux trous, à l'envers et à l'endroit, ça mène toujours à la reconduction de la reproduction et du Saint des Saints, ou encore du Sanctuaire, comme dirait Faulkner dont l'héroïne ne s'appelait pas par hasard Temple... Avec la B.V.M. vous avez le sanctuaire mais en même temps c'est fini ! Donc : Infini ! Eh bien, je souhaite bonne chance à ceux ou à celles qui auront l'audace de venir voir là si j'y suis.

28 novembre 1981.
Réponses à des questions de Jacques Henric.

Le Parlement européen,

– du fait que 1982 est le 800e anniversaire de la naissance de François d'Assise,

– considérant la haute valeur humaine et culturelle que représente le mouvement franciscain depuis sa naissance,

– considérant que le mouvement ne consiste pas uniquement en la recherche de traduction dans les actes des principes du christianisme, lesquels contrastaient avec la structure médiévale de la société de l'époque, mais également en une nouvelle conception de l'homme, de la nature et des formes de la connaissance, encore valable de nos jours,

– considérant que le mouvement franciscain englobe dans ses recherches la philosophie, le droit, la littérature, l'art, la politique et l'action sociale,

1. décide, à l'occasion du 800e anniversaire de la naissance de saint François d'Assise, de contribuer à la création d'une « bibliothèque franciscaine européenne » qui réunirait toutes les œuvres publiées au cours des siècles dans toutes les langues sur les divers et multiples aspects abordés par le mouvement franciscain ;

2. considère que cette bibliothèque devrait être installée dans l'un des bâtiments historiques importants, même à restaurer, existant à Assise, et aménagé comme il conviendra, sans qu'il soit porté atteinte au caractère historique et à l'architecture de cet édifice ;

3. propose que pareille bibliothèque fasse office de « Centre historique d'études franciscaines européennes » et jouisse d'un statut et d'un règlement appropriés la liant aux instituts d'histoire des universités européennes ;

4. invite la commission compétente à examiner la question en étroite collaboration avec le ministère italien des Biens culturels et la région de l'Ombrie ;

5. charge son président de transmettre la présente résolution à la Commission et au Conseil de ministres.

Le cours du Freud

Instabilité du dollar, montée du deutschmark et du yen... Dévaluation accentuée du marx, hausse persistante du freud... Le marx s'était pourtant bien maintenu dans les dix dernières années, on connaît l'histoire de sa dépression... Le freud, lui, malgré quelques reculs saisonniers, n'a pas cessé de progresser, résistant à toutes les attaques, et cette ascension renouvelée porte en réalité un nouveau nom longtemps méconnu, calomnié : Lacan. Tout récemment encore, le très sérieux *Times Literary Supplement* titrait : « Lacan existe-t-il ? » (Does Lacan exist ?) Suivait la critique soi-disant drôle et crispée d'un certain Struton avertissant les Anglo-Saxons que dans les replis hermétiques du style lacanien se cachait ni plus ni moins que... Dieu. Dieu ré-existerait-il ? Paris le chuchotait, Rome le redoutait, Londres l'a dit, New York commence à le répéter pour s'en plaindre : Dieu est redevenu compétitif, non pas le Dieu classique, bien entendu, que les religions nous débitent en impératifs, sucreries ou gadgets, mais l'insidieux, le sournois, le diabolique Dieu Inconscient, celui qui risque à chaque instant de démontrer que nous ne sommes que des illusions même pas à la place où nous croyons être : bref l'insaisissable dieu apparemment sexuel qui dit à l'improviste la vérité nocturne de nos petits papiers mal collés. Corrigeons donc la formule fameuse de Jarry dans le sens du dernier conclave : la scène se déroule désormais en Pologne, c'est-à-dire partout.

Etrange histoire que celle de la psychanalyse... Etrange destin chaotique (qui va de négations et dénégations en récupérations)... Il serait temps que quelqu'un l'écrive en détail... D'autant plus que la phase d'inflation, maintenant, est ouverte, mauvais signe annonçant peut-être un effondrement... La fébrilité de l'édition reste extrême : avec le féminisme, le freudisme est certainement le produit le plus solide sur le marché de la dernière période. Collections, livres, revues, congrès, et surtout l'air du temps dans le discours du temps, mots opaques devenus communs, phrases toutes faites, citations passant en proverbes... Bref, toute une *littérature* faisant mousse autour d'une pensée pour l'émousser... Le marx était vulnérable parce que, finalement (à part quelques carrières universitaires), peu rentable en Occident (on est loin des rétablissements vertigineux à la Teng Hsiao-ping). Le freud, en revanche, non seulement se montre capable d'annexer l'Université, mais il touche directement, radicalement, la circulation de la monnaie elle-même, il en apporte la signification intime, la fibre de rêve, le filigrane charnel. Quelqu'un me racontait, à New York, que devant les analystes traditionnels de l'Internationale analytique (lesquels voient en Lacan, justement, un hérétique des plus dangereux) l'argument comme quoi Lacan gagnait malgré tout encore plus d'argent qu'eux avait jeté un trouble indéfinissable. Lacan l'a d'ailleurs dit de lui-même avec humour : des self-made men comme lui, ça ne se fait plus.

Il y a donc une demande intense, et il n'est pas sûr que l'offre actuelle soit en mesure de la satisfaire : la demande implique que l'affaire dite du sexe est plus mal engagée que jamais, que le malaise s'approfondit et que les réponses scientifiques, politiques, religieuses, philosophiques sont mises par rapport à « ça » en échec. Comme quoi la découverte de Freud marquerait en effet un changement d'ère. Du même coup, si cette hypothèse est exacte, l'histoire du siècle se laisserait à présent déchiffrer « autour » de la psychanalyse, mais aussi l'ensemble des phénomènes culturels... Et c'est bien, en effet, ce qui paraît s'annoncer.

La psychanalyse jouit d'abord du prestige considérable de ne pas avoir été compromise, à la différence de presque toutes les autres doctrines ou institutions, dans les deux énormes régressions des cinquante dernières années : le fascisme, le stalinisme. Condamnée comme dégénérée par tous les totalitarismes, elle est simultanément dénoncée comme « juive » par les nazis, et comme « hitlérienne » par l'Internationale stalinienne. Exemple pris dans *La Nouvelle Critique*, la revue officielle du P.C.F. à la belle époque : « Idéaliste quant à la méthode, la psychanalyse rejoint la famille des idéologies fondées sur l'irrationnel, jusques et y compris l'idéologie nazie. Hitler ne faisait pas autre chose en cultivant les mythes de la race et du sang, forme nazie de l'irrationnel des instincts » (1951). Livres brûlés en Allemagne (juif), hostilité de la communauté scientifique (qu'est-ce que c'est que ce charlatan ?), rejet automatique de l'Eglise (juif + diable), opposition viscérale des marxistes (produit de la décadence bourgeoise), méfiance obscurantiste de la communauté juive (pour qui se prend-il ?) : peut-on citer une seule aventure intellectuelle qui ait ainsi fait l'unanimité contre elle ?

Freud l'a dit froidement : « L'inexorable destin de la psychanalyse est de pousser les humains à se contredire et de les exaspérer. » Il ira mourir, sans illusions, à Londres qui lui fait un accueil triomphal : mais c'est pour mieux l'enterrer, on le sait, et c'est alors que commence le long sommeil anglo-saxon, autrement dit la « normalisation » de l'analyse. Gestion familiale, affaire de famille. On maintient tant bien que mal la tradition, on aménage, on invente ce qui paraît permis, on s'intègre le plus possible, sans bruit, au mode de vie. La peste, que Freud croyait apporter aux Etats-Unis, s'est transformée en vitamine du système. Mais le grand *aggiornamento* commence aujourd'hui : les fascistes n'ont plus (et pas pour longtemps) que l'Argentine et le Chili, les jésuites s'intéressent à l'inconscient, la communauté juive est finalement assez fière d'avoir donné au monde un génie de plus, et ô merveille le marxisme « découvre » la psychanalyse. Aux dernières nouvelles, on parle d'un curieux colloque à Tbilissi... Il reste maintenant aux Anglo-Saxons à faire peu à peu la découverte pénible que Freud n'est pas enseveli chez eux, mais qu'un Français, depuis, a dit la même horrible chose d'une autre façon, et peut-être tout autre chose. Ça va prendre quelque temps, mais c'est calculable. La dernière résistance restant l'éternel positivisme et ses dérivés, syntaxiquement inébranlables, eux, dans toutes les tempêtes : restons dans la cale.

En réalité, la psychanalyse a dû et doit encore se battre constamment sur tous les fronts. Aux religions, elle oppose sa théorie des névroses. A la science, sa revendication du sujet inconscient. A la philosophie, sa pratique concrète du symptôme et son ambition de connaissance scientifique. Au rationalisme en général, son « décentrement » prouvant à la pelle, à chaque instant, que je pense où je ne suis pas et que je ne pense pas où je suis. A la vision politique du monde et à son ordre (donc aussi bien au marxisme) le rappel des exigences sexuelles insolubles de l'espèce. Aux idéologies libertaires, la différence sexuelle, le « roc de la castration », la certitude qu'il n'y a pas de « bonne société » ni d'épanouissement sans entraves du désir. Au féminisme, le « nom du père » (et non pas comme on feint de le croire la toute-puissance du phallus ou l'envie du pénis). Aux perversions, l'Ethique d'une vérité possible, etc. Elle peut donc être à chaque instant considérée tantôt comme réactionnaire, tantôt comme subversive. Mais, de plus en plus, toute théorie autre que de science exacte se produit par rapport à la psychanalyse, la réfutant aisément jusqu'au moment où l'on s'aperçoit qu'elle est toujours là impassible, têtue comme la méconnaissance dont elle est l'objet. La psychanalyse avance même à travers la surdité et la cupidité des analystes, à travers leur médiocrité ou leurs préjugés (et Dieu sait !). Qu'on la critique, et elle se renforce. *L'Anti-Œdipe*, de Deleuze et Guattari, a paradoxalement signé la prédominance du lacanisme. Il a suffi que Derrida « réfute » Lacan pour voir sa propre étoile pâlir. Sartre a beaucoup vieilli depuis que l'horizon indépassable de notre temps est devenu Freud, en douce. Merleau-Ponty disparaît en ayant des doutes. Camus ne se doutait de rien, mais la morale est sauve. Les surréalistes, en dépit de leur contresens jungien, étaient plus près de cerner l'événement en cours. Breton a des mots émouvants au sujet de Freud, mais le malentendu est complet, il s'appelle, avec des majuscules, « Merveilleux », « Femme », « Amour ». Le surréalisme croyait que le rêve était en lui-même intéressant. Ce qui paraissait absurde, à juste titre, à Freud qui passait son temps à en déchiffrer l'ennui. Le structuralisme ? Miné dès le début de l'intérieur. Jakobson, Benveniste ont été habilement détournés par Lacan en leur temps, ainsi que toute la linguistique, Saussure en tête. Le coup du « signifiant »... « L'inconscient est structuré comme un langage ». On en parle encore... Chomsky aurait-il pu être un contrepoids efficace ? On l'a cru deux ou trois ans. Et puis non, décidément, Lacan lâche la linguistique, il métaphorise les mathématiques, on en est aux nœuds... Ce qui est intéressant, dans cette vaste *cure* de trente ans, c'est la stratégie qu'elle implique. Il s'agit de convoquer les réponses pour leur poser sur leur terrain même des questions qui les retransforment en questions. D'appeler sans cesse le Savoir à montrer : a) combien il est passionnant ; b) à quel point il est à côté de la plaque ; c) comment il y a, en lui, peu à peu audible, un trou, une fuite plus ou moins laborieusement colmatés. Ça se fait au coup par coup, comme la séance analytique. En faisant rebondir la langue qui, chaque fois, en sait plus long que ce qui se dit. Dites tout, que je vous laisse entendre que vous ne pouvez pas tout dire. Dites ce que vous savez, que je vous démontre que vous ne savez pas jusqu'où le savoir. En principe, c'est là le travail du philosophe. Et, en effet, c'est entre la philosophie et la psychanalyse que persistent les frottements les plus vifs. La psychanalyse parle du réel comme d'un déchet, d'un reste inéliminable (et, à la limite, non pensable). Et, là encore, le marché est implacable : c'est Lacan, non la philosophie, qui fait le plein du public, c'est lui que l'on voudrait payer pour l'entendre. Il reste au philosophe à déprécier la notion même de marché (mais sans convaincre) ou à jouer carrément son jeu (mais sa philosophie, dès lors, s'évapore dans le journalisme ou la politique). Il peut aussi se transformer en artiste, ce qui ne s'impose pas non plus. Or, si la philosophie est en crise, la société, de proche en proche, l'est aussi, définitivement. Comment vivre sans « conception du monde » ? Sans un point de suture, quelque part ? Pendant ce temps, la Science, elle, suit son chemin dans les molécules et les étoiles, et c'est avec elle, non contre elle, que la psychanalyse assure le sien.

Avec le temps, les différents systèmes de freinage finissent d'ailleurs par se disloquer : d'abord Jung contre Freud, puis tout le monde contre Freud, puis Freud contre Freud (par exemple, le « premier » Freud contre le « deuxième »), et maintenant encore (mais de moins en moins) Freud contre Lacan. Voyez, disent les gros comme les petits malins en sortant de chez Lacan, comme je redécouvre Freud mieux que lui... Et, de nouveau, livres, collections, revues... Ou encore : Lacan, c'est nous, rien que nous, pas de salut en dehors de nous. En vérité, depuis sa découverte entre l'aphasie et l'hypnose, la psychanalyse met en plein jour que toute la dimension symbolique de l'humanité se passe à travers un transfert irrépressible par rapport à l'Un dont l'analyste vient occuper avec plus ou moins d'envergure ou de lucidité le lieu impossible. C'est une question de Nom. Et de nomination du nom dans le sillage de cette invraisemblable histoire de père, plaie ouverte, signature d'un meurtre qui n'en finit pas de se répéter. Mais qui nous parle de cette nervure fondamentale, depuis le fond des temps ? Ce vieil et fantastique écrit qu'on appelle la Bible. Qui nous en parle tous les jours comme dans un vomissement ? L'hystérie. Et l'hystérie, au fond, est aussi fraîche, nouvelle et terrible qu'aux premiers temps mythiques de l'espèce parlante, elle va rester ce qu'elle est, la trace indélébile d'un ratage dans la constitution des corps, un spasme, un appel sans réponse dans le drame qui veut que nous soyons en trop dans notre langage. « J'ai réussi, laisse tomber Freud avec une audace inouïe, là où le paranoïaque échoue. » Une autre technique de langage sait cela autrement, depuis toujours. Une technique sans cesse surveillée par la religion, la philosophie, la politique ; une autre technique que celle de la volonté nécessaire de la science : celle de l'art, avec laquelle la psychanalyse n'a pas fini d'entretenir des rapports passionnés, subtils. Mais ceci est une autre histoire.

New York, octobre 1978.

Lacan

Lacan parlait pour s'entendre ; il écrivait difficilement pour noter ce qu'il avait trouvé en parlant. Il est l'inventeur d'une machinerie personnelle audio-visuelle sans précédent calculée au point vif du bombardement d'informations de tous ordres qui constitue désormais notre tissu nerveux de maniaquerie et d'accablement. Je le range, avec Bossuet et Gracian, dans l'effet verbal calqué sur la soufflerie de l'orgue, sauf que lui, Lacan, ne partait pas d'une prédication prédéterminée, mais qu'il lui fallait réinventer de fond en comble l'éloquence d'aujourd'hui, tâche presque impossible, épuisante. L'éloquence est un grand mystère, il faut y faire passer la jouissance nocturne de la contemplation indéfinie de la mort. Il y a eu le cloître, l'oratoire, la chaire. Il y a eu, grâce à Lacan, le lit, le divan, le fauteuil – et le micro. Il s'est crevé là, avec une obstination et une grandeur finalement sans phrases.

Sur le plateau de télévision où j'étais l'autre soir, l'information montait donc vers la nouvelle qui allait fixer la date de sa disparition physique. Il y eut tout à coup, dans l'ordre : l'arrivée du *Guernica* de Picasso à Madrid ; le plan de centaines de baleines venant s'échouer sur des plages de Tasmanie dans un suicide collectif ; puis le visage de Lacan. L'actualité est l'ensemble des relations logiques prouvant la nécessité du hasard objectif.

Toutes ces baleines pour Lacan, qui m'a toujours fait penser à l'Achab de Melville, c'était très bien. *Guernica* aussi. On pourrait peut-être, sans choquer trop la bien-pensance qui déferle sur ce tableau sublime en posant le crime comme extérieur (le fascisme, c'est l'autre), l'appeler, je crois, d'un nouveau sous-titre : « Ravages de la lampe freudienne introduite de force dans la Mythologie ». Ou si vous préférez : « Ce qui a lieu quand un Minotaure tient le coup malgré le tourbillon de la pulsion de mort et de ses parasites. »

On ne s'est pas beaucoup demandé ce que signifiait le fameux collage de Picasso pour la couverture de *Minotaure*. Le taureau, un poignard à la main, y stigmatise des feuilles séchées. C'étaient les restes d'un chapeau d'Olga, la femme de Picasso, celle des ballets russes. Qu'elle fût plutôt paranoïaque n'est pas indifférent à notre propos.

En effet, une découverte de grand style se situe toujours par rapport à la paranoïa féminine. Dans les derniers temps de sa vie, Lacan s'est préoccupé de l'existence de Joyce. J'en étais d'autant plus heureux que ça le sortait un peu de sa jeunesse surréaliste, des emphases floues d'Aragon, de la mélancolie heideggerienne, ou encore de sa révérence pour Gide. Dante, Sade, Joyce : voilà. Sans Lacan, il aurait été difficile de faire avancer le travail dans cette région hyper-montagneuse. Il a même fallu s'appuyer un paquet de théologie. Mais enfin, c'est fait. La face nord est dégagée, on peut maintenant y passer avec un peu plus d'aisance.

Lacan a dit que la Femme n'existait pas. Ou du moins qu'elle n'était pas Toute. Histoire de Majuscules. Aucune femme, bien entendu, ne saurait le lui pardonner (aucun homme non plus, sauf à devenir lui-même Minotaure). C'est pour cela qu'elles ont tellement fait semblant de l'aimer. Lacan est un cas brûlant, absolument pas recommandable. J'ai lu, sous la plume d'un gentil garçon, qu'il avait de *« mauvaises manières »*. C'est vrai. Exécrables. Mais d'une drôlerie dont le moins qu'on puisse dire est qu'elle ne court pas les rues. Lacan était, à la lettre, bidonnant. C'est le souvenir que je garderai de lui, en somme.

Question de voix. Tonnante, suspendue, faussement hésitante, rythmée par des coups de glotte, doucereuse, éraillée, caustique, gémissante, pathétique, essoufflée. Ici, jalousie féroce des philosophes pour l'emprise qu'il exerçait en pervertissant la jeunesse. Tartufes, les philosophes, révélés par ce Molière qui frappait à l'occasion fort, et bas. Le combat des Lumières n'est pas toujours celui que croient les fonctionnaires d'E.D.F. Comme tout le reste, il se déplace. Lacan l'a fiévreusement décalé, on lui en a voulu, on lui en veut encore, il a humilié trop de monde par son arrogance et son insolence, mais toute son esthétique était un acte de générosité, comme sa vie, d'ailleurs, que le champagne rosé arrosait. Voilà l'un des derniers hommes avec qui dîner avait un intérêt imprévisible. Le meilleur joueur d'échecs avait quelques difficultés à calculer son coup. Quoi ? Comment ? C'était amusant d'être obligé de répéter la même chose en variant ses effets. Sur quoi, il vous sortait un aphorisme exactement tordu, impeccable.

Lacan tarabiscoté, emberlificoté, rococo, baroque ? Oui, oui... Et pourtant, d'une étourdissante simplicité. Zen jésuitique. Ubu stoïque. Sombre et ricanant. Il en a entendu ! Des foules ! Toujours la même impasse ! La même connerie, la même cochonnerie du tréfonds ! Soupir. Long soupir. Le baroque n'est que le redoublement de la forme opposé à la naïveté, d'ailleurs nécessaire, de l'esprit de réforme. Il s'agit de dire au moins quatre choses à la fois parce que la chose à dire est en excès sur elle-même. L'équivoque... Le nœud... Le trou... Tous ceux qui, à un moment ou à un autre, ont accompagné Lacan ont cru le coincer sans se douter qu'il était, par définition, leur point de fuite rhétorique. Il a fait fonctionner le fantasme inquisitorial. L'épouvantail Père (ils y croient). Tout en s'en moquant. C'est un comble. Ça donnait dans le panneau, de partout.

Il va de soi que je me fous éperdument des enjeux scolaires et boutiquiers de la pensée de Lacan. L'Université s'en tartine, elle n'en laissera peut-être rien. Ce qu'il voulait, lui, c'était désespérer une bonne fois la bille humaine qui court à sa perte en se racontant des salades sur le passé ou l'avenir. Peine perdue, sans doute. Le désespoir est rarement accessible de façon rationnelle. Il faut choisir, pourtant : Lacan ou Nostradamus. Que le Pouvoir le sache. En tout cas, je réclame des plaques partout : rue de Lille ; à l'Ecole normale supérieure ; à la faculté de droit (cette dernière, avec citation à propos du Panthéon : *« le vide-poches d'en face »*).

Le répertoire de ses jeux de mots, avec commentaire, reste à faire. Contrairement à ce que pensent les faux profonds, l'essentiel de sa trouvaille, son « gai savoir », est là. Comme Picasso, encore une fois : *« Je ne cherche pas, je trouve. »*

« *Qu'on dise reste oublié derrière ce qui se dit dans ce qui s'entend.* » (« L'étourdit. »)

Drôle de Je, cette Parole.

Elle exige quelqu'un.

Voilà.

1981.

La Sangsure

La première interprétation de la virginité est toute récente, et on peut la dater du texte publié par Freud en 1918, *Le Tabou de la virginité*. Mettez-vous enfin à la place de Freud, découvrant peu à peu, et de plus en plus, l'extravagante hallucination humaine à propos des orifices. Que fait Freud, accablé sur son divan, jour après jour, heure après heure, par le récit falsifié du meurtre primordial ? Il essaie de classer des variations de signes organiques. Des organes, voilà qu'il découvre qu'il y en a beaucoup plus qu'on ne le disait.

Rien que dans l'affaire d'entre-jambes, le pénis, le clitoris, le vagin, la membrane, sans parler de l'ombre portée de l'anus qui n'en finit pas de s'exciter par rapport à ce petit bricolage du devant mal différencié – tout cela n'est pas facile à comprendre. Le clitoris comme réduction du pénis ; la membrane de l'hymen comme entité propre ; la distinction qu'il faut faire entre pénis flaccide et en érection ; la fonction surplombante du phallus, voilà qui fait valser, si on essaie de s'y retrouver, les archives humaines. N'oublions pas la circoncision qui fait, là, figure de clé.

Bien entendu, il s'agit, dans cette poussée de disjonction, d'une nouvelle dimension du corps. La virginité n'est pas la moins énigmatique. Je pense qu'à part la théologie, personne n'a trop osé se mouiller dans la région. Et pour cause.

Freud commence par répertorier les croyances archaïques, en s'appuyant notamment sur le livre passionnant de Crawley, paru à Londres en 1902, *The Mystic Rose, a Study of Primitive Marriage*. Ça revient à étudier les rituels de défloration. La perforation de la membrane est laissée à des spécialistes, manipulation manuelle ou orgie sacrée (sur ce dernier point, Freud, avec son humour coutumier, s'étonne que l'on ait si peu de détails).

Qu'est-ce que Freud commence à découvrir là ? En dérivant assez vite vers la castration, comme on pouvait s'y attendre ? Eh bien, la présence constante d'une frigidité fondamentale qui n'est qu'apparemment résolue dans l'histoire féminine. Le fait que le mari primitif évite de déflorer son épouse, est la ruse qui permet par la suite de l'entraîner dans la mise en scène coïtale. La membrane indique, comme un carré blanc de censure, une réserve indéfinie de frigidité. N'être pour rien dans sa destruction est donc une précaution à prendre pour recevoir d'une femme l'écho de sa propre jouissance. C'est du moins ce qu'ont pensé, de tout temps, les clans.

Le fantasme qu'il y a là une fleur, et vénéneuse, est tout de même assez pointu. Vous le retrouvez chez Dante où la vierge est une « fiore », la rose des roses, mais il faut dire que la Vierge Marie est tout sauf une vierge puisque, précisément, elle est déflorée par un corps entier, celui du Christ issu d'une parole. C'est le bouquet.

Au passage, Freud analyse le rêve d'une jeune mariée qui trahissait sans contrainte, dit-il, le désir qu'elle avait de châtrer son jeune époux, et de conserver en elle le pénis de ce dernier. C'est là qu'est sa découverte : ou l'hymen reste intact, ou on rentre dans la mécanique du châtrage. La virginité n'est là que pour indiquer qu'aucun pénis ne fera le poids, si j'ose dire, par rapport au carré blanc qui indique quoi ? La censure de base sur le phallus, mais alors pris comme corps entier en quoi, évidemment, une femme semble l'incarner beaucoup mieux qu'un homme.

L'amusant, c'est que les Français ont probablement le monopole de l'obsession virginale. Sans revenir sur saint Bernard, on peut tout simplement dire que la France, la France comme Etat, doit quand même le plus clair de sa fondation à la Pucelle, c'est-à-dire Jeanne d'Arc.

Y a-t-il, dans tout Etat, sous ses pieds, une histoire de virginité ? C'est probable. En tout cas, c'est par là qu'il faut chercher la compulsion française non seulement à l'antisémitisme, mais à l'anglophobie.

La Pucelle tourmentait Voltaire. Son ricanement, pourtant, ne nous est guère utile. Mieux vaut, plutôt que Schiller (qui délire, lui aussi, sur la question), relire Shakespeare qui la fait parler – Jeanne d'Arc. Où ça ? Question à cent mille francs. Dans *Henri VI*.

Qu'on me montre un Français connaissant cette pièce.

Il faudrait que j'explique pourquoi je ne l'ai lue qu'à cause de ma naissance à Bordeaux (bien entendu, la pièce de Shakespeare a son décor dans les environs)[1]. Bon. Comme chaque fois qu'il approche quelque chose d'important, Freud s'appuie

1. Je rappelle, pour les amateurs, le blason de l'Aquitaine anglaise : « De gueules, au léopard d'or, passant. » (« De gueules », en héraldique, signifie : rouge.)

sur des écrivains. Pas ceux que je viens de citer, non. Des écrivains mineurs, c'est la manie viennoise. De nouveau à la mode, d'ailleurs. Vienne... Schnitzler, *Le Destin du baron de Leisenborgh.* Virginité et mort. Mélancolie.

Et puis Hebbel. *Judith et Holopherne.* Hebbel a fait une lecture biblique un peu particulière : Judith devient vierge et décapite son général pour se venger du fait qu'il l'ait entamée. Or *Le Livre de Judith* (un des plus comiques de la Bible) ne dit pas du tout que Judith était vierge. Mais veuve. Elle va couper son Assyrien avec l'aide de Dieu. Dieu intervient dans ces péripéties ; il n'est pas dégoûté, lui.

Il était fatal qu'une peintresse s'en mêlât aussi : Artemisia Gentileschi. On devrait, chaque année, proposer aux femmes de peindre une *Judith et Holopherne.* Il y aurait un prix. Ce serait une avancée décisive des beaux-arts.

Tout ça pour dire que, quand ça débande dans la société humaine, une femme, en général, se dévoue, en tablant sur la virginité et la frigidité primordiales. Ça refait bander illico. L'effet Jeanne d'Arc a laissé tout le monde pantois. Après quoi, il n'y avait plus qu'à la brûler et à la canoniser (c'est le cas de le dire). Judith, en veuve (la Bible est plus sévère), avait déjà fait le coup. L'effet Judith est un des plus efficaces. Que des pères y pensent, c'est minimal.

Vengeance ! C'est ce que constate Freud à la base du sexe. L'acte sexuel est impardonnable. On s'en doutait.

Le mot qui revient le plus souvent, ici, c'est : *amertume.*

La mère-tume, c'est vraiment la tumeur qui, au-delà des grossesses, poursuit son cancer. « Tu meurs ! Voilà ce qui va t'arriver, sale membreâne ! » La membrane dit ça. Touchez-y si vous voulez, mais entendez-la.

J'espère avoir montré, en passant (c'est une fable qui vaut pour les temps qui courent), pourquoi un Français risque d'avoir un rapport pucelle à l'Anglais.

Ça fait longtemps que ça dure. Napoléon compris.

Mais qui donc était Shakespeare ? – se demandait-on à Vienne. Naïvement, au fond.

Toujours Hamlet... Phobie or not Phobie ?

A mon avis, le sujet est resté très vierge.

1981.

Le marxisme sodomisé par la psychanalyse elle-même violée par on ne sait quoi

Ce n'est plus un secret pour personne que le marxisme et la psychanalyse n'ont finalement rien su dire, et n'ont rien à dire, sur l'art et la littérature. Je voudrais essayer d'indiquer pourquoi.

Le marxisme, en dehors de sa technique de pouvoir et de manipulation policière, a construit trois délires intéressants : l'un à propos de la biologie, l'autre à propos de la langue, le troisième enfin qui porte le nom du fils d'une musicienne, Jdanov, sur la littérature et l'art. Il ne semble pas que l'on ait jusqu'à aujourd'hui considéré en quoi ces trois délires étaient organiquement liés les uns aux autres, formaient une unité ravageante, symptômes d'une même rage à asservir le vivant parlant. De la folie d'Etat de Staline à celle de Lyssenko, Marr et Jdanov, un même courant circule qui consiste à croire maîtriser la matière et sa reproduction, les racines de la langue et le soi-disant reflet du réel. Cela nous a valu une génétique aberrante, une linguistique non moins aberrante, et enfin une esthétique que les peuples ont été appelés à trouver spontanément normale dans son aberration. Un blé miracle, une formule magique, des tracteurs peints. Le stalinisme a vécu, nous dit-on. Quelle idée : il s'est seulement assoupli, et quand Brejnev, aujourd'hui, serre la main d'Aragon, nous devons simplement nous demander en quoi se sont transformés l'hallucination génétique, la croyance en une langue universelle et les tracteurs coloriés. Risquons cette réponse, elle est psychiatrique : est fou tout individu qui ne croit pas que l'espèce humaine est *en soi* justifiée d'exister et susceptible d'une amélioration quelconque ; qui affirme sa différence intraduisible dans une langue *autre* ; et qui pense enfin que l'art et la littérature n'ont rien à voir avec la réalité sociale telle qu'elle est définie par les bureaucrates. Voilà en quoi les communistes russes, italiens et français sont secrètement d'accord, même si les Italiens et les Français, plus « cultivés », font parfois des manières qu'ils oublient lorsqu'il s'agit de recevoir des décorations. En ce sens, Aragon, toujours lui, les reçoit encore et encore, ces décorations, à la place de Maïakovski, lequel, lui, quand il a pressenti ou compris à quelle mise en place de perversion il avait servi, a eu au moins l'élégance de se tirer une balle en plein cœur. Maïakovski doutait-il pour finir du Progrès, de l'Evolution ? Sans doute. Et il en a laissé la raison en code : l'amour, dit-il, pour conclure. Il était pudique.

Remarquez, en passant, que le fascisme et le nazisme n'ont pas éprouvé le besoin de rationaliser leur abjection par une justification scientifique, sauf en ce qui concerne le racisme. Encore s'agissait-il simplement de planter un décor devant les chambres à gaz. En somme, il y avait ce qui était juif, et ce qui ne l'était pas. C'est une simplification, qui, comme toutes les simplifications, a fonctionné à la pulsion de mort elle-même. Mais en réalité entre Himmler et Lepechinskaïa, cette brave sage-femme qui pensait qu'on pouvait reconstituer de la matière animée évanouie dans le vide par broiement et centrifugation (un peu comme si on pouvait refaire une main à partir de son écrasement en steak tartare ; ou encore comme si toute parcelle de matière vivante revenait en définitive à une queue de lézard indéfiniment repoussée), il n'y a qu'une différence de degré. Le projet est le même, à savoir l'épuration systématique de l'animal humain et son modelage plastique, cellulaire, depuis sa genèse embryonnaire jusqu'au cadre de ses représentations. Le bon Aryen, le héros positif prolétarien, l'homme nouveau repris de fond en comble sur une table d'opération rase, s'avance ainsi, maître de lui et de toutes choses, dans les siècles lumineux des siècles : appelons ça le *Prolétaryen.*

Vous connaissez la suite : les charniers, les camps, l'intelligentsia décapitée ou suicidée, les « expériences », les génocides... A la barbarie chaude a d'ailleurs succédé maintenant un régime de croisière plus chimique, d'où nous arrivent ces phénomènes de plus en plus gênants pour la Raison sociale qu'on appelle des « dissidents ». Lisez enfin Soljenitsyne, la meilleure façon de répondre définitivement à Jdaragonov (Jdaragonov est ce poète politique amoureusement fluide qui peut passer à travers tous les ravalements en restant du bon côté, c'est-à-dire celui du Pouvoir). Quant aux intellectuels qui ne veulent pas désespérer du « socialisme », ils baptiseront les sociétés où tout cela continue « sociétés post-révolutionnaires » et n'arrêteront pas de dire que la « crise du marxisme » signifie non sa décomposition mais sa renaissance. Plus quelque chose va mal, et plus il est urgent de se regrouper pour répéter la litanie du ça-va-mieux. Il ne reste plus, d'ailleurs, qu'à attendre avec appétit les nouvelles sensationnelles qui nous viendront désormais d'Asie (du Cambodge à la Chine). Je l'ai déjà dit : le stalinisme en est à ses commencements, sa paranoïa est, de loin, la plus consistante.

Cependant, qui parle en 1964 des poèmes de Jdaragonov comme d'« une œuvre admirable où je suis fier de trouver l'écho des goûts de notre génération » ? Rien de moins que Lacan lui-même. Mais imaginons qu'Aragon, loin de se préoccuper à l'époque de la « pulsion scopique », ait eu précieusement à dire, dans un style archaïque, la difficulté de s'habituer à la disparition de Staline. Cela donne les vers que Lacan cite à l'époque avec enthousiasme :

Je suis ce malheureux comparable aux miroirs
Qui peuvent réfléchir mais ne peuvent pas voir,
Comme eux mon œil est vide et comme eux [habité
De l'absence de toi qui fait sa cécité.

Je traduis : au royaume du crime refoulé, les miroirs permettent aux aveugles de se voir quand même.

Le point effervescent, donc, en Europe, des délires fascistes, nazis, staliniens a à peine quarante ans. C'est dire qu'il avait lieu, en gros, du temps de vos parents. Ne me dites pas qu'ils n'en ont pas su quelque chose, ou que ça ne s'est pas agité dans leurs fantasmes au temps de votre immaculée conception.

Mais enfin, de nos jours, les intellectuels éclairés pensent que le remède à toute cette irrationalité rationnelle serait là : la psychanalyse. Voyons donc cela de plus près.

L'attitude de Freud par rapport à l'art et à la littérature est-elle en contradiction fondamentale avec la base du marxisme ? Certes, sur tous les autres plans, le délire marxoïde et la complexité analytique semblent s'opposer. Mais je pense de plus en plus que, sur la passion consistant à réfuter l'exception esthétique, les deux positions, nodalement, se rejoignent. Qu'il s'agisse pour Freud de Michel-Ange, de Shakespeare, de Léonard de Vinci ou de Dostoïevski, on voit bien qu'il ne serait pas pour lui rationnel de laisser sans explications ces « personnalités exceptionnelles » qui, comme tout un chacun, doivent être soumises à un déterminisme strict. Freud lui aussi croit à la commune mesure. Il ne fait qu'entériner à sa manière la croyance à la toute-puissance de la science par rapport à l'art. Cette toute-puissance s'énonce dans un premier temps par une dénégation : non, nous ne voulons pas porter atteinte à la poésie, à la peinture, au génie créateur, *mais*, et à partir de ce *mais* tout s'ensuit. C'est-à-dire un appel à la réduction qui pense pouvoir procéder par abstraction de la réalisation symbolique de « l'homme » destitué de son langage et se trouvant « derrière ». Les questions qui agiteront Freud pendant toute sa vie seront de cet ordre : qui était réellement Shakespeare ? Léonard de Vinci n'est-il pas resté un enfant ? Moïse avait-il la barbe de Michel-Ange ? Dostoïevski n'était-il pas onaniste ? J'ai l'air d'exagérer : mais non. La logique sous-jacente à cette position est intraitablement scientifique, c'est celle de « l'exception confirmant la règle », alors que peut-être faudrait-il se rompre à une tout autre conception de l'exception. Car c'est bien en ce point que l'origine religieuse de la science se montre le mieux. C'est au moment où la question du sujet comme nom repris dans une volonté de nom dans une signature de l'espace même du nom se pose que surgit l'égalisation, d'abord en « Dieu », donc, et par la suite en « l'homme » pour finir dans la libido, le sexe, la pulsion. Ce qui va rester non pensé ou très difficilement pensable, faisant alors énigme ou symptôme, c'est bien le redoublement du nom, la signature s'incluant comme telle dans le corps-tissu du discours. De Sade à Dostoïevski ou Joyce, c'est donc un *excès* qui vient à la lettre déranger la construction analytique. Excès fondé non pas sur un « signifiant-maître » (dont l'écho-source serait l'hystérie) mais sur un débordement de sens, une *hyperbole*, si l'on peut dire, surgissant incessamment de la lettre qui la signe comme chute ou déchet. Ce mouvement, par exemple, se trouve lumineusement indiqué dans la *Prose pour des Esseintes* de Mallarmé, poème dont ce n'est certainement pas un hasard s'il évoque, au niveau thématique, la résurrection, à partir de l'inscription mnésique et du nom gravé, d'un corps dédoublé de langue. L'approximation de ce débordement, qui n'est pas « dérive » mais « trop-plein », est bien entendu métaphorisée par la musique pour laquelle – et ce n'est pas un de ses moindres traits névrotiques – Freud, comme vous le savez, était sourd.

Dès lors, comment ne pas analyser ce « dérèglement » de la puissance signifiante comme une « erreur de réglage » au niveau de la fonction paternelle ? La psychanalyse tout entière n'est-elle pas cet effort pour sauver le « bon » père, le bon père-pour-la-mère, autrement dit le père châtré ? N'y a-t-il pas, en elle, le recours constant à l'épouvantail psychotique pour rabattre ce que serait une *inclusion* du nom-du-père sur sa *forclusion* ? L'art, la littérature, c'est précisément cette *inclu-*

sion : le nom est re-nommé, il fait signature dans un contexte de signature. La passion du jeu chez Dostoïevski, mais aussi son mysticisme paradoxal, loin d'être des explications de sa « personnalité », sont alors des indices du fonctionnement foncièrement dépensier et radicalement pessimiste de l'écriture : là où la psychanalyse *doit* faire des économies, mais aussi tempérer, d'une façon « progressiste », les traces de la découverte d'un mal radical. Que la littérature et l'art soient au courant de ce Mal, ça ne cesse pas de se dire. Ça ne dit rien d'autre, le Bien n'étant que ce mal de mieux en mieux dit, composé, écrit.

Freud se doutait-il en 1926, quand en somme il prend la peine de représenter Dostoïevski comme un réactionnaire qui « a rejoint ses geôliers », au lieu de devenir un « apôtre », que, cinquante ans plus tard, son texte pourrait servir de chef d'accusation à une nouvelle déportation de Dostoïevski l'écrivain (l'écrivain, précisément, des *Démons*) ? Pouvait-il se douter que ce serait un écrivain « religieux », Soljenitsyne, qui apporterait, de l'enfer bureaucratique et concentrationnaire marxiste, la révélation écrite ? Pouvait-il imaginer que la psychanalyse, un jour, commencerait à être regardée par la répression d'Etat non pas comme un danger mais comme une aide possible ? Une aide contre quoi ? Contre ce qui ne peut jamais ne pas mettre en question le signifiant religieux même en y adhérant : aujourd'hui, nommément, la religion de la science.

Et Lacan, aujourd'hui, faisant de Joyce, près de quarante ans après sa mort, un symptôme, se rend-il compte que Joyce, dès 1934, était jugé comme dégénéré à Moscou où peut-être, demain, s'il y revivait, il pourrait être considéré comme un cas bizarre à étudier psychiatriquement et pourquoi pas de façon lacanienne ? Il me semble que ces questions méritent aujourd'hui d'être ouvertement posées et discutées.

La question des questions restant la suivante : la raison d'Etat comme religion de la science, l'analyse comme science éventuelle de tout ce qui fait « exception » (l'inconscient *est* un état d'exception), n'ont-elles pas, au fond, comme désir absolu et secret le modèle de l'Eglise catholique ? Cette Eglise n'est-elle pas édifiée sur l'impossibilité d'admettre réellement une histoire de verbe-fait-homme ce qui a pour conséquence une même impossibilité d'envisager un envers qui serait celui de l'homme-fait-verbe ? N'y a-t-il pas là, pour la Raison, une limite qu'il reste interdit d'interroger ? En deçà de la transaction entre Moïse et le monothéisme, c'est-à-dire de père à père, qu'en est-il pour Freud et toute la psychanalyse de la question d'Abraham ? C'est donc bien du *fils* qu'il s'agit pour finir ; du fils s'incluant de père ; fils qui, dans le malaise de notre civilisation laïque et athée, sur fond jamais atteint de crise de mère, reste aussi énigmatique que l'arrivée imprévue de ces nouveaux saints que sont, non pas, hélas, les psychanalystes, mais, depuis un siècle, certains artistes, certains écrivains. Car ne cherchez pas : l'art, la littérature, contrairement à ce qu'on vous a appris, n'ont jamais été des choses « humaines », et ni le marxisme ni la psychanalyse ne peuvent les ramener à une trame anthropologique – historique, physique, biologique ou pulsionnelle – commune. Ni les « masses », ni l'« inconscient » ne peuvent les contenir. C'est bien le moins que le diable se mette quelque part, à découvert, au service de Dieu. Dans la religion de la science, c'est plutôt le contraire : mais Dieu n'étant pas mort, et la mort étant devenue votre dieu, le moment est venu de se demander pourquoi l'athéisme est, finalement, si peu érotique[1].

Milan, novembre 1977.

1. Je reviens rapidement sur une des indications les plus éclairantes de Freud : le signifiant religieux comme obsessionnel (mais fondé de façon paranoïaque), le signifiant philosophique comme paranoïaque (mais soutenu obsessionnellement) ; l'hystérie, enfin, comme « œuvre d'art déformée ». La psychanalyse étant une « réponse » à l'hystérie, qu'en est-il alors de « l'hystérie réussie » : l'art, la littérature ? Ou plutôt : d'où vient que l'hystérie soit de nos jours aussi spectaculairement de moins en moins « réussie » ?

Socrate, en passant

Vous vous doutez peut-être qu'il y a deux façons de se faire reconnaître par le groupe sociohistorique auquel on appartient ; soit de lui montrer la figure d'une identité à soi rigoureuse, soit de se présenter comme impensable. Mon pari à moi, et c'est pour cela qu'il paraît souvent opportuniste, changeant, a-moral, est un pari sur l'impensable lui-même. Ce qui ne veut pas dire du tout sur l'absence de pensée, au contraire ; c'est un pari sur l'accumulation, la multiplication de toutes les pensées possibles, à commencer par celles qui se donnent dans le langage de la philosophie, ce qui a entraîné pendant toute une période de ma vie des rapports extrêmement bizarres, très complexes, passionnants, entre un certain nombre de philosophes et moi-même. Tout cela est loin... Mais qu'est-ce que je pourrais prendre maintenant comme métaphore du traitement du refoulement originaire dans l'histoire de la pensée ? Il y en a beaucoup... Pour aujourd'hui – voulez-vous Socrate ?... Ça va aller... Vous savez qu'il y a une scène qui a toujours ému et intrigué l'humanité depuis vingt-cinq siècles qu'elle a été décrite – c'est ce qui s'appelle écrire de façon conséquente, écrire pour vingt-cinq siècles... – c'est une scène du *Phédon*, de Platon. Qu'est-ce que c'est qu'écrire pour vingt-cinq siècles, voilà une question qui me paraît digne de figurer dans la recherche de l'impensable, comme on dit à la recherche du temps perdu. On me dira que c'est une question qui est devenue absurde, mais pourquoi le serait-elle davantage qu'au moment où elle ne se posait pas, sauf qu'elle était en train de se faire, et peut-être est-elle tout le temps en train de se faire. Revenons donc à cette scène qui est celle de la mort de Socrate. Il y a une chose qui a toujours préoccupé les commentateurs, c'est de savoir ce que signifient exactement les dernières paroles de Socrate. Vous connaissez l'histoire, elle est célèbre. Ce qui fascine c'est pourquoi au moment où le froid de la mort gagne le corps de Socrate, des pieds vers la tête, pourquoi celui-ci, qui s'était voilé le visage et qui ne disait plus rien, se découvre brusquement, revient un instant parmi ses disciples attristés, extrêmement tourmentés par cette fin édifiante et terrible, et sereine, se tourne vers la communauté et dit : « Criton, nous devons un coq à Asclepios. Payez ma dette ! » Et il meurt. Alors qu'est-ce que ça veut dire ? Ça se glose beaucoup... Il se trouve que dans ce texte de Platon il y a des animaux. Par exemple, quand Socrate réfute les objections qui lui sont faites contre l'existence de l'âme, il se sert de comparaisons animales, d'une part en disant que la réponse qu'il pourrait très bien ne pas donner dans un moment aussi pénible, il va la donner quand même, parce que, dit-il, les cygnes chantent encore mieux lorsqu'ils sont près de mourir et que ce qu'on prend pour un chant nostalgique ou de détresse est au contraire un chant de bonheur extrême de quitter ce monde pour rejoindre un au-delà où il se sent déjà mieux et c'est pour cela qu'il chante si bien. Donc, preuve par le cygne, si je puis dire ; par le cygne mal entendu. Et du coup ce cygne du *Phédon* est un signifiant majeur : il s'agit de savoir pourquoi un animal éprouve de la joie à mourir et que l'homme entend le contraire. Et nos contemporains sont parmi les hommes ceux dont l'angoisse est devenue la plus pathétique à cause du fait qu'ils tiennent à leur corps, et quand ce n'est pas à leur corps, comme vous le savez, c'est à l'organe. Il suffit de feuilleter tout ce qui se blablate... Et les femmes : l'utérus est à nous, la production de vivant nous appartient... Un enfant si je veux quand je veux... Jawohl ! C'est pour ça que les deux sexes sont arrivés à ce lieu où ils se demandent s'ils sont en vie l'un pour l'autre. Mais revenons à Platon, il y a cette histoire de cygne et puis il y a les comparaisons que fait Socrate avec le fait qu'être plongé dans le monde où nous sommes est comparable aux poissons qui sont sous l'eau ; si les poissons pouvaient mettre leur tête hors de l'eau ils s'apercevraient que leur monde n'est pas le seul monde, qu'il y a une pluralité de mondes. Affirmation de la pluralité des mondes par la métaphore du cygne et des poissons. Nous sommes, nous, comme des poissons dans l'air ; si nous levions la tête au-dessus de la voûte céleste, eh bien nous serions aussi surpris, aussi ravis que les poissons qui sortent la tête hors de l'eau où ne règne qu'une monotonie un peu grisâtre... Si nous sortions du poisson (mais c'est là la difficulté), il est évident que nous trouverions le monde dans lequel nous sommes sublime, qu'il a des couleurs, une variété... alors qu'en fait ça peut se ramener à très peu de choses, quelques combinaisons chimiques... Raison pour laquelle, d'ailleurs, la doctrine de Démocrite est précisément l'interlocuteur permanent avec lequel Socrate s'emploie, dans une sourde complicité (car le silence de Platon par rapport à Démocrite est lourd de sens), à montrer qu'il n'y a pas lieu de s'attarder dans le monde des phénomènes. Je ferai remarquer, en passant, que sur cette position matérialiste radicale il n'y a personne pour être d'accord. Matérialisme c'est toujours compris, et hélas j'abandonne sur cette question, comme un retour au substantialisme, au maternel, au corps, à l'organe, etc. Je ne vais pas passer mon temps à répéter qu'il s'agit de tout autre chose et d'un préalable absolu à toute composition de phénomènes, j'abandonne, je laisse le matérialisme à ceux qui croient qu'il s'agit de se gorger de matière... Je parle de philosophie parce que le geste de la littérature est maintenant de montrer que le discours philosophique est intégrable à la position du sujet littéraire pour peu que son expérience soit menée jusqu'au bout de l'horizon transcendantal. Ce qui produit un renversement culturel considérable, à savoir que la philosophie se trouve non pas niée, mais intégrée dans un discours tout simplement supérieur qui fait que, dans cette position d'énonciation, on peut à tout instant traiter les différents systèmes philosophiques qui ont eu lieu au cours des temps, comme un naturaliste vous montrerait des vertèbres... Toujours parenthèse en passant : cette affaire qui consisterait à montrer les différents systèmes de pensée comme des animaux se déboîtant les uns des autres – c'était l'idée de Hegel mais on peut mettre Hegel aussi dans ce que je suis en train d'évoquer –, se développant au cours des temps, c'est l'idée que Balzac par exemple avait à propos de l'œil neuf à jeter sur la société humaine, laquelle devait être décrite, selon lui, comme une société animale. Il explique ça dans l'avant-propos de *La Comédie humaine* qui est un hommage chaleureux à Geoffroy Saint-Hilaire, Cuvier, Buffon, d'une part, et de l'autre, parce que Balzac signe sa provocation jusqu'au bout, au catholicisme. Il faut aller voir Balzac au carrefour Vavin sculpté par Rodin dans une position remarquablement souveraine, à savoir qu'il est en train d'être gros d'une expulsion qui détache par ailleurs sa tête de son corps d'une façon très bien sentie par Rodin, phallus enceint en train de se palper la grossesse, et de l'accoucher à l'envers ! Volume prodigieux devant lequel évidemment tous les Parisiens passent sans le voir, il a fallu beaucoup de temps pour ériger cette statue-là à cet endroit-là, c'était le refoulement de l'époque, enfin elle est là, elle regarde Paris... Alors la provocation que se permet Balzac à la fin de sa vie, homme informé s'il en est, c'est de dire qu'il écrit à la lumière de deux vérités éternelles, à savoir la religion catholique et la monarchie, raison pour laquelle il est devenue *ipso facto* l'écrivain préféré de Marx et des marxistes, car il a bien dit là leur désir secret... Les extrêmes se touchent, l'écrivain est là pour le manifester et passer outre. Et on pourrait dire que la crise, ou la disparition, de la philosophie est tout simplement celle de la Réforme. Mais je reviens à mon Socrate en train de mourir, il a filé des métaphores animales, il a devant lui des disciples affectés qui sont troublés, qui se disent « au fond ce qu'a dit Socrate ce sont tout de même des mots, là il va mourir, il a un corps, c'est quand même la fin des choses, ne nous y trompons pas, ce qu'il a dit va finir avec lui ». Croyance sexuelle, religieuse, fondamentale de l'humanité à laquelle il faut de temps en temps quelques bonshommes ahurissants qui disent « non ! », c'est-à-dire les seuls athées conséquents. J'ai déjà parlé du Christ comme ayant fait l'opération, Socrate a droit aussi à un détour... Dans le cas du Christ il y a une chose un peu spéciale, c'est que lui dit qu'il va revenir, ce qui laisse suspendue en l'air la menace d'un règlement de comptes définitif qui, sur le computer des enregistrements en train de se faire, relève de la très grande malice de calcul (tiens, là aussi il y a un coq, et il chante trois fois). Socrate, lui, plus discret, modeste, plus terre à terre, s'en va dans l'immortalité. Pas pour dire qu'il disparaît mais pas pour annoncer non plus qu'il va revenir. En tout cas, il sait qu'il ne peut supprimer la croyance de ceux qui sont autour de lui et qui est celle du « cause toujours ». Les gens ne croient qu'à ça. Cause toujours, ça veut dire : de toute façon, le fait de causer ne peut pas avoir prise sur la cause, la cause c'est la chose en soi, on y est, après quoi on parle et ça n'a aucune importance. Socrate sait qu'il ne peut les convaincre, il se donne alors la peine d'une mise en scène particulière, d'où ce coq. Les autres animaux c'est le cygne, les poissons, il cite aussi les fourmis, il refuse les derniers petits secours pervers que lui proposent très obligeamment ses amis : il est d'usage que le condamné profite des derniers instants qui lui restent pour faire bonne chère, voire user des objets qui lui plaisent, c'est-à-dire que revient toujours la même question « mais pourquoi Socrate ne baise-t-il pas ? » (c'est la question du *Banquet*). Pourquoi Socrate diffère-t-il cette affaire alors qu'on l'aime, qu'on l'attire dans son lit ; pourquoi préfère-t-il pérorer ? Or, Socrate, c'est quelqu'un qui ne peut pas se faire à l'idée qu'on peut mettre en échec la parole, y compris par des douceurs, même si on lui fait des guilis-guilis sur son organe. Non, il s'obstine et il démontre à tous les coups que ça va plus loin si on continue à parler... Et les autres qu'est-ce qu'ils veulent ? C'est le mettre en contradiction avec sa parole, le tenter dans l'organe. Il va être là, dans un moment, inanimé, sans vie et il refuse de s'en préoccuper. Voilà ces gens qui l'ont écouté parler pendant des années, eh bien ils n'ont rien appris. Socrate le sait, lui, qu'il n'a parlé que pour aboutir à leurs yeux à un cadavre. La croyance au guili-guili sur l'organe permet de maintenir le cadavre comme seule valeur fondamentale. Vous savez, on va retrouver ça partout. C'est à ça, et à ça seulement, que l'espèce a envie de croire. Voilà pourquoi il est toujours très difficile, quand on vient faire *décroire*, de ne pas passer pour un fondateur de religion, un illuminé... Donc Socrate refuse les derniers secours : pas de guili-guili à l'organe avant de sauter dans son cadavre. Il maintient ce qu'il a dit. Juste au moment du passage, du coq à l'âme, de la vie à la mort, telle que nous l'apercevons (scène où il y a un poisson qui s'exprime, pas tout à fait comme les autres, devant d'autres poissons), avant d'être happé par on ne sait quel hameçon, ce poisson parle de sa disparition. Il ne s'agit pas d'en faire une histoire, mais c'est tout de même intéressant dans la mesure où nous avons été procréés dans cette forme. Du coup nous sommes bien forcés de nous dire entre nous que c'est la forme absolue. Or, comme dit saint Thomas, il ne s'ensuit pas du fait que, Dieu ayant pris la nature humaine, il ne puisse pas en prendre une autre, sous une autre numération. Ce nombre n'est pas le seul des nombres... Donc, au moment de passer à la limite, Socrate demande aux cadavres encore vivants qu'ils payent sa dette au dieu de la médecine, Esculape. Un dieu secondaire, et utile. Un coq. L'animal n'est pas important en soi, encore qu'il dénote une virilité conséquente dans le contexte. Ce coq dont on lui demandait un moment auparavant s'il ne voulait pas se le faire chatouiller pour qu'il fasse un dernier cocorico avant le grand saut, eh bien voilà qu'il le leur fout à la gueule. Vous irez égorger un coq, mes chéris, puisque vous voulez un sacrifice. Si ça peut faire du bien à votre santé..., vous aider à vous réconcilier... Ça pourrait être un bélier... C'est un coq. Modestie de Socrate. Qu'est-ce que ça veut dire ? Ça veut dire au moment où il meurt : mon corps, bandes de poissons, n'a pas plus d'importance qu'un coq ; vous pouvez en faire ce que bon vous semble. C'est-à-dire, je n'ai jamais été là sous la forme où vous avez cru me voir vivant et je vous prouve du coup l'existence de l'âme, et même que je peux me séparer de mon corps très aisément, et qu'au-delà de mon cadavre je vous prie de penser que vous allez égorger un coq. C'est sur ce cocorico que *toute* la philosophie est fondée ; ce qui risque fort lorsqu'on est dans l'assistance de quelqu'un qui fait l'expérience personnelle du sujet transcendantal, ce qui risque fort de transformer ladite assistance en assemblée de philosophes, et en poules.

Socrate n'écrit pas ? Moi, je dis que si ! Et comment ! Et c'est précisément ce qui n'est pas écrit au sens des poules qui, aujourd'hui, a une petite chance non pas de durer vingt-cinq siècles mais en tout cas de s'y retrouver dans les vingt-cinq siècles écoulés.

L'écriture en question peut se présenter, au départ, de façon assez décevante. Ça paraît simple, sans effets, ça peut même passer inaperçu mais un lecteur attentif y suivra la construction systématique d'un sujet qui, insensiblement, est en train de prouver qu'il est la cause de ce qui le dit, alors qu'il est en train de le dire. Moralité : on arrive à ce problème qui est celui de la voix. Enorme chose, car pour faire arriver la voix dans son lieu exact, il faut évidemment se donner les moyens de produire un silence consistant. Très peu d'écrits arrivent à vous donner la sensation irréfutable de la voix. Or la voix qui va devenir contemporaine de l'écriture qui en serait possible, c'est là où j'en suis. Le parcours a consisté à faire le vide dont j'avais besoin, à la chinoise, c'est-à-dire que, pour qu'un trait soit du souffle à travers une surface pour laisser passer quelque chose qui soit la manifestation du vide, cela exige un certain état... un très long temps d'apprentissage et, après tout, le mien en vaut un autre... Comme dit Baudelaire : j'ai mis longtemps à devenir infaillible. Et désormais il devient possible, pour moi, de traiter toutes les résistances accumulées par l'animal parlant pour éviter de se rendre compte qu'il n'a jamais été là. Ce qui fait un déchet considérable et, comme on est dans une vie limitée, je vais au plus consistant, c'est-à-dire aux déjections religieuses. Si je vais au plus pressé, ce n'est pas qu'il va y avoir la fin du monde, c'est qu'on entre dans le monde de la fin. Je veux dire que tout est fini avant même d'avoir eu lieu, appelons ça la coïncidence de la voix avec elle-même, ce qui signifie la vidange évanouissante des phénomènes. Le monde final est un monde où les corps en sont à ne plus pouvoir se supporter comme tels et à dériver cramponnés, comme dans *Le Maelstrom* d'Edgar Poe, à leurs objets, à leurs organes, et emportés vers l'abîme. Désarroi, lisons-nous partout, la peur... Radeau de la méduse, nous sommes dans l'œil du typhon... Je parle du maelstrom parce que Pleynet après avoir écouté un enregistrement de *Paradis* a bizarrement pensé à ce texte de Poe. Belle trouvaille à lui, et j'ai eu du coup l'idée de retourner voir de près ce texte. Poe, on n'en parlera jamais assez, c'est que lui il n'est pas cramponné au cadavre, il le crache, il a des mises en scène un peu macabres mais qui vont bien dans le sens de Socrate. Poe fait du socratisme un peu noir, mais c'est parce qu'il est en Amérique et que, pour parler aux Grecs, il suffisait de s'exprimer à peu près correctement, alors que, pour réveiller des Américains, on ne sait pas bien ce qu'il faudrait faire, c'est exactement comme pour les Russes... Il y a de gros petits malins qui vont jusqu'en Georgie, en ce moment, pour vendre un peu d'inconscient, comme ça, à la sauvette... Enfin ils font semblant de pouvoir le vendre là-bas pour essayer de consolider leurs prix par ici.. Poe, c'est autre chose... Qu'est-ce qui l'intéresse dans cette histoire de bateau avalé par l'abîme... ? Un truc, un tout petit truc, c'est ça le génie : c'est de démontrer que la sphère est foutue, autrement dit qu'on entre désormais (raison pour laquelle nos analystes ont bien du mal à s'y faire) dans la *transphère*. Beaucoup, d'ailleurs, pour ne pas aborder la transphère, préfèrent rester dans le transfert, écrit à l'analytique, ce qui permet de ne pas se coltiner ce qui est là pour dire la transphère, car là il y a un trou, un abîme, ça clignote, aujourd'hui on parlerait de trou noir, pour Poe de maelstrom... Bref, la sphère est foutue, et le rescapé, celui qui se tire du maelstrom, a compris que les objets ronds tombaient plus rapidement dans l'abîme et que les cylindres étaient entraînés moins vite, voilà pourquoi il s'agrippe à sa barrique et qu'il est rééjecté de ce vagin terrifiant. Tout ce qui lui reste à faire, après, c'est d'avoir des cheveux blancs et de faire peur à tout le monde en racontant son aventure. Cette affaire de phallus, tout de même... Poe veut nous dire qu'un marin, comme ça, par hasard, en s'accrochant du phallus (et en le lâchant au moment voulu), peut s'en sortir... Ulysse aussi se fait attacher au mât pour échapper aux sirènes... Tout ça nous donne des petites images poétiques, depuis le fond des âges, de ce qu'il en serait des battements de la transphère... ça traîne partout. J'ai parlé des Grecs aujourd'hui parce que je ne veux pas parler de la Bible tout le temps... Cette transphère, d'ailleurs, correspond très bien, comme éclairage, à la découverte de Freud, car ce qu'il a découvert ce n'est évidemment pas l'inconscient, comme tout le monde le répète, mais le transfert. L'inconscient ça n'a aucun intérêt, aucun, c'est des bricoles, qu'on peut désormais vendre à bas prix aux Américains ou aux Russes, ça permet d'écrire des chiées de livres mais ça n'est pas intéressant, l'intéressant là encore c'est que ça ne s'écrive pas apparemment et pourtant que ce soit le comble de ce qui s'écrit. Vous me direz que Freud a beaucoup écrit, mais ce n'est pas ce qu'il a fait de mieux ! On passe son temps à talmudiser Freud, et alors ? La découverte, c'est ça : il y a un artifice de la parole qui nous met dans la transphère. Alors ce que je dis a l'air paradoxal, je parais laisser entendre que la mise en scène de mes premiers livres était une mise en scène de paroles. Tout le monde aurait dit, moi y compris, que c'était l'écriture de l'écriture, l'écriture en train de se découvrir écriture, l'écrit sur l'écrit, le sujet de l'écriture, etc. Eh, foutre ! je n'ai jamais dit que ce n'était pas la façon d'avancer masqué. Ça ne veut pas dire qu'il n'y a pas eu des tas de philosophes pour penser que j'étais le type qui écrit. Mais je n'ai jamais été le type qui écrit. Je suis, depuis le début, le type qui se sert, *notamment*, de l'écriture. Pas exagérément, je crois. Ou alors, tout à fait exagérément. Tout ça, pour moi, est de l'ordre du semblant, du théâtre, au sens métaphysique du terme. Je ne fais pas de la littérature. Mes livres sont une façon de passer le plus efficacement possible dans la parole *que* je me sers. Pour moi, il y a donc une continuité totale et aucune rupture, de même qu'il n'y a aucun changement au niveau de ce que j'appellerai mes prestations d'opinion. Les passagers de la ligne ou de la sphère croient que je change, que je retourne ma veste. Mais pas du tout, je vous le dis : c'est le maelstrom. La question c'est d'aviser le moyen éventuel de tomber moins vite dans le gouffre, voire même, par une des bizarreries du tourbillon, de se faire rejeter par lui. Même si ça doit être payé d'une sorte d'exil normalisé, mieux vaut tout de même essayer de tomber moins vite que les boules, les poules, voire de leur fausser compagnie. Je suis un faussaire pour ce qui est de la compagnie, c'est vrai. Ce qui fait que je suis d'une honnêteté scrupuleuse pour tout ce qui ne se met pas automatiquement un pagne sur le con. Voilà ! c'est pas grand-chose... Maelstrom... Des débris, plus ou moins privilégiés, se racontant leurs histoires de débris, voilà ce que la compagnie, elle, voudrait. Des débris tombant vers un point d'anéantissement ultime, mais devant, par-dessus le marché, comme si c'était inscrit dans les lois du tourbillon, faire leur autocritique, se plaindre d'avoir été plutôt tel débris que tel autre, prier entre débris que les débris de droite veuillent bien passer à gauche et ceux de gauche à droite, on pourrait même envisager une assemblée qui déclarerait au milieu du tourbillon qui l'emporte : nous sommes les nouveaux débris, et à ces nouveaux s'ajouterait une nouvelle chute de débris qui diraient : pas du tout nous sommes, nous, les nouveaux débris... Alors oui, sommes-nous sur une ligne qui va quelque part ou sommes-nous dans un maelstrom ? Ce sont deux logiques, n'est-ce pas, deux conceptions du monde, deux espaces. Comment voulez-vous que l'homme du maelstrom soit aussi l'homme du chemin de fer ? Moi, je suis un marin, marin de la mer d'encre. J'ai un arrière-arrière-grand-père qui faisait le long cours entre Bordeaux et les Indes, j'ai ses livres, ses vieux livres, géométrie, arithmétique, côtes de l'Afrique..., livres qu'il avait sur son bateau, dans sa cabine, reliés en cuir, et de temps en temps il s'ennuie, alors il résout des problèmes de trigonométrie, il écrit aussi des annotations en marge, du genre : eh bien, j'embarque demain pour les Indes, je disparaîtrai et plus personne ne me retrouvera. Vous voyez, c'est héréditaire, la génétique a son mot à dire là-dedans. La génétique... eh oui, c'est pourquoi il vaut mieux se préoccuper de cette affaire de Dieu dans la mesure où elle est précisément *généthique*. Dieu, c'est une fonction qui introduit, quel travail !, de l'éthique dans les gènes, et de la gêne dans l'éthique. Enfin, écoutez... voulez-vous une anecdote pour finir ? J'ouvre ma radio. J'entends quelqu'un qui dit que la matinée va être consacrée au problème des femmes et de l'Eglise ; les femmes ne s'intéressent plus à l'Eglise parce que l'Eglise ne répond plus à leurs problèmes... Le type qui dit ça cite une épître de saint Paul où celui-ci doit dire quelque chose comme « l'homme n'est pas né de la femme, c'est la femme qui est née de l'homme ; l'homme n'est pas fait pour la femme mais bel et bien la femme pour l'homme ». Tac, comme ça ! Ces gens étaient insensés. Quel cran ! Le plus drôle est que le maelstrom précédent était d'une telle force qu'à saisir ce baril à ce moment-là, eh bien ça a marché ; ça a donné deux mille ans de plus, un petit répit pour les débris : répit pour les débris, voilà comment devrait s'appeler l'histoire humaine. Donc, saint Paul a dit ça. Oh, mais c'est que deux mille ans après, dans le nouveau maelstrom, ça n'a pas l'air d'être du goût des débris ! non, ils critiquent sévèrement saint Paul, ils disent « qui a dit ça ? est-ce l'ayatollah Khomeiny ? – non c'est saint Paul ». Vous voyez que si on n'est pas prudent sur l'avenir du débris, on peut tout à coup, par une sorte de débilité mentale, penser que l'ayatollah Khomeiny aujourd'hui et saint Paul il y a deux mille ans c'est bonnet blanc et blanc bonnet, blanc turban et turban noir. Et tout ça, ça a toujours été, de tout temps, obsédé par quoi ? Ah, c'est toujours la même chose, par... la femme. LAFÂME ! La revoilà ! C'est elle qui va servir chaque fois à ressouder l'horizon ! Alors, comment se fait-il qu'une telle illusion soit possible, qu'il y ait une telle amnésie ? On découvre des restes humains, vieux de centaines de milliers d'années... mais cette histoire de saint Paul, voire de Moïse un peu avant, c'est hier, c'est tout récent, il a fallu des milliers et des milliers d'années de tournage en rond, autour de la pondeuse primordiale (la Grande Mère enterrée au centre), pour que soudain un certain nombre de gens se disent « enfin, c'est bête, on ne va pas continuer à tourner comme ça », et dans leur obscurité de poissons en train de sombrer ils se sont demandé s'il n'était pas possible d'inverser l'ordre des causalités, « poussons la négation, se sont-ils dit, on verra bien ». La négation c'est le jugement, le jugement c'est un espoir, tenir la négation, la tenir ferme, voire même contre les évidences (car il est bien évident que l'homme est né de la femme, vous n'allez pas supposer que Paul n'avait jamais vu la chose se passer sous ses yeux et c'est tellement évident, justement, que ce doit être faux), on verra si ça fait un peu d'air. Ecrire, donc, c'est pousser la négation.

Je parlais de l'horizon apocalyptique... Apocalypse en hébreu c'est *gala*, ça veut dire découvrir, c'est dans ce sens aussi que nous sommes dans une époque qui peut être prise comme un gala, un gala sévère. En même temps que la coïncidence se fait entre la voix et elle-même, la coïncidence se fait entre la mort et elle-même, ainsi chaque jour vous apporte sa cargaison de Pol Pot... Pol Pot c'est le strict antagoniste de Poe. D'où effondrement des idéologies, à quoi doit-on se raccrocher ? Dieu ? lequel ? l'histoire du baril..., le plus proche sera le mieux, et à Dieu vat. Eschatologique, disait Barthes de *Paradis.* Oui, ça me va. Avant tout être un saint pour soi-même, dit Baudelaire, modeste. J'essaie en effet, par mes propres moyens, puisqu'il n'y a plus aucun maître, aucune autorité, de devenir à mes propres yeux un maître ès cathologie. La cathologie, c'est la logique de l'universel, dont le catholicisme est le lapsus clé. C'est pour ça qu'au niveau des blocages d'organes et d'intérêts particuliers, ce lapsus clé fera toujours l'effet d'une irritation permanente pour le simple particulier. Le sujet n'a rien de particulier, le singulier n'est pas le particulier. Eh bien je suis ce sujet singulier qui s'intéresse à la logique de l'universel, et qui pour autant, assailli par les sujets particuliers qui croient faire des ensembles, se voit du même coup obligé de dire que deux mille ans de catholicisme, ce n'est pas rien. Ce n'est pas la quête du Graal que je propose, ni la clef des songes... Vous avez vu X dans *Le Monde* cet été... Ah ! Ah la la ! ah la la ! X, je dirai que, lui, c'est la logique du *Je suis partout.* C'est celle du nulle part permanent qui se croirait fondé à légiférer sur l'universel. Et les critères là, vous savez, sont délicats. Moi, je ne dis pas « Je suis partout », jamais, à aucun prix, à quelque époque que ce soit. Je suis le contraire du germano-soviétique. Je suis le navigateur plutôt anglais qui tente de devenir maître ès cathologie, ce qui n'a rien à voir avec la marchandise des générations de débris qui nous précèdent, enfin, que nous suivons vers l'abîme (c'est tout de même pour ça qu'on peut les voir un peu, mais il n'y a pas de quoi se vanter, débris, débris, débris or not débris...). Cette marchandise n'est pas la nôtre, ça n'est pas notre histoire d'avoir à représenter dans leurs fantasmes l'erreur telle qu'ils la conçoivent pour eux. Hitler, je connais ; Staline, idem ; rien à voir avec eux, zéro. A l'époque de *Je suis partout*, j'ai trois ans, quatre ans, tout ça est une question de dates... X, après tout, je m'en fous, appelons-le Argus (c'est grec et pas difficile à déchiffrer, ça), Argus de la presse... Si Argus s'est trompé sur Hitler puis Staline au point de les adorer, pourquoi ne se tromperait-il pas sur moi au point de me détester ? Ce serait sa troisième erreur, celle-ci sans retour puisque, à se tromper sur moi par la négative, ce serait l'erreur définitive. Etre revenu à la raison, avoir raison sur toutes choses (défendre très justement les droits de l'homme, par exemple), et se tromper sur moi, qui sait si ce n'est pas le comble de l'erreur ? L'histoire ne tranchera pas puisque, je vous dis, c'est le maelstrom. Moi, je ne plaide pas histoire, je plaide baril, je plaide cylindre. Je ne dis pas je vous donne rendez-vous à la fin de l'humanité, je dis que je m'occupe de la logique de l'universel, notamment sur son symptôme clé des deux mille dernières années, autrement dit rien, une poussière qui passe vite. Je ne dis pas, comme Hallâj, je suis la vérité ; je dis que je n'y suis pas, et que c'est bien pour ça que moins j'y suis plus je comprends un tout petit quelque chose sur la logique du je suis. Rien, dans mon comportement, mes manies, mes provocations, mes phobies, mes façons de jouer un coup qui paraît particulièrement absurde au joueur qui est en face, rien n'indique que j'y sois finalement... Chinois je suis : je montre mon vide, je joue en dernier et je touche le premier, voilà. J'attire l'adversaire par un avantage apparent qu'il aurait sur moi... etc. Dans les tourbillons du débris, pour moi ce qui compte c'est que je puisse tenir mon baril... Je cherche simplement à échapper à la brisure universelle, c'est tout, et comme ça fait quand même une petite flaque d'encre, il reste aux autres à nier que ce qui fait flaque dans mon encre existe. Cette dénégation, qui n'est pas la négation dont je parlais, est le cri de la curaille affolée qu'on ne fasse pas ouaille avec elle. Or, ouaille, moi je ne suis pas. Alors, vous savez, pour ce qui est du Je suis partout, personnellement je m'en tiens à une déclaration bien plus profonde, à savoir : Je serai qui je serai. Ce sont deux conceptions du monde absolument antagonistes. Si le Dieu de la Bible avait dit Je suis partout, ça se saurait, et ça ne m'inspirerait pas le moindre intérêt... Tout serait écrit d'avance ; c'est un Dieu qui ne ferait jamais aucune erreur..., pas plus que la curaille en question... qui a fait des erreurs et qui n'en fera plus jamais, sauf celle qu'il ne fallait pas faire, précisément, et c'est moi. Pourquoi, s'étant trompé une fois, ne se tromperait-on pas constamment ? Si on a donné l'apparence de se tromper, cela ne veut pas dire qu'on s'est trompé, c'est pourquoi vous ne me voyez pas faire d'autocritique. Je serai qui je serai... Ce Moïse, il en reste baba, il attendait un Nom de Dieu : « qu'est-ce que je vais leur dire ? – ouh, dis-leur ça : je serai qui je serai... ». Se débrouiller avec un Dieu comme ça, vous savez... C'est pas du tout Je suis partout... Je suis partout, je ne suis nulle part... : là c'est le délire religieux, lui-même... Contre lequel il faut dire de temps en temps : 1) Que ça ne sera jamais deux fois la même chose ; 2) que c'est interrompu à chaque instant et que c'est pour ça que ça fait continuité ; 3) qu'il faut s'attendre à tout et surtout à n'importe quoi ; 4) que la seule façon de ne pas se tromper c'est d'imaginer qu'on se trompe à chaque instant. Le cas non prévu c'est évidemment l'attitude hyper-littéraire, à la Poe, qui consiste parfois à faire semblant de se tromper dans la mesure où ça peut permettre de fausser la compagnie. C'est l'attitude antireligieuse par excellence. L'énigme reste : pourquoi les gens les plus religieux s'imaginent-ils ne pas l'être ? Vous me direz que c'est leur sexe ; oui bien sûr, ils croient que leur sexe est naturel, et contre ça que faire ? Les débris tombent et ils croient que c'est naturel. Poe va même jusqu'à parler d'un miracle dans ce remue-ménage de la nature..., un type a saisi un cylindre et s'en est sorti. Mieux vaut encore comme Pascal s'intéresser à la roulette, aux cycloïdes. Parce que, oui, tout cela relève du pari. « Le monde ne t'a pas connu mais moi je t'ai connu... » Il se coud ça dans son vêtement Pascal ; le mémorial on appelle ça, d'un mot emphatique. Cette petite chose dans le vêtement, c'est comme le coq de Socrate... Ah ! nuit de feu maelstrom, pleurs de joie... ! patati patata... Il se le coud parce qu'il a senti que son corps allait l'oublier. C'est assez beau d'être un nom propre qui fait davantage confiance à une note écrite qu'à son corps. Pas facile d'expliquer ça à des gens qui sont persuadés que leur corps, c'est-à-dire anthropomorphiquement l'image de leur corps dans le miroir, est le lieu d'où viendrait ce qu'ils disent, voire ce qu'ils écrivent. C'est d'ailleurs la raison pour laquelle ce qu'ils écrivent a si peu d'intérêt. Ne vous y trompez pas une seconde : si je suis le si méchant Sollers qui ne s'est même pas trompé sur un fait capital, à savoir l'ayatollah Khomeiny (car au fond c'était ça le test, le grand test, sur l'aptitude ou pas à passer sa maîtrise en ès catholologie, c'est pas comme le marxisme ; le marxisme, je l'ai dit, c'est Balzac plus les camps. Avec le Coran, les enchères montent), donc, si pour les autres je n'écris rien et si ce que j'écris n'est rien et doit n'être rien, c'est parce que ce qui monte, et pour le coup comme une marée, c'est la simple révélation que ce qui s'écrit en ce moment, eh bien ne vaut rien ! Etrange affaire, ça n'a pas toujours été comme ça, c'est un galop qui s'est généralisé, c'est récent. Parce qu'il n'y a pas encore ce qui va se produire très bientôt et qui est l'épreuve de la voix, laquelle était exigible autrefois, et jusqu'en chaire, on ne pouvait pas faire semblant d'être éloquent. Alors les braves gens du vaisseau « Je suis partout » en détresse fonçant vers l'abîme du maelstrom, eh bien ils écrivent, ils écrivent... comme moi je tiens mon baril, ils croient que je n'écris pas, mais... un doute leur vient, que mon baril ça pourrait être la bouteille à la mer, avec moi dedans, et que ce qu'ils écrivent, eux, va au trou, sans reste.

1979.

Réponses à des questions de Jacques Henric.

Je sais pourquoi je jouis

1. Je ne sais ce que je sais que parce que j'écris. Un écrivain est quelqu'un qui arrive parfois à se mettre dans cette situation impossible consistant à dénouer tous les liens de parenté. Ce dénouement des liens n'est autre que l'expérience consumant la croyance fondamentale à la possibilité de l'inceste.

Cette croyance implique la nécessité, pour la cohésion humaine, de l'interdire, l'inceste, pour en recommander le fantasme. Lequel touche à une aspiration à la complétude narcissique dont la maternité représente l'objet.

Quel ennui.

Le dénouement des liens de parenté, qui comprend aussi la dissolution de tous les apparentements imaginaires et, donc, des identifications, introduit l'écrivain (qui insiste) à une solitude de langage radicale, solitude sexuelle, s'entend, les deux solitudes étant équivalentes et irréductibles.

J'avais d'abord intitulé ma communication : « Je sais pourquoi je jouis. » Mais j'avais oublié un instant que la traduction de ce titre en anglais allait reposer la difficulté du mot « jouissance ». C'est un fait, il n'y a pas de terme satisfaisant pour transposer ce mot, donc cette chose, en anglais (passons vite sur « enjoyment » ou « ecstasy » qu'on dirait destinés à un effet jeune fille). De plus en plus, d'ailleurs, me dit-on, l'habitude commence à se prendre (et c'est d'ailleurs *cela*, et rien d'autre, le retour de Freud en anglais à travers le français, et un français dû à Lacan) d'importer purement et simplement le mot français en anglais. Le mot, donc la chose. Voilà pourquoi j'ai dit que mon sexe était français. My sex is french. Mon sexe, et pas moi qui parle. Je n'ai sûrement pas voulu dire, ladies, gentlemen, que je revendiquais mon sexe. Loin de là. Au contraire. La question est plutôt de savoir comment le laisser tomber, ce sexe ; ou plutôt comment me laisser tomber de lui, c'est-à-dire de la mort.

Quand je me suis demandé quel autre titre je pourrais trouver pour exprimer la même chose que « je sais pourquoi je jouis », la phrase qui m'est venue à l'esprit est donc celle-ci : « je sais pourquoi je ne mourrai pas ». Vous voyez que mon intention était de vous paraître absurde.

2. En y réfléchissant, je me suis rendu compte que j'avais voulu indiquer par là l'intuition rapide, sauvage, que nous éviterions de mourir si nous ne jouissions pas, inconsciemment, de la perspective d'en finir avec notre corps. Voilà ce qui nous tient. Voilà notre consistance. Nous nous aimons follement. Nous nous haïssons follement. Mais le sujet, ce qui dit « je », quand *je* dit « je » – « je » et pas « moi » –, n'a pas que son corps à vivre. On pourrait même avancer qu'il est appelé à une immortalité inaccessible dont seules les mythologies religieuses répondent. La plus conséquente étant, à mon avis, celle de la résurrection des corps, qui a l'avantage sur toutes les autres, indienne ou bouddhiste, par exemple, de traiter le

désir à sa racine qui est la parole et la voix (et non pas le vide, l'effacement ou l'infini de l'espace ou de la conscience).

« Wo es war, soll ich werden » : « Là où c'était, je dois advenir. » Cette parole cardinale de Freud souligne le principe d'individuation dans toute son énigme, on dirait quasiment une formulation de Duns Scot. L'épithète de « docteur », qui s'emploie, vous le savez, pour les théologiens (c'est ainsi qu'il y a le « docteur séraphique », le « docteur angélique » – Duns Scot étant le « docteur subtil »), ne serait pas malvenue dans l'ordre de la subversion analytique. Il y a déjà un « docteur sévère », Freud, et un « docteur baroque », Lacan. Le « Wo es war, soll ich werden », vous le constatez, fonctionne comme de l'hébreu en allemand, c'est en réalité la même chose que le « je suis qui je suis », ou plus exactement le « je suis qui je serai » de la déclinaison d'identité quand Dieu – le dénouement même – parle. Dieu, ou plus exactement la tension dramatique qui se joue entre sexe et langage, là où, malgré ma sexuation, je dois, seul, apprendre à parler. Il n'y a pas d'ensemble, sauf imaginaire au niveau du *ça,* pas d'ensemble vide non plus, et « je », sortant du ça, doit aussi se différencier de tout « moi ». On sait que le surmoi n'est pas là pour faciliter cette sortie. Quoi qu'il en soit, je remarque (toujours la traduction) que l'anglais n'a pu que renvoyer au latin les termes employés par Freud dans sa deuxième topique (es, ich, superich), en en faisant *id, ego, super-ego.* Cet *ego* sonne comme le français *nigaud.* Pour éviter un hébraïsme, l'anglais réformé s'en est remis à un latin qui sent sa théologie refoulée. Tout cela est moral. Avec cet ego-là, on ne peut pas aller beaucoup plus loin, sur le plan de la réflexion sexuelle (je ne parle pas des performances palpables), qu'une jouissance enfermée dans une nostalgie du latin. En français, « ça », « moi » et « sur-moi » introduisent d'autres malentendus, c'est le fameux sens psychologique français, un Français se croyant presque toujours obligé de s'ancrer dans l'« ego cogito » pour être. Il croit qu'il est parce qu'il pense. Quelle idée.

Je sais pourquoi je jouis. Je sais pourquoi je ne mourrai pas. Parce que je est qui je sera. Arrivé là, on sort enfin de la religion, sans quoi, rien à faire.

Ces péripéties, plus rigoureuses qu'on ne le croit généralement, se situent logiquement à l'intérieur des trois grandes divisions de religiosité de notre culture : judaïsme, catholicisme, protestantisme. Le judaïsme latent du « Wo es war » freudien me paraît évident. Le catholicisme de l'accent mis sur « jouissance » – voire sur les « Noms du père » – me paraît se passer de commentaire. Ce qui serait protestant, en revanche, ce serait de se demander à quoi bon tout ça. Ça n'a rien d'utile. Ça ne sert à rien. Et, du même coup, de s'orienter non seulement vers l'attitude philosophique, mais encore, s'agissant du sexe, sur l'ésotérisme, l'occultisme, l'orientalisme, bref vers une certaine réhabilitation de La Femme mise à mal, endommagée, il faut bien le reconnaître, par le Dieu biblique comme par la Vierge Marie. De ce point de vue, le protestantisme a gagné, c'est la seule attitude raisonnable des temps modernes, la seule qui n'ait pas l'air ridicule par rapport à la science, mais ce qu'il a gagné, il faut bien qu'il l'ait perdu aussi sur un autre plan. Celui de la vérité sexuelle. C'est là que la psychanalyse a échoué à frapper à la porte de l'accélération reproductrice moderne. C'est aux Etats-Unis que la psychanalyse a contracté la peste. Ce qu'il faut définir, c'est en quoi la psychanalyse, loin d'apporter le moindre ravage révélateur au nouveau monde, s'est trouvée très vite limitée, mise en quarantaine, privée de sa pointe, c'est-à-dire de sa réaffirmation du Sujet.

3. Non, La Femme n'est pas la réponse à l'injustification de l'existence. Non, le sexe n'est pas naturel. Non, le langage n'est pas la communication.

Voilà trois propositions susceptibles, aujourd'hui, de produire, comme on dit en langage d'assemblée, des « mouvements divers ».

Ce qui témoigne de la vérité de ces propositions, pourtant, ce n'est ni plus ni moins que la littérature, raison pour laquelle personne ne s'y intéresse vraiment.

La logique du langage condensé de la littérature s'occupe de causalités non naturelles, ce qui ne signifie pas imaginaires. Le sujet de la littérature est sans doute le plus réel des sujets, seulement voilà, il ne sert à rien. Sauf à suggérer la vérité dans sa consistance de trou, de catastrophe, de drame dédié au rythme du négatif, négation du monde, chiffre du mensonge du monde raconté par lui-même, sensation de la vérité, vérité comme sensation. Dénouement des liens de parenté. De ce point de vue, l'expérience la plus impressionnante que nous propose la littérature occidentale est, je crois, celle de Dante. C'est dans son *Paradiso* que Dante livre la formule de ce que j'ai appelé le dénouement de la croyance à l'inceste. C'est le vers fameux, qui n'a pas été lu par la théorie analytique et qui est aux antipodes de la tragédie grecque (fin mot de la comédie à l'opposé de la tragédie ; clé qui, de tragique, transforme le réel en comique indéfini) : « vergine madre figlia del tuo figlio ». Virgin mother daughter of her son. « Termine fisso d'eterno consiglio. » Terme fixe d'un éternel dessein, ou plus exactement d'un éternel « consilium », d'une éternelle délibération. La délibération « humaine » tourne ainsi autour d'un terme fixe qui est celui d'une vierge mère fille de son fils. C'est par *là* que la parenté se dénoue. A savoir la loi d'ajouter foi à l'inceste comme réitération déplacée du désir sexuel. Rideau. Fin comique de l'humanité.

4. Il y a, chez un écrivain américain contemporain, William Burroughs, trois considérations intéressantes sur « la femme », l'homosexualité et la mythologie. Burroughs ne manque jamais de rappeler son choix homosexuel ; il pense que la femme est une « erreur biologique » ; et enfin il déclare volontiers son violent anti-christianisme, le christianisme étant à la source, selon lui, de tous les malheurs de notre civilisation. Il prétend même voir parfois en rêve des « dieux », des multitudes de dieux différents. Ce raisonnement, car c'en est un, me semble d'une parfaite logique, et en effet l'axiome principal repose sur l'erreur bizarre consistant à voir dans la femme (à supposer qu'elle existe comme « la ») une erreur biologique. Une femme est tout ce qu'on veut, y compris si l'on y tient une erreur métaphysique, mais sûrement pas une erreur biologique. Si un organisme est justifié dans l'ordre de la biologie, c'est bien celui-là. Celle-là. Le reste s'ensuit.

Je pourrais prendre d'autres exemples : notamment celui de l'écrivain japonais Mishima dont toute la vie sexuelle et même le suicide semblent avoir été déterminés (lisez *Confession d'un masque*) par une reproduction de Guido Reni, un *Martyre de saint Sébastien*. L'élaboration extrême de la perversion dans la représentation catholique a tout ce qu'il faut, à ce qu'il paraît, pour épater l'Asie. La perversion est dédiée au père. Mais sans le savoir. C'est pourquoi un pervers ne peut pas dire : je sais pourquoi je jouis. De quoi jouit-il en effet ? De lui-même comme déchet, ou cadavre. Il a le plus grand besoin de penser qu'il se voit mourir. Fasciné par cette merde indéfinie qu'il est, sous sa rutilation de surface, et qui cause sa jouissance à l'écart de lui.

Ou encore, il y en a deux que j'ai bien envie de marier devant vous, c'est la marquise de Sévigné et le marquis de Sade. C'est bizarre que personne n'ait songé à les réunir. Voilà qui va être fait. Mme de Sévigné est une graphomane éminente. Elle passe son temps à essayer de dénouer son lien de parenté avec sa fille par le biais d'un écrit à répétition, ce sont ses fameuses *Lettres.* Mme de Sévigné ne se fait pas à l'idée qu'il n'y a aucun rapport entre une mère et une fille. C'est son symptôme. Un symptôme de correspondance. Dans une série de lettres très impressionnantes, en 1680, elle évoque assez longuement la grande affaire des marges du XVIIe siècle français, l'Affaire de l'époque (comme il y aura celle de Dreyfus au XIXe et chez Proust qui ne sera pas par hasard un lecteur passionné de Sévigné). C'est l'histoire des poisons, où est impliquée une criminelle magistrale : la Voisin. Cette Voisin rendait des petits services à l'aristocratie de l'époque. Vente de poisons pour éliminer les maris ennuyeux et, surtout, avortements. L'histoire négative de l'avortement reste à écrire. Après tout, nous ne sommes là que parce que cela ne nous est pas arrivé. Est-ce un bien ? On peut raisonnablement en douter. L'Histoire, avec un grand H, est l'ensemble des événements affectant des avortements ratés. C'est pourquoi la Sorcière fascinait tellement Michelet... Nous ne savons qu'une toute petite partie de ce que nous devrions savoir si nous n'étions pas nés, autrement dit si nous n'avions pas à mourir... La Voisin, dont parle la Marquise, a donc reconnu avoir enterré dans son jardin, voire brûlé au four, quelque chose comme deux ou trois mille enfants nés avant terme. Tout cela, d'ailleurs, sur fond de sorcellerie. L'anti-culte, celui des coulisses... Ce qui est très singulier, c'est que Mme de Sévigné raconte tout cela à sa fille avec beaucoup d'enjouement et de complaisance, sans émotion particulière, sans passion, sans répulsion, avec au contraire une sorte de complicité gaie. Ce détachement de la Marquise pour raconter les pires horreurs, les pires atrocités physiologiques, n'a pas, à mon avis, été assez mis en valeur. La graphomanie « détachée » est une chose passionnante. Par exemple, elle écrit le 23 février 1680 à sa fille, à propos de la Voisin : « On lui a donné la question ordinaire, extraordinaire, et si extraordinairement extraordinaire qu'elle pensa y mourir comme une autre qui expira le médecin lui tenant le pouls, cela soit dit en passant. » Cela soit dit en passant... On sent d'ailleurs chez Sévigné, quand elle raconte la fin de la Voisin (qui reste jusqu'au bout d'une grande impiété, qui blasphème et se vautre dans la débauche avec ses gardiens), une touche d'admiration pour cette sorcière improvisée qui faisait simplement le sale travail à la place des autres. Tuer les maris, faire avorter les femmes adultères, c'est en effet une fonction prophylactique qui a droit à l'admiration de ce grand écrivain qu'est la marquise de Sévigné. Laquelle peut aussi, « en passant », discuter des controverses sur la Vierge, sur Malebranche ou les jésuites, problèmes politico-transcendantaux du temps, pendant que la Cour de France, cette Cour dont Sévigné dit à propos de l'affaire La Voisin « qu'il n'y a guère eu d'exemple d'un pareil scandale dans une cour chrétienne », pendant, donc, que cette Cour écoute un opéra de Quinault et Lulli, *Proserpine*, occasion d'observer les rapports entre Mme de Montespan et le Roi, car toute l'époque est friande de représentations mythologiques à la grecque. Voilà la comédie.

Eh bien, quelqu'un qui s'est inspiré de tout cela, qui a donc relevé le défi de l'écriture de Mme de Sévigné à sa fille, c'est évidemment Sade, et j'en vois la preuve dans la phrase qui ouvre *La Philosophie dans le boudoir* et qui est, à mon avis, une dédicace à Mme de Sévigné : « La mère en prescrira la lecture à sa fille. » De même, la Durand, dans *Juliette et les Prospérités du vice*, me semble descendre directement de l'atmosphère La Voisin. Guerre de religion par crimes sexuels interposés... De quoi s'agit-il avec Sade ? Non pas de dire qu'on va raconter toutes ces histoires « en passant », mais que la « question », la torture, la manipulation, le découpage ou l'annulation des corps, on va non seulement les écrire en détail mais encore le faire pour dire qu'*on en jouit*. Telle est la réponse du berger à la bergère, du Marquis à la Marquise. Le détachement de Mme de Sévigné d'un côté, l'extraordinaire furie de Sade de l'autre, voilà définis les deux versants inconciliables et infusionnables du sexe selon qu'on est un homme ou une femme saisis par le langage. Sade choisit de se répéter sans fin là où Sévigné « passe ». Ils sont parfaitement faits pour s'entendre au comble du malentendu.

5. Quelqu'un qui, lui, est seul, d'une solitude vertigineuse, c'est Baudelaire. Je pense qu'il a été particulièrement et systématiquement méconnu par le préjugé désormais dominant, c'est-à-dire

philosophique. J'entends par là la conception du monde qui, n'arrivant pas à une jouissance de langue, s'en tient à la nausée, à l'angoisse, à l'absurde – et à leur envers de progrès. A la fin de ce qu'on pourrait appeler l'effet protestant-vieille fille (lisez *Pas moi* ou *Mal vu mal dit* de Samuel Beckett pour vérifier comment tout vient mourir dans la rumination de bouche d'une vieille femme pétrifiée volubile), il n'est plus question que d'une récusation fixée du traumatisme sexuel. C'est l'enfer. Mais Baudelaire, lui, va de l'enfer au paradis, et du paradis à l'enfer avec une facilité qui déroute la pensée philosophique. Le livre de Sartre sur Baudelaire est déjà très significatif. L'attention a ensuite été portée, s'agissant des rapports entre psychanalyse et littérature, sur Edgar Poe. Tout le monde se souvient du séminaire de Lacan sur la *Lettre volée*. Ce qui est très étrange, si l'on tient compte notamment des rapports entre le français et l'anglais, c'est que Baudelaire est proprement évacué de cette réflexion (il devient le traducteur, d'ailleurs approximatif, de Poe). Je ne pense pas avoir vu le moindre commentaire d'un fait quand même ahurissant. Qui était le père de Baudelaire ? On parle toujours de son beau-père, le général Aupick, l'ambassadeur, mais jamais de Joseph-François Baudelaire. Lequel était un prêtre catholique. Défroqué en 1793, dans le sens du courant de la Terreur. Il est devenu fonctionnaire, il a même eu un petit talent de peintre. Il a quitté l'obscurantisme démodé de l'Eglise, il est allé vers les Lumières, il s'est marié et il a engendré le plus grand poète français. Personne ne semble s'être demandé en quoi ce père-là faisait date dans la poésie, dans l'irruption de la sexualité dans la poésie. *Les Fleurs du mal*, c'est un post-scriptum de la plus grande envergure à *La Divine Comédie*.

On pourrait dire que toute l'œuvre de Baudelaire est une méditation sur la place d'où son père est chu. La fleur du Mal, c'est bien lui, la revanche de la fleur sur le Mal. Or si Baudelaire rejoignait la place où son père n'a pas su se tenir, ce serait le lieu même où il n'aurait jamais été engendré. L'écriture de Baudelaire, comme celle de presque tous les grands écrivains de la modernité (c'est-à-dire après l'époque révolutionnaire, avec radicalisation à la fin du XIXe siècle), est une écriture matricide. Le poème qui ouvre *Les Fleurs du mal* attend toujours qu'on le lise. Il s'appelle ironiquement « Bénédiction ». Baudelaire y évoque les bûchers consacrés en enfer aux « crimes maternels ». Il ré-annonce, après Dante, que la place du poète est au paradis, parmi les chœurs angéliques, trônes, puissances, dominations. Et voici :

Lorsque, par un décret des puissances suprêmes,
Le Poëte apparaît en ce monde ennuyé,
Sa mère épouvantée et pleine de blasphèmes
Crispe ses poings vers Dieu, qui la prend en pitié :

– « Ah ! que n'ai-je mis bas tout un nœud de [vipères,
Plutôt que de nourrir cette dérision !
Maudite soit la nuit aux plaisirs éphémères
Où mon ventre a conçu mon expiation !

Puisque tu m'as choisie entre toutes les femmes
Pour être le dégoût de mon triste mari,
Et que je ne puis pas rejeter dans les flammes,
Comme un billet d'amour, ce monstre rabougri,

Je ferai rejaillir ta haine qui m'accable
Sur l'instrument maudit de tes méchancetés,
Et je tordrai si bien cet arbre misérable,
Qu'il ne pourra pousser ses boutons empestés ! »

Tout y est : la mise en scène de la conception comme extorsion, l'idée d'une lettre volée, ou à tout le moins détournée (« billet d'amour »), la conjuration par la tête de Méduse et l'évocation d'un *nœud*, la place négativée de la Vierge (« entre toutes les femmes », écho du « vous êtes bénie entre toutes les femmes » du *Je vous salue Marie*), le poète comme « décret » – la poésie comme complément de la Loi pour révéler les crimes, la fleur jaillissant de l'arbre du Mal (revanche sur le péché justifié dans la grâce), etc.

La poésie est définie par Baudelaire, d'une façon à ma connaissance inouïe, comme une vengeance antimaternelle, comme une expiation de la faute d'avoir été extorqué à la place de la sainteté. C'est l'énonciation du matricide par légitime défense *là où la vérité du langage est en jeu*. On ne saurait être plus lucide.

Les rapports entre Baudelaire et sa mère mériteraient une étude à part. Je ne crois pas qu'on ait jamais vu une telle dialectique entre mère et fils, une telle ruse et, d'ailleurs, une telle authenticité d'accent. Le « dénouement » qui se joue là est sans précédent. Lettre de Baudelaire à sa mère, 1853 : « La rage maternelle qui te poussait dernièrement à m'envoyer par la poste des notes grammaticales sur un auteur que tu n'as jamais lu [il s'agit d'Edgar Poe], te poussait dernièrement à te figurer que toutes mes douleurs consistaient dans une privation de souliers de caoutchouc. Puis Dieu et le ciel dont je n'ai rien à faire. En vérité, il s'agit de bien autre chose. Je te demande pardon de te parler sur ce ton. Rien ne m'échappe. Tu ne vois pas le côté puéril de la maternité, et moi, si je ne voyais pas le côté touchant de cette puérilité, je ne t'écrirais plus. » Le côté touchant de la *puérilité* de la maternité... Baudelaire s'adresse à sa fille.

Je ne ferai pas de référence abusive à la position catholique de Baudelaire, qui est pourtant extrêmement affirmative et provocante, d'une façon évidemment si paradoxale que personne ne l'a encore tout à fait comprise. (Georges Blin, dans son *Sadisme de Baudelaire*, a bien vu en quoi les deux expériences étaient à la fois très proches et très éloignées, notamment dans cette formulation loin de Sade que Baudelaire laisse tomber : « Je n'ai besoin pour ma jouissance de la misère de personne. » Mais ne pourrait-on pas risquer l'hypothèse d'une « rectification » de l'athéisme sadien par Baudelaire – après l'expérience de l'exercice du pouvoir athée ?) Je note qu'il y a eu entre Flaubert et Baudelaire un échange à propos des *Paradis artificiels* qui résume les enjeux de l'époque (lesquels ne me paraissent pas très différents aujourd'hui). C'est le mérite du Tribunal d'avoir compris que l'expérience fondamentale se continuait alors dans ces deux Noms. Il n'est pas du tout secondaire de souligner que la discussion porte ici non seulement sur une question clé de technique littéraire, mais aussi sur l'usage des drogues, où les écrivains anglais *et Baudelaire* signent, à l'époque, une avance subjective évidente (Coleridge, De Quincey, etc.). Baudelaire publie *Les Paradis*, où il traduit notamment Thomas De Quincey, il envoie le livre à Flaubert, qui lui répond : « Il me semble que dans un sujet traité d'aussi haut, dans un travail qui est le commencement d'une science, dans une œuvre d'observation naturelle et d'induction, vous avez, et à plusieurs reprises, insisté trop sur l'esprit du mal. On sent comme un levain de catholicisme çà et là. » Baudelaire répond : « J'ai été frappé de votre observation, et étant descendu très sincèrement dans le souvenir de mes rêveries, je me suis aperçu que de tout temps j'ai été obsédé par l'impossibilité de me rendre compte de certaines actions ou pensées soudaines de l'homme sans l'hypothèse de l'intervention d'une force méchante extérieure à lui. *Voilà un gros aveu dont tout le XIXe siècle conjuré ne me fera pas rougir.* Remarquez bien que je ne renonce pas au plaisir de changer d'idée ou de me contredire. » (C'est moi qui souligne.)

Voilà. Baudelaire sait de quoi il s'agit dans la pulsion de mort, laquelle n'a pas à se présenter autrement que comme extérieure à la conscience. C'est pourquoi le problème du Mal ou du Démoniaque dépasse de beaucoup les fondements trop souvent positivistes de la psychanalyse. C'est là, je dirai, où il faut savoir parler simultanément toutes les langues. De l'intérieur. Mesure du temps sans mesure.

Baudelaire à Barbey d'Aurevilly : « Mon gosier de métal parle toutes les langues. C'est-à-dire que, quand j'ai un désir, je suis semblable à une horloge, il me semble que mon tic-tac parle toutes les langues. »

C'est ce « gosier » qui sait pourquoi, ne devant pas mourir, il jouit.

New York, avril 1981.

Sur « Femmes »

Pourquoi lit-on des romans ? Assez d'hypocrisie : pour se renseigner sur les situations sexuelles. C'est toujours avec un léger serrement de gorge qu'on va droit aux scènes troubles, aux sensations dérapantes, aux atmosphères prêtes à basculer, voire aux moments ouvertement érotiques. L'état d'une littérature, sa qualité, au-delà de toutes les discussions idéologiques ou formelles, se jugent là. Un auteur doit finalement sa réputation à ce qu'il aura transformé, gêné, dérangé dans cette dimension. Le public le sait d'instinct. On aura beau lui parler d'autre chose, lui proposer des commentaires, des visions du monde, des justifications philosophiques ou techniques, il conservera, buté, sa curiosité enfantine, insatiable, sauvage. Rappelez-vous comment et pourquoi vous avez découvert certains récits. Allons, c'est clair.

Où en sommes-nous aujourd'hui ? Hélas, il faut bien reconnaître que cette vieille affaire toujours nouvelle se traîne plutôt. Nous savons tout ; nous ne disons plus rien, ou presque. Nous pouvons avoir accès, quand nous le voulons, à toute la panoplie des gadgets pornographiques ; mais la littérature, elle, reste curieusement réservée. Du moins sur un sujet très précis : les femmes. Il y a eu, il y aura encore une grande littérature homosexuelle masculine (Genet, Burroughs). Il y a eu, il y aura encore (mais moins) un déferlement d'« écriture féminine ». Cette dernière, comme on pouvait s'y attendre, est un monde de substance, d'effusion, de poétisation matérielle et maternelle : oui, mais elle n'est sûrement pas sexuelle. Tant et si bien qu'au moment historique où tout est enfin possible avec les femmes, on dirait que l'interdit d'expression n'a jamais été plus grand. On devrait quand même finir par se demander pourquoi.

Je fais un premier tri des réactions à mon dernier roman. A part quelques convulsions prévisibles, venant du clergé féministe ou homosexuel (clergé qui a parfaitement compris mes intentions, et qui, s'il en avait eu les moyens, aurait eu recours à la censure la plus classique), les opinions, surtout de la part des femmes, ont été plutôt favorables. Les hommes, en général, ont été plus pincés, plus pudiques. Vaguement jaloux, dirait-on. Mais les femmes ont été, semble-t-il, directement et personnellement alertées, intéressées. Avec humour, naturel. Et cela m'a confirmé dans mon expérience : c'est cette distance, cette ironie et cette fantaisie des femmes qui, aujourd'hui, existent partout et qui ne s'écrivent presque jamais.

Je suis persuadé que la question des questions de notre temps est là. Mais alors, pourquoi ce silence ? Quels sont les intérêts en jeu ? Quelle est la raison profonde de ce retard du romanesque sur la façon de vivre ? Pourquoi cette réticence de la littérature par rapport à ce qui s'étale partout ? Pourquoi cette fuite dans le mythe, le rétroactif, l'exotique, le provincialisme dix-neuviémiste, le psychologisme poussif ? D'où vient cette inhibition à dire de face ce qui se passe à chaque instant ?

Rien ne fait plus peur, sans doute, que les possibilités d'autonomie individuelle des femmes. C'est la raison pour laquelle on voudrait tellement les parquer en « genre ». Ce qu'elles commencent d'ailleurs à refuser, ayant instinctivement compris le piège qui leur était tendu. Or de leur liberté individuelle dépend, bien entendu, la mienne. C'est ce que j'ai essayé d'écrire dans *Femmes* : les scènes, les mots, les gestes, les comportements de la nouvelle tragi-comédie ambiante. Les peurs, les archaïsmes, les fanatismes défensifs qu'elle suscite ; mais aussi le baroque inouï qui s'y révèle, la rapidité et la mobilité qui s'y font jour. Nous sommes à un tournant merveilleux et vertigineux : des milliers d'années en crise ; l'improvisation devant nous. La froideur, ou l'étroitesse frileuse, de la plupart des littérateurs me stupéfie. Commémorons Stendhal, soit, mais évitons de nous demander ce qu'il penserait de notre invraisemblable timidité actuelle.

Je viens de relire *L'Age de raison*, de Sartre, et *Les Mandarins*, de Simone de Beauvoir. Deux grands livres, trop méconnus. Tout le roman de Sartre tourne autour d'un avortement difficile à réaliser (manque de possibilités médicales ; manque d'argent). L'avortement fait son entrée dramatique en littérature avec *Les Palmiers sauvages*, de Faulkner. Mais toute la « couleur » métaphysique du livre de Sartre est là, le reste s'ensuit, y compris l'extraordinaire scène de mutilation réciproque au couteau entre le personnage principal, Mathieu, et la jeune fille qui ne l'aime pas, Ivich. Toute l'impasse sexuelle de la guerre et de l'après-guerre est ainsi fortement présente dans la narration. C'est en lisant les romans de Sartre qu'on comprend pourquoi la politique a pu apparaître (et peut encore apparaître) comme une solution au cauchemar physiologique.

A côté de ce désastre, *Les Mandarins* offre une lueur vite éteinte : Chicago, l'aventure d'Anne et de Lewis. Qui sait ce que serait devenue Beauvoir si son Américain avait été moins simpliste ? C'est aussi une des questions que je me suis posées en écrivant. « *Il m'a prise sur le tapis ; il m'a reprise sur le lit et longtemps je suis restée couchée près de son aisselle.* » De tout ce qu'a écrit Beauvoir, rien n'est plus révélateur que ce qu'elle raconte à propos de Lewis et de Sriassine (est-ce un hasard s'il s'agit de deux étrangers ?).

En réalité, l'évaluation de la littérature, depuis trente ans, devrait être faite selon ces critères. On irait de surprise en surprise. On commencerait à dresser un tableau exact de la coulisse essentielle de la vérité. Il faudrait reprendre toute la critique sur ce plan, le *Saint Genet*, de Sartre, la réponse de Georges Bataille, le puritanisme farouche de Beckett, les dérobades vaguement perverses du Nouveau Roman. Jusqu'au paysage d'aujourd'hui, dont le moins qu'on puisse dire est qu'il est particulièrement morose. Il fallait quelqu'un pour oser le dire ? C'est fait.

1983.

« *Too French !* »

A force d'entendre dire, par les Américains, qu'il ne se passe rien en France, vraiment rien, plus de pensée, plus de littérature, plus d'art, on finit par tendre l'oreille et par entendre, au lieu d'une constatation qui va de soi (ce qu'ils croient dur comme fer), l'expression d'un véritable désir. Non pas : « Il ne se passe rien en France », mais : « Pourvu qu'il ne se passe rien en France ! ». C'est étrange. Troublant. Intéressant. Parvenus au sommet de leur puissance, calfeutrés dans le ronronnement progressif du dollar, tout se passe comme si une inquiétude les hantait, un mauvais vertige. Et s'il se passait quelque chose ? Si un roman écrit en français se révélait soudain comme très important ? Non, ce n'est pas possible, cela ne *doit* pas être possible.

Vous leur citez tel ou tel nom, un titre ou deux, et, aussitôt, la réflexion fuse, massive, amusée, désinvolte, fébrile : « Mais c'est *trop français* ! *Too french !* » Combien de fois ai-je entendu cette exclamation, ce cri à la fois supérieur, désolé et sourdement effrayé. Trop français ? Qu'est-ce que cela signifie ? Trop esquimau ? Papou ? Pygmée ? Sioux ? Iroquois ? Cheyenne ? Difficile à interpréter dans un premier temps. Mais la réflexion revient, insistante : « Ah oui, mais c'est tellement français ! Trop français ! » Peu à peu, vous commencez à comprendre : c'est l'expression même d'une envie sexuelle à peine voilée. Et immédiatement renversée dans son contraire négatif. Le raisonnement instinctif est donc le suivant : 1) Il n'y a plus de Français ; 2) S'il y en a un, il est trop français.

Vous avez le choix, vous, là, écrivain français, entre ne pas être ou être en trop. Position inconfortable. Quoique vous fassiez, disiez, écriviez. Vous n'existez pas. Ou bien, si vous tenez à votre existence, celle-ci n'a pas plus de réalité, désormais, que celle d'un produit précieux, attachant et curieux, peut-être, mais tellement superficiel, inutile, gratuit, décoratif ! Il m'a fallu des années pour m'habituer à cette constatation toute simple : un fonctionnaire culturel des Etats-Unis, aujourd'hui (presse, édition, etc.), a exactement le comportement d'un Allemand de la fin du XIXe siècle. « Trop français » veut dire : histoires d'amour, libertinage, mots d'esprit, légèreté coupable, manque de poids et de sérieux, mode, petites femmes de Paris, incompétence économique, Pigalle, Folies-Bergère, Moulin-Rouge, bords de la Marne, impressionnisme, tradition du XVIIIe siècle, trop frivole, trop écume des choses... Monde périmé ! Ombre des jeunes filles en fleurs ! Ce n'est pas la peine d'insister. Vous sentez peser sur vous la condamnation religieuse et ultra-puritaine elle-même. Ce n'est pas un hasard si certains départements de littérature, dans les universités américaines, ont été appelés « Français et Italien », *« French and Italian »*. Idée typiquement allemande. Et ce n'est pas non plus par hasard si la Foire internationale du Livre se tient à Francfort. La France a perdu la guerre ? Absolument. A jamais. Et plus que l'Italien, en un sens.

« Vous lisez le français ? » Non. « Vous le parlez ? » A peine. Le Français est l'étranger complet, il ne peut même pas compter sur le fait qu'il dégagerait un exotisme sympathique ; non, son exotisme est porteur d'une réprobation historique et morale fondamentale. Je dirai que, pour un Américain, le Français est *une sorte de Sudiste, en pire.* Toute l'Europe parlait et écrivait le français avant la Révolution française ? Oui. Mais c'est justement une circonstance aggravante. Vous incarnez l'Ancien Régime lui-même. Le monde d'avant. Jugé. Condamné. Effacé. Tout le monde sait que la vraie réalité ne commence qu'après la Deuxième Guerre mondiale. En toutes choses. Cela *doit* être comme ça. Mais si ce n'était pas comme ça ? Arrêtez, vous me faites peur.

Il ne serait pas venu à l'esprit des grands écrivains américains des années 20 de se croire le centre du monde. Hemingway et Fitzgerald ne pensaient qu'au bar du Ritz. La présence de Faulkner à Paris, en 1925, est capitale pour comprendre son œuvre, aussi capitale, peut-être, que la connaissance de son Sud mythique. Mais peu importe. Le grand argument américain, bien entendu, c'est l'art, et l'argent de l'art. Pour que la prédominance américaine en « art moderne » soit intouchable, il faut, par exemple, que Matisse et Picasso, les deux plus grands peintres du XXe siècle, aient été « objectivement » dépassés par New York. Mais, là encore, l'angoisse est grande. Rien n'est moins sûr. Plus le temps passe, et plus il est prouvable que Picasso a été un peintre en avance par rapport à tous les autres, jusque dans les années 70 (alors que, dans la version officielle américaine, il ne fait plus rien d'important après

1939, c'est-à-dire au moment où l'art américain commence). Après Beaubourg, première preuve désagréable de la vitalité française, l'ouverture du musée Picasso sera évidemment une blessure très grave pour la version pieuse habituelle. « Too French », Picasso ? Délicate affaire. D'autant plus qu'après l'explosion des années 60, tout le monde sait qu'il ne se passe pas grand-chose aux Etats-Unis.

Reste évidemment le cinéma. Si toute l'activité symbolique humaine s'épuise dans le cinéma, alors pas de question. La planète est à jamais promise aux mises en scène des Etats-Unis d'Amérique (talonnés par les Allemands, n'est-ce pas, mais encore une fois, c'est de la même expansion qu'il s'agit). Le courageux Godard, et quelques autres, pourront faire ce qu'ils voudront... Ce n'est pas grave. Autant en emporte la pellicule imagée. Passage, passage... Le cinéma *doit* donc être la référence suprême. Pas la littérature. Vieux règlement de comptes avec l'Europe, là. Et tout le passé.

Mais si la littérature existe encore ? S'invente encore ? Continue à dire des choses nouvelles ? Inouïes ? D'où pourrait venir cette perturbation ? Hum... Hum... Evidemment : de France. Il vaut donc mieux prendre les devants, d'autant plus que certains symptômes commencent à devenir préoccupants. « Il ne se passe rien en France ! » « Trop français ! »... Il suffit de répéter cela partout et en toute occasion. De quoi décourager a priori la moindre initiative vivante. On n'est jamais trop prudent. Et puis la France est un pays agréable, n'est-ce pas ? Où l'on peut parier que, de plus en plus, des écrivains américains, soixante ans après leurs glorieux aînés, ne détesteraient pas venir vivre la moitié du temps. Paris est une fête... Eh, eh... Ne serait-il pas normal, naturel, logique, qu'en l'absence de tout écrivain français (puisque malheureusement il n'y en a aucun, que l'esprit de création est mort dans ce beau pays), les écrivains américains viennent en quelque sorte les remplacer ? Déjà, les voilà conviés à se faire décorer... Quel gouvernement sympathique... « Bonjour, comment allez-vous ? » Nice to meet you ! « Qu'est-ce que vous faites ? » J'écris. « Quoi ? » Un roman. « En français ? » Eh oui, c'est ma langue. « Ah, dommage ! » Pourquoi ? « Mais parce qu'il ne se passe rien en France ! » Mais si, moi ! « Comment ça, *vous* ! Impossible ! Vous êtes sûrement trop français ! »

1984.

Réponses au questionnaire Marcel Proust

Quel est pour vous le comble de la misère ? – Ne pas pouvoir être seul.

Où aimeriez-vous vivre ? – Au large.

Votre idéal de bonheur terrestre ? – L'Océan.

Pour quelles fautes avez-vous le plus d'indulgence ? – L'oubli, les dérapages érotiques.

Quels sont les héros de roman que vous préférez ? – Stephen Dedalus, Joseph K.

Quel est votre personnage historique favori ? – Jésus-Christ.

Vos héroïnes favorites dans la vie réelle ? – Les scientifiques, toutes les scientifiques.

Vos héroïnes dans la fiction ? – Juliette (de Sade), Caddy (dans *Le Bruit et la Fureur*, de Faulkner).

Votre peintre favori ? – Rubens.

Votre musicien favori ? – Scarlatti.

Votre qualité préférée chez l'homme ? – Le désespoir.

Votre qualité préférée chez la femme ? – La pudeur.

Votre vertu préférée ? – La générosité.

Votre occupation préférée ? – Ecrire.

Qui auriez-vous aimé être ? – Dieu.

Le principal trait de mon caractère ? – La rapidité.

Mon rêve de bonheur ? – Qu'on soit juste avec moi.

Quel serait mon plus grand malheur ? – Laisser un malentendu.

Ce que je voudrais être ? – A l'heure avec moi-même.

La couleur que je préfère ? – Le rouge.

La fleur que j'aime ? – Le canna.

L'oiseau que je préfère ? – Le cormoran.

Mes auteurs favoris en prose ? – Saint-Simon, Bossuet, Pascal, Sade, Proust, Joyce, Faulkner, Céline.

Mes poètes préférés ? – Homère, Dante, Shakespeare, Baudelaire.

Mes héros dans la vie réelle ? – Les scientifiques, tous les scientifiques.

Mes héroïnes dans l'histoire ? – Les reines, les saintes, les prostituées.

Mes noms favoris ? – Deborah, Cyd, Sophie.

Ce que je déteste par-dessus tout ? – La haine.

Caractères historiques que je méprise le plus ? – Hébert, Hitler, Staline, Pétain, Mussolini.

Le fait militaire que j'admire le plus ? – Le débarquement des Alliés en Normandie.

La réforme que j'admire le plus ? – L'abolition de la peine de mort.

Le don de la nature que je voudrais avoir ? – Les dons viennent de la grâce, pas de la nature.

Comment j'aimerais mourir ? – Seul, calme, en plein air.

Etat présent de mon esprit ? – Concentré.

Ma devise ? – Attends-toi à tout.

III

IV

V

DU MÊME AUTEUR

Aux Éditions Gallimard

FEMMES, roman
PORTRAIT DU JOUEUR, roman

Aux Éditions du Seuil

Romans :

UNE CURIEUSE SOLITUDE
LE PARC
DRAME
NOMBRES
LOIS
H
PARADIS

Essais :

L'INTERMÉDIAIRE
LOGIQUES
L'ÉCRITURE ET L'EXPÉRIENCE DES LIMITES
SUR LE MATÉRIALISME

Aux Éditions Grasset, collection *Figures* (1981) *et aux Éditions Denoël,* collection *Médiations*

VISION A NEW YORK, entretiens

En préparation

PARADIS 2

DANS LA MÊME COLLECTION

1. Alain, *Propos sur les pouvoirs.*
2. Jorge Luis Borges, *Conférences.*
3. Jeanne Favret-Saada, *Les Mots, la Mort, les Sorts.*
4. A.S. Neill, *Libres Enfants de Summerhill.*
5. André Breton, *Manifestes du surréalisme.*
6. Sigmund Freud, *Trois Essais sur la théorie de la sexualité.*
7. Henri Laborit, *Eloge de la fuite.*
8. Friedrich Nietzsche, *Ainsi parlait Zarathoustra.*
9. Platon, *Apologie de Socrate, Criton, Phédon.*
10. Jean-Paul Sartre, *Réflexions sur la question juive.*
11. Albert Camus, *Le Mythe de Sisyphe.*
12. Sigmund Freud, *Le Rêve et son interprétation.*
13. Maurice Merleau-Ponty, *L'Œil et l'Esprit.*
14. Antonin Artaud, *Le Théâtre et son double.*
15. Albert Camus, *L'Homme révolté.*
16. Friedrich Nietzsche, *La Généalogie de la morale.*
17. Friedrich Nietzsche, *Le Gai Savoir.*
18. Jean-Jacques Rousseau, *Discours sur l'origine et les fondements de l'inégalité parmi les hommes.*
19. Jean-Paul Sartre, *Qu'est-ce que la littérature ?*
20. Octavio Paz, *Une planète et quatre ou cinq mondes.*
21. Paul Morand, *Fouquet ou le soleil offusqué.*
22. Carlos Castaneda, *Voir.*
23. Maurice Duverger, *Introduction à la politique.*
24. Julia Kristeva, *Histoires d'amour.*
25. Gaston Bachelard, *La Psychanalyse du feu.*
26. Prigogine et Stengers, *La Nouvelle Alliance.*
27. Henri Laborit, *La Nouvelle Grille.*

Impression Brodard et Taupin
à La Flèche (Sarthe),
le 26 décembre 1985.
Dépôt légal : décembre 1985.
Numéro d'imprimeur : 1161-5.
ISBN 2-07-032338-2 / Imprimé en France